PSICOSSEMIÓTICA NA CONSTRUÇÃO DA IDENTIDADE INFANTIL

Ivan Darrault-Harris & Sonia Grubits

PSICOSSEMIÓTICA NA CONSTRUÇÃO DA IDENTIDADE INFANTIL

(Um estudo da produção artística
de crianças Guarani/Kaiowá)

Tradução
Sonia Grubits

Título original
"L'Identité Infantile en Construction Chez Les
Guarani/Kaiowá du Brésil (approche sémiotique)".

Vaso da Capa
Dra. Emília Mariko Kashimoto, coordenadora do Núcleo de
Pesquisas Arqueológicas da Universidade Católica Dom Bosco,
UCDB, Campo Grande, MS.

© 2001 Casa do Psicólogo Livraria e Editora Ltda.
É proibida a reprodução total ou parcial desta publicação, para qualquer finalidade, sem autorização por escrito dos editores.

1ª Edição
2001

Editor
Anna Elisa de Villemor Amaral Güntert

Produção Gráfica & Capa
Valquíria Farias dos Santos

Editoração Eletrônica
Helen Winkler

Revisão Gráfica
Miriam Moreira Soares

Dados Internacionais de Catalogação na Publicação (CIP)
(Câmara Brasileira do Livro, SP, Brasil)

Darrault-Harris, Ivan
  Psicossemiótica na construção da identidade infantil: um estudo da produção artística de crianças Guarani/Kaiowá / Ivan Darrault-Harris e Sonia Grubits; [tradução Sonia Grubits]. — São Paulo: Casa do Psicólogo; Campo Grande: Universidade Católica Dom Bosco, 2000.

  Título original: L'Identité infantile en construction chez les Guarani/Kaiowá du Brésil.
  Bibliografia.
  ISBN 85-7396-108-2

  1. Arte indígena – América do Sul – Brasil 2. Crianças indígenas – América do Sul – Brasil 3. Identidade (Psicologia) em crianças 4. Índios Guarani/Kaiowá 5. Semiótica – Aspectos psicológicos I. Grubits, Sonia. II. Título. III. Título: Um estudo da produção artística de crianças Guarani/Kaiowá.

00-4227   CDD–155.408998382

Índices para catálogo sistemático:

1. Crianças Guarani/Kaiowá: Identidade: Construção: Psicologia   155.408998382

2. Identidade: Construção: Crianças Guarani/Kaiowá: Psicologia   155.408998382

Impresso no Brasil
Printed in Brazil

Reservado todos os direitos de publicação em língua portuguesa à

Casa do Psicólogo Livraria e Editora Ltda.
Rua Alves Guimarães, 436 Pinheiros 05410-000 São Paulo SP
Tel.: (11) 3062 4633 e-mail: casapsi@uol.com.br

SUMÁRIO

Cosmologia Guarani 13

Introdução 17
1.1 Identidade 17
1.2 Diferenças Culturais e Étnicas 19
1.3 O Guarani/Kaiowá de Caarapó 25
1.4 Por Que Semiótica 28
1.5 A Psicossemiótica 30

2. Psicossemiótica — Referências Teóricas 33
2.1 O Quadro da Identidade 42

3. Problemática Guarani/Kaiowá 53
3.1 Os Suicídios: Aspectos Culturais e Sociais 58
3.2 Suicídios: Conceitos e Causas 61
3.3 Incidência de Suicídios 64
3.4 Suicídios: Fatores Sociais, Psicológicos e Biológicos 69
3.5 Suicídio: Infância, Adolescência e Família 76
3.6 Contexto Guarani/Kaiowá 81

4. Os Tupi-Guarani no Brasil 95
4.1 O Complexo Guerreiro-Antropofágico 105
4.2 A Família 112
4.3 Religião 119
4.4 Os Guarani Hoje 123

6 PSICOSSEMIÓTICA NA CONSTRUÇÃO DA IDENTIDADE INFANTIL

5. O Desenvolvimento da Pesquisa, Escolha das Crianças e
Técnicas 129
   5.1 As Crianças Selecionadas 129
   5.2 Desenvolvimento da Pesquisa 134
      5.2.1 A Forma 134
      5.2.2 O Movimento e a Cor 141
      5.2.3 O Material 147
   5.3 Desenho: Desenvolvimento e Simbolismo 148
   5.4 Desenho Infantil 153
   5.4 A Modelagem 165
   5.5 Bricolage 166

6. Discussão 171
   6.1 Inês 175
      6.1.1 Sessões e Trabalhos de Inês 177
      6.1.2 Análise e Relatos das Sessões 179
   6.2 Creoni 201
      6.2.1 Sessões e Trabalhos de Creoni 202
      6.2.2. Análise e Relatos das Sessões 203

7. Conclusões 219
   7.1 Considerações Preliminares 219
   7.2 A Psicossemiótica 222
   7.3 A Cultura 225
   7.4 Os Suicídios 232
   7.5 Gênero 235

Referências Bibliográficas 241

Index de Autores 251

Index de Conceitos e Noções 253

Anexos 259

PREFÁCIO

Sergio Levcovitz[1]

Pensar a diversidade cultural e o contato entre diferentes grupos étnicos tem sido um desafio instigante, particularmente no processo inexorável de globalização. As facilidades de mobilidade geográfica e a velocidade de comunicação proporcionada pelos meios de comunicação ameaçam seriamente as diferenças culturais, produzindo uma homogeneiza dos hábitos, linguagens e *ethos*. O povo Guarani/Kaiowá tornou-se, nesta última década, bem conhecido, ocupando um lugar de destaque na mídia nacional e internacional. Esta posição diferenciada decorreu da epidemia de suicídios, atingindo taxas alarmantes, particularmente entre jovens. Muitas especulações ocorreram, apontando-se diferendes fatores como causa do fenômeno. O problema do suicídio indígena apresenta dimensão internacional, atingindo diversos grupos das Américas. Durkheim já havia refletido sobre a constatação de que alguns grupos indígenas apresentavam taxas elevadas de suicídio. Para esse autor, essa forma de conduta auto-agressiva deveria ser classificada como *suicídio altruísta*, relacionando-o ao elevado grau de investimento no grupo social. O pequeno valor atribuído ao indivíduo fazia com que facilmente se sacrificasse a existência pessoal em favor do bem coletivo. Inúmeros exemplos de suicídio relacionado ao elevado valor do grupo social, em detrimento da importância pessoal e individual, poderiam ser lembrados, mesmo nos dias atuais.

---

1. Doutor em Psiquiatria, autor do livro "Kandire: O Paraíso Terreal".

Uma vez que a ocorrência de suicídios entre certos grupos indígenas é elevada, a literatura científica internacional sobre o tema tornou-se muito extensa e diversificada. Quase todos os autores que produziram trabalhos importantes sobre o tema seguem um referencial durkheimniano, conceituando, entretanto, o problema do suicídio indígena de forma bastante diversa da do próprio Durkheim. A absoluta maioria dos trabalhos aponta a *anomia* relacionada ao contato com o colonizador como sendo o fator responsável pelo comportamento auto-agressivo. Segundo esse entendimento, a progressiva aculturação produzida pelo contato e a desorganização social decorrente, associada à perda de referenciais, são responsáveis pelas elevadas taxas de suicídio em certos povos indígenas. Esse atrativo e aparentemente sólido edifício teórico, centrado na anomia e perda da cultura, tem sido universalmente adotado pelos meios de comunicação, fundamentando uma espécie de consenso social sobre o problema. Via de regra, não se duvida que os índios cometem o suicídio por terem perdido seus costumes e sua cultura.

Devemos chamar a atenção para alguns fatos relevantes e que usualmente passam despercebidos. Inicialmente, as taxas de suicídio entre povos indígenas são, de maneira geral, bastante pequenas, especialmente quando comparadas às taxas prevalentes na população geral. Apenas em alguns povos indígenas elas assumem valores maiores que aquela da população geral. Mesmo nesses casos, essas elevações são temporárias e restritas a certas reservas ou aldeias.

Muitos povos indígenas perdem seus costumes, sua língua materna e mesmo desaparecem por completo como grupo étnico, sem entretanto apresentar qualquer elevação nas taxas de suicídio. Índios Guarani vivem em uma aldeia na periferia da Cidade de São Paulo, sem apresentar a emergência do fenômeno. Os índios Guarani/kaiowá, o grupo mais atingido pela epidemia de suicídios, são extremamente apegados aos seus valores. A designação "kaiowá" significa "os que vivem na floresta alta", indicando uma importante condição na história de contato desse povo com o colonizador europeu.

PREFÁCIO À EDIÇÃO BRASILEIRA

Ao contrário de outros grupos indígenas, os Guarani/ Kaiowá não aceitaram nenhuma forma de contato ou acordo com os jesuítas, refugiando-se nas "florestas altas" do Paraguai. Somente durante a demarcação da fronteira entre o Brasil e aquele país, em 1750, temos alguma notícia dos Kaiowá, particularmente nos registros das expedições. Uma dessas expedições, percorrendo a região de fronteira "pelo mais alto do terreno", revela uma difusa presença

> "da nação que se conhece por aqui, são os monteses, é gente a pé, vivem em os bosques, não duvidamos que seria sua habitação esta montanha, e assim não tínhamos suspeita deles senão quando se entrava entre os arvoredos... Havia achado rastros, e fogões frescos dos índios monteses".[2]

Os diários registraram a impressionante densidade da floresta nessa região e a grande dificuldade de transposição, tornando-a um refúgio protegido para os índios Kaiowá, que preservaram intactas sua cultura e autonomia. Após as expedições demarcatórias da fronteira, praticamente não temos notícias daqueles índios monteses, a não ser no início do século atual. Os monteses sabiamente retiraram-se para uma terra inacessível, exatamente pela impossibilidade de estabelecer contato. A esse respeito, é interessante o depoimento de Koenigigswald:

> "(...) Poucos viajantes entraram em contato mais próximo com os ariscos Kayoas; o único que sobre eles escreveu mais intensamente foi J.R. Rengger, o qual durante oito anos viveu no Paraguai como médico e naturalista e cuja descrição como pude verificar na tribo desnorteada para o Paraná ainda hoje é exata. Com o afastamento dos jesuítas (...) povos inteiros desapareceram, assim dos quais pouco sabemos mais que seus nomes (...) Somente nas regiões ainda muito no interior, de

---

2. Fonseca, pp. 358-360.

acesso difícil, encontramos tribos que sempre se conservaram separadas dos brancos (...) obedecendo a seus costumes antigos. (...) O modo hostil e a desconfiança dessas hordas contra tudo que é estranho dificultou muito um estudo profundo do seu modo de viver. (...) Isso se aplica mesmo a tribos importantes conhecidas desde há séculos, vivendo à margem da civilização como os Kayoas, os quais sempre habitavam o norte do Paraguai e o sul do Mato Grosso. Nestas regiões tiveram esses selvagens ariscos um abrigo seguro das perseguições de seus inimigos, principalmente nas terras de Caa-Guasu, Mbarakaju e Amambay e nos rios Monday e Acaray. (...) Diversas vezes foram feitas tentativas de civilizar os Kayoas pelos jesuítas e mais tarde também pelo Paraguai e pelo Brasil, porém com pouco sucesso. (...) Os Kayoas amam demais a sua liberdade e sentem qualquer intromissão dos brancos como uma restrição de seus direitos. A religião, forçada sobre eles nos aldeamentos pelos missionários com suas muitas rezas, as regras de consórcio monogâmico e a vestimenta, o trabalho aumentado e a tutela restante, é totalmente contra o caráter desses filhos da natureza, independentes e, portanto, não se deve admirar que o número de aldeados se tornasse cada vez menor e muitos deles, mesmo os lá nascidos, tivessem voltado para as selvas".[3]

A impossibilidade de estabelecer uma linha de contato com a cultura do colonizador europeu obrigou os Guarani/Kaiowá a estabelecerem estratégias de sobrevivência cultural. As reservas resultantes da política de aldeamento foram localizadas junto de centros urbanos, na esperança de promover uma assimilação dos valores culturais dominantes. Na Reserva de Dourados, por exemplo, foram trazidos índios de outras etnias que teriam maior facilidade em apreender os valores do colonizador e supostamente poderiam "civilizar" os Kaiowás.

---

3. Summer, p. 13.

PREFÁCIO À EDIÇÃO BRASILEIRA

Estudar a identidade deste povo, particularmente a identidade das crianças Kaiowá, assume extraordinária importância para o dimensionamento do encontro/desencontro com a cultura dominante. Haveria uma universalidade na origem de culturas tão radicalmente diversas? Qual seria o ponto de contato entre formas de pensar tão profundamente diferentes? A esse repeito Lévi-Strauss formulou importantes contribuições, considerando que o pensamento do adulto *"constrói-se em torno de um certo número de estruturas, que determina com precisão, organiza e desenvolve pelo simples fato dessa especialização, estruturas que constituem só uma fração das que são inicialmente dadas, de maneira sumária e indiferenciada, no pensamento da criança. Dito em outras palavras, os esquemas mentais do adulto divergem segundo a cultura e época a que pertencem, mas todos são elaborados partindo de um fundo universal, infinitamente mais rico do que aquele de que cada sociedade particular dispõe, de tal forma que cada criança ao nascer traz consigo, de forma embrionária, a soma total das possibilidades entre as quais cada cultura, e cada período da história, escolhe algumas, para conservá-las e desenvolvê-las. Ao nascer, cada criança traz, em forma de estruturas mentais esboçadas, a totalidade dos meios que a sociedade dispõe desde toda a eternidade, para definir suas relações com o Mundo e com o outro. Mas essas estruturas são exclusivas. Cada uma delas só pode abranger certos elementos, entre todos aqueles que são oferecidos. Cada tipo de organização social representa portanto uma escolha, que o grupo impõe e perpetua, relativamente ao pensamento do adulto, que escolheu e rejeitou de acordo com as exigências do grupo. O pensamento da criança constitui, pois, uma espécie de substrato universal, em cujas etapas não se produziram ainda as cristalizações, permanecendo ainda possível a comunicação entre formas incompletas solidificadas".*[4] Uma ilustração dessa universalidade do pensamento infantil seria a aquisição da linguagem. Toda criança, no início da vida, possui a habilidade de emitir diferentes sons e ruídos, considerados como uma espécie de acervo geral daquilo que pode ser pronunciado pelo homem. Cada cultura vai, a partir desse amplo conjunto de sons,

---

4. Lévi-Strauss, 1976, p. 132.

selecionando aqueles que constituirão a sua própria linguagem e restringindo o uso de todos os demais. Em pouco tempo a criança não será mais capaz de emitir os sons não selecionados durante a constituição de sua língua. Pouco mais tarde, mesmo que treinada, ela não mais pronunciará as palavras de forma idêntica aos que falam outra língua ou dialeto. Segundo Lévi-Strauss, as estruturas universais de pensamento sofrem uma semelhante seleção, definindo as formas de pensar de cada cultura. O pensamento infantil, pelo fato de não ter ainda sofrido uma seleção de estruturas, constituiria uma espécie de denominador comum entre todas as estruturas de pensamento. É nesse sentido que, ao mesmo tempo que consideramos a forma de pensar dos "povos primitivos" semelhante à de nossas crianças, eles também consideram o mesmo a respeito de nossa forma de pensar.

A possibilidade de estudar e correlacionar a estrutura de pensamento e a linguagem não-verbal de crianças Guarani/ Kaiowá lança importantes contribuições teóricas para o estudo do encontro entre culturas, particularmente da possível identidade entre diversidades. A utilização de nova metodologia de pesquisa, como a Semiótica, torna especialmente inovador o trabalho de Sonia Grubits. A autora realizou uma investigação que abre caminhos para um melhor entendimento da misteriosa cultura Guarani e cujos resultados nos poderão auxiliar a estabelecer um diálogo com este povo. Não seria demais lembrar que, ainda no século XX, os Guarani foram surpeendidos em obstinadas migrações rumo à *Terra Sem Mal*. O presente trabalho abre novas possibilidades para o empenho em decifrar a obscura lógica que fundamenta a cultura Tupi-Guarani.

Cosmologia Guarani

"...a presença do tema do abandono, da divisão do cosmo entre aquilo que 'foi' e aquilo que 'ficou' ou 'apenas existe', aquilo que foi abandonado, é recorrente. A raça humana é a mais notável porque, apesar de ter ficado, seu destino é partir; os humanos, ao contrário do resto dos seres que existem ou estão na terra, se diz que são 'os que irão'. Esta é, afinal, a marca da diferença do humano dentro do mundo: o tempo o constitui em sua essência. Os animais têm espírito e têm um 'princípio vital', mas não 'irão'. Os da terra são da terra; os do céu, do céu. Só os humanos estão entre a terra e o céu, o passado e o futuro; só eles não morrem de verdade."

(Eduardo Viveiros de Castro)

Ao nosso grande mestre e amigo
Claude Lévi-Strauss

1

INTRODUÇÃO

1.1 IDENTIDADE

Trabalhamos em uma pesquisa com a população infantil da Reserva de Caarapó, Mato Grosso do Sul, Brasil, desde 1997, integrando o Programa Guarani/Kaiowá*, da Universidade Católica Dom Bosco.

Nossa proposta de pesquisa objetivou a análise e configuração da identidade de crianças Guarani/Kaiowá, da referida Reserva, por meio de seus desenhos e trabalhos de expressão artística.

Estudos e pesquisas sobre desenhos infantis sempre nos indicaram o valor significativo do traço em relação às informações tomadas, memorizadas, comuns a um grande número de sujeitos de uma faixa etária e um meio cultural.

O desenho da criança, descrito como semântica aberta, sendo cada expressão sempre complexa, testemunha sua individualidade, mas também um saber coletivo. Além da dimensão biológica, a elaboração dos signos e sua organização são indicadores da socialização e aculturação. Assim, o ato de desenhar para a criança favorece a manipulação das relações ou regras que ligam os significados aos significantes do nosso meio[1].

Além da investigação da problemática identidade, por meio de desenhos e demais trabalhos de expressão artística,

---

* Projeto integrado com apoio do CNPq (Conselho Nacional de Pesquisas).

focalizada em todos os momentos da pesquisa, duas outras temáticas permearam nossas reflexões e discussões, por pertencerem inquestionavelmente à grande problemática Guarani atual e do passado.

Uma delas é o complexo contexto sociocultural da então grande nação Guarani, com sua significativa unidade lingüística e peculiar teoria de pessoa e religião, que, para melhor entendermos, contrapomos às sociedades primitivas tradicionais, como as dos Gê-Bororo, conforme estudos de Levcovitz[2] e Viveiros de Castro[3].

Finalmente, os numerosos suicídios na população jovem Guarani/Kaiowá, fato que envolve órgãos governamentais nacionais e instituições internacionais em investigações e estudos há mais de uma década.

Cabe ressaltar que a problemática do suicídio vem sendo objeto de inúmeras pesquisas no Brasil e em todo mundo, tal a sua incidência nas sociedades modernas e as múltiplas causas, que variam de acordo com a faixa etária, cultura, fatores biológicos e psicológicos, conforme apreciaremos no capítulo sobre o suicídio.

Quanto aos estudos envolvendo identidade, muito importantes e determinantes em diferentes áreas de conhecimento, sempre estiveram presentes em nossas pesquisas: em 1994, com a publicação de "Bororo: Identidade em Construção"[4]; em 1996[5], com "A Construção da Identidade Infantil"; e, em 1998[6], na "Construção da Identidade Infantil II".

Em "Bororo: Identidade em Construção", analisamos a história de vida de uma índia Bororo, de acordo com a concepção dialética da identidade, enquanto supracategoria que se constrói no intercruzamento das categorias: consciência, atividade e sentimento. Para completar a análise do processo de identidade, foram detectados os reflexos sobre memória e socialização.

Concluímos, no final da pesquisa, que a índia estudada se apresentava como Bororo, porém sua identidade não se cristalizou como identidade Bororo, nem como identidade de civilizado. Esses diferentes personagens estruturaram-se de forma

INTRODUÇÃO 19

que garantissem o respeito do mundo Bororo e civilizado, bem como serviram de estratégias de sobrevivência mais eficientes do que a maioria dos Bororo.

Nas duas obras referentes à construção da identidade infantil, tentamos analisar estratégias de grupo-terapia para favorecer o desenvolvimento de crianças privadas total ou parcialmente do contato com suas famílias. O desenho foi utilizado amplamente não só na avaliação, como também na intervenção propriamente dita, durante a pesquisa.

1.2 DIFERENÇAS CULTURAIS E ÉTNICAS

Apesar do grande interesse em conhecer e analisar a estrutura social e cultural da nação Bororo, na pesquisa sobre o referido grupo étnico, somente depois de iniciar as pesquisas com o grupo Guarani/Kaiowá percebemos a extensão das diferenças entre as nações indígenas brasileiras, conforme Viveiros de Castro[7] afirmou: "...as sociedades Gê e Tupi-Guarani parecem estar em oposição polar, ao longo de um continuum virtual das diversas formações socioculturais dos povos sul-americanos, para as mais variáveis que decidi — note-se bem — privilegiar em meu trabalho".

O autor pontou durante toda sua obra a organização social e cosmologia, procurando demonstrar as significativas diferenças entre os dois grupos, sendo os Bororo, anteriormente centro das nossas pesquisas, pertencentes ao grupo Gê.

Para ele, em relação à organização social, nos Gê-Bororo podemos identificar o desenvolvimento máximo dos princípios de oposição complementar de categorias sociais e de valores cosmológicos.

Para entendermos o referido sistema, podemos deter-nos na organização da sociedade Bororo em aldeias formadas por um conjunto de choupanas, tradicionalmente dispostas em círculo, em torno da uma grande choupana central, a casa dos homens (*bai mana gejewu*).

FIGURA 1: Organização Social dos Bororo.

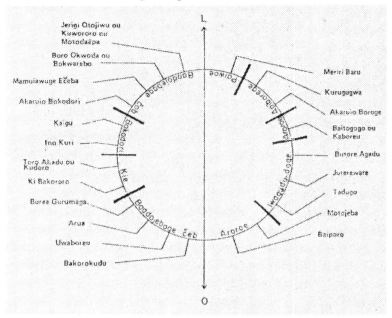

Fonte: R.B. Viertler, 1976, As aldeias Bororo: Alguns aspectos de sua organização social. São Paulo: Coleção Museu Paulista, Série Etnologia, v. 2, p. 151.

Outro aspecto fundamental é que as conexões mágicas entre nomes e pessoas têm grande importância para o funcionamento da vida social Bororo. De acordo com a atribuição de nomes em cerimônias especiais, os índios posicionam-se na forma circular apresentada na Figura 1, de acordo com um modelo ideal de aldeia, e ordenam-se hierarquicamente.

Os nomes integram, de uma maneira específica, o indivíduo na rede de distribuição de direitos e deveres sociais. Eles são associados a danças, cantos, funções cerimoniais, enfeites de penas, nomes pessoais e matérias-primas de maior ou menor qualidade, peso, idade, influência e beleza.

Além disso, as sociedades dialéticas Gê[8], como a dos Bororo, administram internamente a diferença do jogo social das contradições. Nessas sociedades, observamos o desenvolvi-

INTRODUÇÃO   21

mento máximo dos princípios de oposição complementar de
categorias sociais e de valores cosmológicos, de representação
de segmentos sociais globais, de acordo com elementos que lhe
são exteriores, da multiplicação de oposições que se entrecortam.
Esse grupo é conhecido por sua complexidade e conservadorismo
sociológicos.

Finalmente, nas sociedades como a Gê, podemos identificar uma base comum com ênfase na corporalidade, por meio
de um complexo de regras sexuais e alimentares que ordenam
a vida social a partir da linguagem do corpo.

O corpo, inscrito em uma relação dinâmica com o nome,
a alma e a transmissão de substâncias e pessoa, define-se em
inúmeros níveis, estruturados internamente.

Segundo estudos de Levcovitz[9], a elaboração da noção
de corporalidade é uma categoria fundamental dessas sociedades. A inscrição social do corpo ocorre mediante perfurações,
pinturas ou manipulações.

Os Tupi-Guarani, para Viveiros de Castro[10], definiam-se
em um "vir-a-ser", em um "tornar-se o outro", de forma diversa
da pessoa Gê-Bororo, que subjuga a diferença à identidade.
Ainda segundo o autor, a dinâmica subjacente ao movimento
em direção ao outro pode ser identificada na solução antropofágica dos Tupi-Guarani. A identidade, segundo o autor, seria
"antidialética".

Os povos do grupo Guarani/Kaiowá, estudados no presente trabalho, apresentam uma inversão da representação tradicional da *sociedade primitiva*, feita pela antropologia, como
acontece com o grupo Bororo, como um sistema fechado.

A cosmologia do grupo passa por conceitos básicos como
deus, ser humano e inimigo. O que está fora da sociedade é
que a ordena e orienta. O modelo cosmológico Tupi-Guarani[11]
configura-se a partir do sistema de alma, nome, morte, canibalismo e canto.

Os Tupi-Guarani apresentam uma enorme flexibilidade
sociológica, indiferenciação interna associada a um complexo
de relações individualizadas com o mundo espiritual, ao con-

trário de outras sociedades, como as Gê-Bororo. Essa posição estratégica para a construção da *pessoa* gera aquilo que foi chamado por Viveiros de Castro[12] de *individualismo*.

Para o autor, nesse contexto, a sociedade seria nada mais que o resultado agregado de relações individualmente negociadas, e, dessa forma, relações sociais e individuais permanecem na mesma ordem de complexidade.

A concepção da alma humana é a chave do sistema religioso dos Guarani e comanda a vida social dessa sociedade. A predominância da religião e da relação com a morte, subjacente na noção de alma ou na teoria da *pessoa*, constitui um ponto de apoio essencial para a compreensão das sociedades Tupi-Guarani.

Esses povos apresentam uma concepção dual da *pessoa*, cuja manifestação plena só ocorreria após a morte. Esse dualismo oculta "um triadismo mais fundamental", segundo Viveiros de Castro[13].

Assim, a pessoa ocupa um espaço virtual entre a natureza e sobrenatureza, ou seja, um elemento paradoxal que conectaria e separaria, circulando como espaço vazio entre domínios e formas do extra-social. *"É neste sentido que a Pessoa Tupi-Guarani é um entre (um entre dois) e não um ente"*[14].

A elaboração do conflito entre os Tupi-Guarani, portanto, produz uma organização cosmológica fundada no *outro*. Enquanto as sociedades dialéticas Gê-Bororo, por exemplo, administram internamente a diferença no jogo social das contradições, os Tupi-Guarani constroem uma *Terra Sem Mal* e vão em sua direção.

As sociedades Tupi-Guarani, determinadas por alianças que se fundamentam na relação com o inimigo, desenvolveram uma estratégia de reprodução social envolvida necessariamente com a migração das populações em direção à *Terra Sem Mal*[15].

Outro aspecto relevante para o entendimento de sua peculiar cultura e organização social é que, apesar da extensa amplidão do território Tupi-Guarani, no passado, sempre existiu uma significativa homogeneidade lingüística dos seus dialetos e de sua cosmologia.

"A organização social Tupi-Guarani mostra-se extremamente fluida, apesar desta uniformidade lingüística e cultural nesta vasta dispersão, apresentando um feitio diferente em cada uma das inúmeras regiões habitadas. Desde sistemas sociais que praticamente não diferenciam família conjugal e grupo bando até morfologias sociais segmentares dualistas ou clânicas. Desde pequenos bandos de caçadores e coletores nômades até as gigantescas aldeias Tupinambá, dotadas de conhecimento tecnológico relativamente avançado e sofisticada organização econômica. Encontramos também formas de residência, estruturas cerimoniais, sistemas de parentesco e atitudes diante da guerra e do xamanismo extremamente variáveis."[16]

A aldeia Araweté (Figura 2) pode ilustrar a organização social Tupi-Guarani. A referida aldeia parece um composto de pequenas aldeias, núcleos de casa voltados para si mesmos. Os "campos gravitacionais" dos pátios ou seções trabalham exatamente para impedir a formação de um centro único, eqüidistante espacial ou socialmente de todas as casas[17].

Os Araweté do Médio Xingu, no Estado do Pará, na Amazônia, Região Norte do Brasil, constituem um povo Tupi-Guarani contemporâneo. Viveiros de Castro viveu 11 meses entre eles.

FIGURA 2: Esquema da Aldeia Araweté.

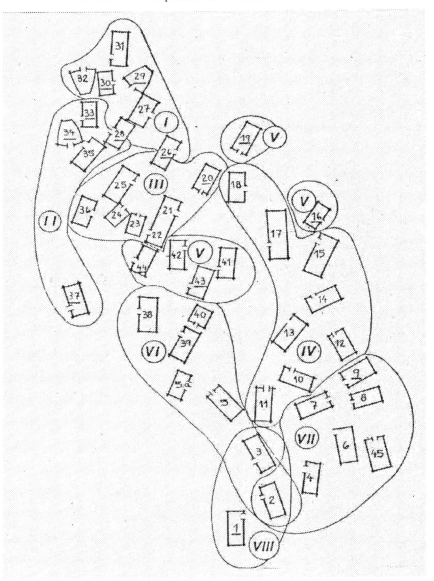

Fonte: Viveiros de Castro, 1986.

1.3 O Guarani/Kaiowá de Caarapó

Atualmente, na região de Caarapó, onde o grupo estudado está localizado, além de graves conflitos de terra com colonos, ocorrem problemas de suicídios que são, algumas vezes, denunciados como assassinatos.

Depois de um ano de trabalho na Reserva de Caarapó, definimos alguns pontos importantes para a seqüência de nossas pesquisas. Já conhecíamos bem as escolas, os professores, as crianças e os moradores da Reserva de um modo geral; além disso, mantínhamos um contato amistoso com as lideranças e algumas famílias.

Havíamos encerrado um levantamento preliminar entre as crianças por meio do teste de desenho, conhecido como *House, Tree, Person and Family* e técnicas expressivas com lápis e tintas coloridas.

Confirmando o encaminhamento dos trabalhos com as crianças, tivemos uma experiência de contato com seus pais, em duas reuniões programadas pelo capitão da Reserva, no mês de abril de 1998.

Os desenhos forneceram-nos indicadores para escolha dos sujeitos para nossa pesquisa sobre identidade. Notamos, como dado relevante para definição do sujeito de nosso trabalho, que as casas desenhadas eram de três tipos: casas com estrutura Guarani/Kaiowá unidas por caminhos, representando um grupo familiar tradicional, somente uma casa com referida estrutura ou casas com características daquelas comumente desenhadas por crianças da cidade.

De acordo com nossas reflexões preliminares, já expostas na introdução, assim como as revisões teóricas que serão apresentadas nos demais capítulos: Psicossemiótica — Referências Teóricas, Problemática Guarani/Kaiowá, Os Tupi-Guarani no Brasil e O Desenvolvimento da Pesquisa, Escolha das Crianças, Técnicas e Materiais, foi possível formularmos inúmeras hipóteses, segundo diferentes pontos de vista e áreas de conhecimento, no que se refere ao tema central identidade e em relação aos problemas da nação Guarani/Kaiowá de um modo geral.

Além disso, tendo em vista as ponderações feitas sobre a diversidade de problemas e questionamentos, consideramos pertinente e essencial hipóteses secundárias de natureza antropológica, sociológica, econômica e psicológica propriamente dita: a busca da identidade e aquisição do nome, outrora baseada na captura do inimigo e rituais antropofágicos, não mais existem. Pesquisadores como Hans Staden[18], no passado, Pierre[19] e Hélène Clastres[20], Viveiros de Castro[21] e Isabelle Combés[22], mais recentemente, são unânimes em afirmar a importância do complexo guerreiro-antropofágico para a constituição do ser social Guarani/Kaiowá, o que nos levou a questionar o desaparecimento dessas práticas sem o surgimento de outras formas substitutas e suas conseqüências para os jovens indígenas.

A prática do suicídio poderia também ser uma iniciativa individual, devido aos estados depressivos situacionais ou endógenos, ou, mesmo, indicaria uma forma de psicose.

Outra hipótese apontaria as alterações das estruturas familiares tradicionais, pela restrição do espaço nas aldeias outrora pertencentes aos Guarani e, atualmente, áreas em litígio com fazendeiros e camponeses da região.

Acompanhando a restrição do espaço, poderíamos citar o desmatamento, a degradação ambiental, gerando escassez de recursos para sobrevivência, tendo em vista que os Guarani são povos tradicionalmente agricultores. Finalmente, o engajamento da população Guarani à força de trabalho regional, geralmente sazonal. Na época de colheitas, por exemplo, também contribui para significativas alterações no sistema familiar e, conseqüentemente, o desenvolvimento da identidade desse grupo étnico.

Ainda em relação aos Guarani/Kaiowá de Caarapó, foi importante, também, a percepção destes como um grupo indígena menos acessível a nossas investigações e contatos do que outros grupos, como os Bororo e Terena, por nós também estudados, o que nos levou a questionar nossos métodos.

Sentíamos que ficávamos entre os relatos mais antigos, encontrados na literatura sobre o assunto, e preocupações gerais mais atuais, em torno da questão da terra e suicídios, envolvendo explicações mais simples e objetivas, criando um verdadeiro círculo vicioso em torno dos referidos temas.

Apesar dos ricos instrumentos e técnicas da ciência psicológica, faltava uma forma de análise, uma metodologia que suprisse a necessidade de uma leitura ou abordagem mais indireta e subjetiva, devido ao difícil acesso aos referidos temas por falta de contatos mais diretos, relatos, depoimentos e entrevistas. Percebíamos que a complexa questão Guarani/Kaiowá demandava um estudo mais profundo e minucioso.

Em 1995, no "Congresso Internacional de Saúde Mental", em Dublin, Irlanda, tivemos a oportunidade de reencontrar trabalhos recentes de Ivan Darrault-Harris, quem, na pesquisa com identidade infantil, havia estudado a obra: a "Prática Psicomotora", publicada e traduzida para o português no Brasil. Surgiu daí o desejo de procurá-lo e tentar desenvolver as pesquisas por meio de sua proposta inovadora em Psicossemiótica[23].

As idéias foram aceitas por Darrault, para um trabalho sobre a complexa problemática indígena de Mato Grosso do Sul. Em 1997, aderimos ao Programa Guarani/Kaiowá, com um projeto de trabalhos com desenhos e técnicas expressivas, entre as crianças da Reserva de Caarapó.

Estávamos, portanto, diante de um desafio de buscar respostas e analisar comportamentos, pesquisar a identidade, em sujeitos de uma cultura complexa, expostos a diferentes tipos de agressões e ataques da sociedade envolvente, com a questão de suicídios no foco de seus conflitos, por meio de uma metodologia muito nova, oriunda da França.

Autores franceses já haviam, em vários momentos, contribuído com estudos aprofundados em Antropologia, para a análise da realidade indígena brasileira, como aqueles de Claude Lévi-Strauss[24], Pierre[25] e Hélène Clastres[26] e outros. Agora, mais uma vez, acenava com uma possibilidade, por meio de uma nova metodologia da Psicossemiótica, para um aprofundamento e maior entendimento nas pesquisas com os Guarani/Kaiowá.

Estabelecemos, portanto, de acordo com nossas reflexões preliminares e hipóteses, os nossos objetivos para o desenvolvimento deste estudo: a análise semiótica da configuração da identidade de crianças Guarani/Kaiowá, da Reserva de Caarapó, do Estado de Mato Grosso do Sul, Brasil, por meio de seus desenhos e trabalhos de expressão artística.

Nesse sentido, objetivamos:

1. verificar as conseqüências, no contexto sociocultural Guarani/Kaiowá, das relações que se vêm desenvolvendo com a sociedade nacional envolvente;
2. identificar os motivos do alto índice de suicídio, principalmente no que se refere ao contexto psicossocial;
3. analisar as condições familiares, também sob o ponto de vista psíquico e social, das crianças selecionadas para a pesquisa;
4. descrever as condições afetivas, intelectuais e sociais das crianças Guarani/Kaiowá no estágio escolar.

1.4 Por Que Semiótica

A análise do comportamento da população indígena brasileira nos traz um problema metodológico e teórico, devido às peculiaridades culturais, estrutura social e familiar dessa população, muitas vezes muito diversas das culturas e sociedades modernas ocidentais.

Assim, por exemplo, o emprego da teoria psicanalítica, construída em um tempo e espaço específicos, inerentes ao mundo e à cultura ocidentais, seria, a princípio, inadequada ou questionável para um projeto que busca o entendimento de comportamentos e identidade de sujeitos do grupo Guarani/Kaiowá.

Enfrentamos, também, dificuldades para investigar diretamente os suicídios, assim como as práticas antropofágicas do passado, tendo em vista que, apesar de aparentemente alegres e acolhedores, os Guarani não falam sobre tais eventos, bem como geralmente evitam comentários sobre seus mitos e práticas culturais, fato já pontuado por Viveiros de Castro, em 1986, e Levcovitz, em 1994, nas suas obras.

Por essa razão, adotamos um procedimento, uma metodologia, que atingiria indiretamente nossos objetivos de entender as questões de identidade e as implicações ou não dos suicídios nesse contexto, desenvolvendo uma análise semiótica das produções infantis.

A proposta de análise de desenhos, histórias, pinturas, etc., na busca da identidade, por meio da recente disciplina Psicossemiótica, poderia dar-nos a segurança de uma visão fenomenológica, sem os riscos de enfrentar as barreiras das resistências, tabus e recalques, em torno do tema central de nossas investigações.

Evitaríamos, também, implicações e incursões interpretativas, fundamentadas em esquemas teóricos da personalidade e desenvolvimento humano preestabelecidos.

Adotando a Psicossemiótica como instrumento de análise do material que pretendíamos reunir nesses trabalhos, de sessão para sessão, com as crianças escolhidas para sujeitos da pesquisa, acreditávamos que poderíamos tentar entender a construção e o desenvolvimento da identidade Guarani/Kaiowá e, até mesmo, contribuir para o encaminhamento de problemas cruciais vividos por esses povos, como as questões de suicídios.

Além disso, a possibilidade de uma interpretação dos fenômenos propriamente ditos, de acordo com a nossa proposta, permitiria-nos a busca da identidade Guarani/Kaiowá no engendramento das ações, dos pensamentos e dos sentimentos, ou seja, processo de desenvolvimento da identidade dessas crianças, representantes de uma nova geração desse grupo indígena, localizado em Mato Grosso do Sul, Brasil.

Assim procedendo, ao final buscaríamos um entendimento daquilo que ficou da cultura indígena Guarani/Kaiowá, do que ela representa diante das novas relações com a sociedade capitalista, na qual se vem inserindo progressiva e inexoravelmente.

Finalmente, adotamos como hipótese central o fato de que "A análise semiótica dos desenhos e trabalhos de expressão artística de crianças Guarani/Kaiowá permitir-nos-ia a configuração de suas identidades".

1.5 A Psicossemiótica

As origens do termo Psicossemiótica datam de 1979, segundo Darrault[27], no "Sémiotique, dictionnaire raisonné de la théorie du langage" de Greimas e Courtés, que afirmou, no próprio texto, que tal área da Semiótica ainda estava por ser descoberta e desenvolvida.

Independentemente do uso do termo, Darrault já iniciava, na mesma época, a descrição semiótica de sessões de terapia psicomotora, posteriormente publicadas na obra "Por une approche sémiotique de la thérapie psychomotrice".

Trabalhos com a "Sémantique Structurale" de Greimas, em 1966, "Conditions d'une semiotique du monde naturel", em 1968, de Jean Claude Coquet, que, desde 1973, publicou os primeiros fundamentos de uma Semiótica do sujeito, indicaram o surgimento desse novo domínio dos estudos da Semiótica, conforme relata Darrault.

Segundo o autor, estas foram as suas bases, na teoria e na epistemologia e metodologia, chegando, assim, à extensão do objeto da Semiótica aos comportamentos reais, do domínio atual de Semiótica, *subjectale*.

Darrault[28] alertou, porém, que não devemos entender por Psicossemiótica a fusão pura e simples das duas disciplinas, Psicologia e Semiótica, portadoras de teorias e linguagens formais, próprias e específicas.

O autor enumerou, na sua tese "Pour une Psychosémiotique", defendida em 1997, na "École des Hautes Études en Sciences Sociales", de Paris, as instituições fundamentais que nortearam seus projetos e estudos.

Em 1975, Ivan Darrault-Harris desenvolveu um trabalho psicoterápico com três crianças, unindo seus estudos e leituras sobre Semiótica com o objeto semioticamente inédito: o comportamento real.

Participando como observador de sessões de terapia, primeiramente notou a ausência do texto da sessão, antes de qualquer tentativa de interpretação e, em segundo lugar, o desaparecimento imediato do texto como percepção, dando lugar à

INTRODUÇÃO   31

memória, apesar do seu desenvolvimento irreversível, com comportamentos organizando-se em seqüências, o que possibilitaria, então, ao semioticista, uma previsão.

Identificava, portanto, possibilidades de utilização das mesmas leis narrativas da produção literária aplicadas aos fenômenos do mundo natural.

Darrault[29] afirmou: *"Então, uma idéia fascinante se impôs, que essas leis pudessem explicar, também, os fenômenos resultantes do mundo natural: hipoteticamente, ação e significado, atos somáticos e atos discursivos reunindo-se no seio de um mesmo percurso gerativo"*.

Entendemos, portanto, que, sem dúvida, Darrault percebeu as possibilidades de aplicação da Semiótica na Psicologia e, apesar das indicações de surgimento da disciplina, já em Greimas e Courtés[30], assim como nas sugestões de Jean Claude Coquet[31], iniciou efetivamente essa nova metodologia nas sessões de psicomotricidade e, posteriormente, nas sessões psicoterápicas.

NOTAS

1. OSSON, D. *Dessin d'enfant et émergence du signe.* France: Psychologie médicale, 1981. p. 13.

2. LEVCOVITZ, S. *Kandire: O Paraíso Terreal.* Rio de Janeiro: Te Corá, 1998.

3. VIVEIROS DE CASTRO, E.B. *Araweté, os deuses canibais.* Rio de Janeiro: Zahar, 1986.

4. GRUBITS, S. *Bororo: Identidade em Construção.* Campo Grande, MS, Brasil, Gráfica Dom Bosco, 1993, et GRUBITS, S. *Bororo: Identity in Construction.* Campo Grande, MS, Brasil, Gráfica Dom Bosco, 1995.

5. GRUBITS, S. *A Construção da Identidade Infantil.* São Paulo: Casa do Psicólogo, 1996.

6. GRUBITS, S. *A Construção da Identidade Infantil II.* São Paulo: Casa do Psicólogo, 1998.

7. VIVEIROS DE CASTRO, E.B. 1986. Op. cit. p. 29.

8. O termo Gê, de acordo com a obra "Tristes Tópicos" de Claude Lévi-Straus, aparece em autores brasileiros, como Viveiros de Castro, escrito como Jê.

9. LEVCOVITZ, S. 1998. Op. cit. p. 124.

10. VIVEIROS DE CASTRO, E.B. 1986. Op. cit. p. 22.

11. Os Tupi-Guarani, muitas vezes citados nesta obra, pertencem ao mesmo grupo que os Guarani/Kaiowá. Apesar de quase extintos, aparecem como referencial bibliográfico nos estudos desenvolvidos em torno do assunto.

12. VIVEIROS DE CASTRO, E.B. 1986. Op. cit. p. 118.

13. Idem, ibidem.

14. Idem, ibidem.

15. Idem, ibidem. p. 104.

16. Idem, ibidem. p. 106.

17. Idem, ibidem.

18. STANDEN, H. *Nus, féroces et anthopophages*. Paris: Éditions du Seuil, 1979.

19. CLASTRES, P. *Le grand parler, mythes et chants sacrés des Indiens Guarani*. Paris: Édititons du Seuil, 1974.

20. CLASTRES, H. *La terre sans mal, le prophétisme Tupi-Guarani*. Paris: Éditions du Seuil, 1975.

21. VIVEIROS DE CASTRO, E.B. 1986. Op. cit.

22. COMBÉS, I. *La tragédie cannibale: chez les anciens Tupi-Guarani*. Paris: Presses Universitaires de France, 1992.

23. DARRAULT-HARRIS, I. (en coll. avec B. Aucouturier et J.L. Empinet). *La Pratique Psychomotrice*. Paris: Dion, 1984.

24. LÉVI-STRAUSS, C. *Tristes Tropiques*. Paris: Plom, 1955.

25. CLASTRES, P. Op. cit.

26. CLASTRES, H. Op. cit.

27. DARRAULT-HARRIS, I. et KLEIN, J.P. *Pour une psychiatrie de l'ellipse*. Paris: Presses Universitaires de France, 1993. p. 6.

28. Idem, ibidem.

29. Idem, ibidem. p. 16.

30. GREIMAS, A.J. et COURTÉS, J. *Sémiotique, dictionnaire raisonné de la théorie du langage*. Paris: Hachette, 1993.

31. COQUET, J.C. *Le Discours et Son Sujet*. Paris: Méridiens Klincksieck, 1989.

2
PSICOSSEMIÓTICA — REFERÊNCIAS TEÓRICAS

Para entendermos a metodologia proposta pela Psicosse-miótica, no estudo da identidade infantil Guarani/Kaiowá, pesquisamos em Greimas e Courtés suas considerações e sua conceituação do termo em questão, na obra "Sémiotique, dictionnaire raisonné de la théorie du langage"[1]. Para os autores, identidade não tem definição e opõe-se ao conceito de alteridade. A identificação permite decidir sobre traços ou conjuntos de traços comuns, entre dois ou mais objetos, enquanto a distinção é a operação pela qual se reconhece a sua alteridade. O par, porém, é interdefinível pela relação de pressuposição recíproca e é indispensável para fundamentar a estrutura elementar da significação.

A identidade serve igualmente para designar o princípio da permanência, que permite ao indivíduo continuar o "mesmo", de "persistir no seu ser", ao longo de sua existência narrativa, malgrado as mudanças que ele provoca, sofre, ou aquelas que podem ocorrer de forma mais inesperada e repentina.

Por oposição à igualdade que caracteriza objetos que possuem exatamente as mesmas propriedades qualitativas, a identidade serve para designar o traço ou o conjunto de traços que, em Semiótica, são denominados semas ou femas, que dois ou mais objetos têm em comum. Greimas e Courtés[2] conceituaram sema como *unidade mínima* da significação, situado no plano do conteúdo, e fema corresponde à unidade no plano de expressão. O eixo semântico que reúne os dois termos, como, por exemplo, pessoa/não-pessoa, provoca um efeito de identificação.

A natureza de sema, segundo Greimas e Courtés[3], é relacional, sendo termo de chegada da relação que se instaura e/ou que se aprende com pelo menos um outro termo de uma mesma rede relacional. Por essa razão, supõe-se que a categoria sêmica ou categoria semântica, que serve para a constituição do plano do conteúdo, é anterior aos semas que a constituem. Os semas não podem, portanto, ser apreendidos, a não ser no interior da estrutura da significação.

Já a categoria fêmica é uma estrutura semântica, utilizada para a construção de um plano de expressão ou de sua forma.

O reconhecimento da identidade de dois objetos, ou a sua identificação, pressupõe sua alteridade, isto é, um mínimo sêmico ou fêmico, que os torna inicialmente distintos. Partindo desse ponto de vista, a identificação é uma operação metalingüística que exige, anteriormente, uma análise sêmica ou fêmica. A identificação é, portanto, uma operação, entre outras, de construção do objeto semiótico.

Procurando entender a construção da identidade Guarani/ Kaiowá, tornou-se importante refletir sobre questões de valores e ideologia, de acordo com referenciais teóricos da Semiótica.

Os valores que participam de uma axiologia são virtuais e resultam da articulação semiótica do universo semântico coletivo. Por essa razão, pertencem ao nível das estruturas semióticas profundas, assumidas por um sujeito — individual ou coletivo — que é modalizado pelo *querer-ser* e, subseqüentemente, pelo *querer-fazer*. Em relação a uma ideologia, dependendo do nível das estruturas semióticas de superfície, o sujeito pode ser definido como uma estrutura actancial, que atualiza os valores que ela seleciona no interior dos sistemas axiológicos de ordem virtual.

Afirmaram que *"Além disso, uma ideologia se caracteriza pelo estatuto atualizado dos valores que ela assume: a realização desses valores, isto é, a conjunção do sujeito com o objeto de valor extingue, **ipso facto**, a ideologia enquanto tal"*[4]. A ideologia é uma busca constante dos valores e a estrutura actancial que a informa deve ser considerada como recorrente em todo discurso ideológico.

Por ser recorrente, ela promove a repetição de ocorrências identificáveis entre si, no interior de um processo sintagmático, de maneira significativa, regularidades capazes de servir para a organização do discurso-enunciado.

No trabalho que propomos, acompanhamos, por meio da produção em desenho, histórias, técnicas expressivas de um modo geral, as condições e etapas da busca da identidade de crianças Guarani/Kaiowá, pesquisando os operadores de mudanças, reunindo e analisando as formas de engendramento sucessivas que são observáveis.

Darrault[5], a propósito de um ciclo de conferências, afirmou: "*a criação, ato e resultado permitem a transformação profunda do sujeito criador, reunindo os mitos coletivos, os enigmas individuais. Interrogar-se-á então sobre a arte como processo e sobre a terapia como produção de formas, em uma perspectiva antropológica sustentada pela abordagem semiótica*", o que veio exatamente ao encontro da nossa proposta de trabalho.

Conforme escreveu R. Thom[6], "*se a terapia é uma arte sobre o fundamento do rigor científico, se a Semiótica é uma tentativa de reconciliar as ciências humanas e as ciências exatas, alcançaremos em uma verdadeira transversalidade que é a percepção das coligações estruturais e não a justaposição interdisciplinar, a operação de uma reaproximação entre diversas tentativas artísticas e certas tendências científicas contemporâneas*".

A propósito da grande disparidade em relação ao objeto e à natureza, a complexidade entre uma Semiótica que se ocupa dos mitos e contos e uma Psicossemiótica ligada ao comportamento global do sujeito, Darrault afirmou que "*A Semiótica se construiu progressivamente graças, paralelamente a uma extensão remarcável de seu objeto, a uma complexificação correspondente da modelização*".

Atualmente, a Psicossemiótica tornou-se possível em uma extensão máxima programática do objeto, atingindo não só a descrição de ação nos discursos, mas também nos comportamentos reais.

36 PSICOSSEMIÓTICA NA CONSTRUÇÃO DA IDENTIDADE INFANTIL

Nos seus avanços, além dos discursos lingüísticos variados, em textos religiosos, literários, poéticos, históricos, científicos, filosóficos, os semioticistas atingiram os textos não-lingüísticos, como a pintura, arquitetura, música e outros.

Finalmente, chegaram à passagem dos discursos construídos aos discursos do mundo natural, mais especificamente à gestualidade acompanhando ou não a linguagem, a proxêmica, produzindo a hipótese de que os modelos e processos-procedimentos construídos permitiram abordar o conhecimento humano concebido como produção discursiva.

Proxêmica, segundo Greimas e Courtés[7], é um projeto da disciplina Semiótica que busca analisar as disposições dos sujeitos e dos objetos no espaço, mais particularmente, o uso que os sujeitos fazem do espaço para fins de significação. A proxêmica cobre, em parte, a Semiótica do espaço, mas também a Semiótica natural, Semiótica teatral, Semiótica discursiva, etc.

Os contornos desse campo de problemas, para esses autores, permanecem ainda muito incertos. Em uma primeira aproximação, a proxêmica parece interessar-se pelas relações espaciais (de proximidade, de distanciamento, etc.) que os sujeitos mantêm entre si, e pelas significações não-verbalizadas que eles daí tiram. Todavia, quando não se trata mais de semióticas naturais dos comportamentos reais no mundo, mas de semióticas artificiais ou construídas, como teatro, liturgia, ritual, urbanismo, etc., quando se é conduzido a prever uma instância da enunciação, as disposições dos objetos, dos sujeitos, tornam-se portadoras de sentido.

No entanto a proxêmica não poderia satisfazer-se apenas com a descrição dos dispositivos espaciais formulados em termos de enunciados de estado; ela deve objetivar igualmente os movimentos dos sujeitos e os deslocamentos dos objetos, que não são menos significativos, porque são representações espaço-temporais das transformações entre os estados. Sendo assim, a proxêmica vai além dos limites que se propôs e se vê obrigada a integrar, em seu campo de análise, também as linguagens gestuais e espaciais.

Outro conceito relevante para nossos estudos foi o de percurso gerativo, que, segundo Greimas e Courtés[8], representa com clareza o engendramento discursivo da significação, que é comum a todos os discursos possíveis, verbais ou não-verbais. Para os mesmos autores, a expressão percurso gerativo designa a economia geral de uma teoria semiótica, quer dizer, a disposição de seus componentes, uns em relação aos outros, na perspectiva da geração, isto é, postulando que todo objeto semiótico pode ser definido segundo o modo de sua produção. Os componentes que intervêm nesse processo articulam-se uns aos outros segundo um percurso que vai do mais simples ao mais complexo, do mais abstrato ao mais concreto.

Percurso Gerativo

	Componente Sintáxico	Componente Semântico
Nível Profundo	Sintaxe Fundamental	Semântica Fundamental
Nível Superficial	Sintaxe Narrativa de Superfície	Semântica Narrativa
Estruturas Discursivas	Sintaxe Discursiva Discursivização Actorialização Temporalização Especialização	Semântica Discursiva Tematização Figurativização

O quadro acima permite visualizar a distribuição dos diferentes componentes e subcomponentes do percurso gerativo[9].

Darrault[10] percebeu as sessões de psicoterapia como um notável laboratório natural. Devido aos seus argumentos, consideramos relevante, para a nossa proposta com as crianças Guarani/Kaiowá, sua experiência em sessões que são de uma variedade muito grande. Na sua realização, é possível lançar mão de muitos sistemas semióticos, como linguagem oral e escrita, gestualidade, proxêmica, desenho, modelagem, arquitetura, música, etc., para as pesquisas sobre a identidade infantil.

Todo esse material apresentado de sessão para sessão é muito rico em significados manifestos, complexos e heterogêneos. O comportamento-discurso é permanentemente de natureza sincrética, abrindo-se a possibilidade de uma alternativa metodológica, iniciando-se pela descrição, uma a uma, das produções do sujeito, segundo os sistemas semióticos mobilizados, ou seja, a linguagem oral, mímica, posturas, deslocamentos, etc. Ou então, imediatamente, pesquisando-se um plano mais profundo, a construir, considerado como o nível que confere uma coerência à reunião dos significados oriundos de substâncias heterogêneas, mobilizadas na superfície perceptível do comportamento-discurso.

De acordo com Darrault[11], um nível latente a ser edificado foi todo, inicial e somente, aquele das estruturas semionarrativas. Ele sempre entendeu que, no comportamento humano, na sua globalidade, se mobiliza a narratividade, a qual sustenta todos os discursos verbais. Portanto, uma teoria semiótica unificada da ação parece sempre atualizada.

Segundo Greimas e Courtés[12], a narratividade apareceu progressivamente como o próprio princípio organizador de qualquer discurso narrativo. De acordo com os autores, diferentes abordagens, como as narrações folclóricas, místicas ou literárias, já revelavam, sob a aparência de uma narração figurativa, a existência de organizações mais profundas e abstratas, comportando uma significação implícita e administrando a produção e a leitura desse gênero de discurso.

Os autores informaram, ainda, que essas formas de discursos quase nunca existem em estado puro. Uma conversa, quase automaticamente, prolonga-se em narrativa de alguma coisa, e a narrativa sempre tem a possibilidade de desenvolver um diálogo.

De acordo com estudos de G. Genette, citado por Darrault[13], o autor identificou, nesses dois tipos de organização, dois níveis discursivos autônomos: a "narrativa", considerada como aquilo que é narrado, em oposição ao "discurso", definido, em sentido restrito, como o modo de contar a narrativa.

Finalmente, apoiando-se nas distinções propostas por Benveniste e Genette, Greimas e Courtés[14], que adotaram uma organização relativamente próxima: o nível discursivo, do domínio da enunciação, e o nível narrativo, correspondente ao que se pode denominar enunciado.

Narrativas de acontecimentos, ações heróicas ou vilanias e descrições de ações encadeadas em narrativas folclóricas, míticas ou literárias já revelaram, sob a aparência de um narrado figurativo, a existência de organizações mais abstratas e mais profundas, que comportam uma significação implícita e regem a produção e a leitura desse gênero de discurso.

A narratividade apareceu assim, progressivamente, como o princípio mesmo da organização de qualquer discurso narrativo, identificado, inicialmente, com o figurativo e não-narrativo.

Greimas e Courtés[15] argumentaram que: ou o discurso é uma simples concatenação de frases e, portanto, o sentido que veicula é devido unicamente aos encadeamentos mais ou menos ocasionais, que ultrapassam a competência da Lingüística e, de modo mais geral, da Semiótica, ou então constitui um todo de significação, um ato de linguagem com sentido, que comporta sua própria organização, estando seu caráter mais ou menos abstrato ou figurativo relacionado aos investimentos semânticos progressivamente mais fortes e às articulações sintáxicas cada vez mais refinadas.

O reconhecimento de uma organização discursiva imanente ou da narratividade, em sentido amplo, coloca o problema da competência discursiva ou narrativa. Os estudos folclóricos já nos revelam, há muito tempo, a existência de formas narrativas quase universais, que ultrapassam as fronteiras das comunidades lingüísticas.

Mesmo sendo, no geral, intuitiva, a abordagem das formas literárias, das narrativas históricas ou dos discursos religiosos demonstra que há *gêneros* ou *tipos de discurso*. Assim, deve-se pressupor uma competência narrativa se se quiser dar conta da produção e da leitura dos discursos-ocorrências, competência esta que pode ser considerada — um pouco metaforicamente —

como uma espécie de inteligência sintagmática, cujo modo de existência, à maneira da *língua* saussuriana, seria virtual.

Coquet[16], a propósito da narratividade, afirmou que "*no projeto semiótico, que é o nosso, a narratividade generalizada — liberada do sentido restritivo que a ligava às formas figurativas das narrativas-ocorrências — é considerada como o princípio organizador de qualquer discurso. Como toda semiótica pode ser tratada seja como sistema, seja como processo, as estruturas narrativas podem ser definidas como constitutivas no nível profundo do processo semiótico*".

No quadro da Semiótica *subjectale*[17], Coquet forneceu um nível indispensável, diferente e complementar, da identidade do sujeito, porque o comportamento-discurso, que corresponde a um plano gerador de coerência e de inteligibilidade, não é atribuível a um sujeito estático e único.

Também Coquet[18], refletindo sobre Semiótica do enunciado ou Semiótica *objectale* e Semiótica da enunciação ou Semiótica *subjectale*, conceituou discurso como uma organização transfrasal, ou seja, que passa dos limites de uma frase, correlacionada a uma ou várias instâncias da enunciação. Para Benveniste[19], o discurso é a linguagem posta em ação e necessariamente entre parceiros. Corroborando com essas idéias, Coquet[20] argumentou que uma Semiótica, cujo objeto e discurso são assim definidos, não é mais *objectale*.

A enunciação é, então, um lugar ocupado por um vir-a-ser em continuidade mutante. Não é raro que a fonte enunciativa seja constituída de muitas instâncias subjetivas, co-presentes, caracterizadas por uma instabilidade em movimento.

Greimas e Courtés[21] conceituaram a enunciação de duas maneiras: estrutura não-lingüística referencial, subentendida à comunicação lingüística, ou instância lingüística, logicamente pressuposta pela própria existência do enunciado, que dela contém traços e marcas. No primeiro caso, trata-se de uma situação de comunicação, de contexto psicossociológico da produção dos enunciados, que uma determinada situação ou contexto referencial permite atualizar. No segundo, o enunciado sendo considerado como resultado alcançado pela enunciação. A enunciação aparece aqui como a instância de mediação, que garante a colocação em enunciado-discurso da potencialidade da linguagem.

Ainda de acordo com Greimas e Courtés[22], o enunciado é, de modo geral, toda grandeza dotada de senso, dependente da cadeia falada ou do texto escrito, anteriormente a toda análise lingüística ou lógica. O enunciado comporta sempre os elementos que se reportam à instância de enunciação. O comportamento-discurso aparece no quadro de conversação, na intersubjetividade. Trata sempre de reencontro, de choque dos discursos e de mobilização de todas as dimensões da comunicação fática, informativa e, sobretudo, manipulatória. Ver-se-á que os sujeitos presentes podem, às vezes, chegar a uma espécie de fusão *subjectale*, conseguindo uma enunciação comum.

A comunicação fática (termo proposto pelo etnólogo Malinowski) é constituída do desejo de construir e de manter a solidariedade intersubjetiva e, de maneira mais geral, a coesão social, a noção de comunicação fática: a comunicação da informação, tal como operada por ocasião dos intercâmbios verbais entre humanos, é fato secundário em relação ao desejo de estabelecer e de manter a solidariedade intersubjetiva e, de modo mais geral, a coesão social, que fundamentam a comunicação fática, pela qual se pode *"falar de tudo e de nada"*[23].

Assim, também, R. Jakobson (citado por Greimas e Courtés)[24] tentou introduzir esse aspecto de comunicabilidade, conceituando-o como uma função particular, a função fática da linguagem. Como uma propriedade geral da linguagem, a função fática parece indiscutível quando é preciso integrá-la na estrutura da comunicação: *"em lugar de falar da função fática como uma de suas funções, seria melhor dizer que é a intenção fática que, ao contrário, funda a comunicação, e que o ato fático deve ser considerado primeiramente como um ato somático comparável ao olhar ou aos gestos de acolhida e de boas-vindas e, como tal, integrável na proxêmica, no sentido amplo do termo"*[25].

2.1 O Quadro da Identidade

Em relação ao quadro de identidade proposto por Coquet[26], um dos referenciais que deveremos adotar no estudo das crianças Guarani/Kaiowá, a identidade do sujeito enunciante é considerada conforme ele faça ou não referência a um programa de ação, ou, ainda, utilize uma metáfora especial, em um percurso de significação. No primeiro caso, a visão é sintagmática, no outro, paradigmática.

Todo objeto cognoscível pode ser apreendido sob dois aspectos fundamentais — como sistema ou como processo. O termo sintagmático serve para designar o processo quando o objeto em questão é de natureza semiótica. Por oposição ao eixo paradigmático, que se define por relações do tipo "ou...ou", contraídas pelas grandezas que podem ser aí reconhecidas, o eixo sintagmático é caracterizado, em uma primeira abordagem, como uma rede de relações do tipo "e...e".

Os termos da dicotomia sistema/processo, de caráter universal, quando esta é aplicada à Semiótica, são denominados[27] paradigmáticos e sintagmáticos. Essa dicotomia está essencial e unicamente fundamentada no tipo de relação que caracteriza cada um de seus eixos: as funções entre as grandezas situadas no eixo paradigmático são correlações, "disjunções lógicas" do tipo "ou...ou", enquanto aquelas que têm seu lugar no eixo sintagmático são "relações", conjunções lógicas do tipo "e...e". A paradigmática define-se, assim, como o sistema semiótico, constituído por um conjunto de paradigmas articulados entre si, por relações disjuntivas, que lhe confere, em uma primeira aproximação, a forma de uma hierarquia de caráter taxiconômico.

Essa tomada de posição da identidade é comum. Coquet[28] afirmou, também, que o semioticista pode encontrar, além do sujeito enunciante que se contenta com o apelo ao único meta-querer, "eu sou eu", um sujeito reivindicando o inverso, ou seja, direitos da diferença e da finitude, conforme posições de ser tudo, não ser nada ou ser qualquer coisa, representados no triângulo dos contrários a seguir mostrados:

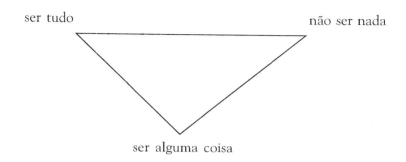

Fonte: J.C. Coquet[29].

Avançando na noção de sujeito paradigmático, mudando de plano, o actante não se contenta mais de se atribuir a ele mesmo ou a um terceiro a identidade de sujeito. Ele responde à questão: Que sujeito você é? Qual é este Eu? De quem vós fazeis estado? Quais são as propriedades e as relações que lhe são atribuídas? Nós pressupomos uma modalidade, o meta-querer. Nós colocamos, agora, uma modalidade da mesma ordem, que esteja em relação com a indeterminação ou determinação do ser semiótico. Portanto, uma visão antecipadora, em um caso, e constativa, em outro.

Coquet[30] postulou que essa diferença de visão repousa sobre uma inversão da ordem modal. O querer mudando de lugar, muda também de significado. Primeiro, ele se traduz por: pretende à; o último significa: assumir.

Actante, segundo Greimas e Courtés[31], pode ser conceituado como aquele que efetua ou que se submete ao ato, independentemente de toda outra determinação. O conceito de actante, segundo os autores, substitui com vantagens o termo personagem, tendo em vista que cobre não só seres humanos, mas também animais, conceitos e objetos.

Modalidade do Querer Paradigmático

Pressuposto	Posto
Processo generalizante: querer + acompanhamento predicativo /Eu pretendo a/	/Eu sou tudo/
Processo particularizante: acompanhamento predicativo + querer /Eu assumo/	/Eu sou alguma coisa/

Fonte: J.C. Coquet, 1989, p. 26.

No decorrer de suas análises semióticas, Coquet[32] propõe, ainda, no lugar do triângulo dos contrários, um quadro de identidade utilizado por Darrault, em 1993, em "Pour une psychiatrie de l'ellipse"[33]. Esse quadro terá em conta, ao mesmo tempo, a lógica e o uso lingüístico (a preferência dada segundo as posições do inanimado, /tudo/e/nada/, ou do animado qualquer um que.../e/ qualquer um...não...).

Quadro de Identidade

Fonte: J.C. Coquet, 1989, p. 26.

Em sua análise Semiótica de desenhos, por meio de um de seus estudos de caso que denomina busca de identidade, com uma criança portadora de hidrocefalia e paralisia, Darrault[34] retornou ao quadro identidade de acordo com Coquet[35].

Em sua análise Semiótica dos desenhos, destacou o actante e destinador, que pode constituir um obstáculo ou favorecer a afirmação, pelo sujeito, primeiramente de sua individualização, depois de sua integridade. Ainda nessa trajetória, Darrault[36] utilizou a R (S, O), relação actancial binária, sujeito-objeto, passando a uma relação ternária, R (D, S, O), introduzindo o destinador. Essa relação hierarquizada, Coquet[37] apresentou como D/S.

Freqüentemente, dado como pertencendo ao universo transcedente, o destinador é aquele que comunica ao destinatário-sujeito, do âmbito do universo imanente, e não somente os elementos da competência modal, mas também o conteúdo de valor em jogo; é também aquele a quem é comunicado o resultado da *performance* do destinatário-sujeito, que lhe compete sancionar. Desse ponto de vista, poder-se-á, portanto, opor, no quadro do esquema narrativo, o destinador manipulador e inicial ao destinador julgador e final.

Dada a estrutura polêmica da narrativa, a presença de um sujeito e de um anti-sujeito pressupõe a existência de um destinador ($\overline{D1}$) e de um antidestinador ($\overline{D2}$). Esse eixo dos contrários pode, então, desenvolver-se e produzir, de acordo com o quadro semiótico, como contraditórias, duas novas posições actanciais: não-destinador (D1) e não-antidestinador (D2).

O destinador D1 representa, na dimensão pragmática, um papel ativo e "performante", ou seja, que pode comunicar os constituintes da competência modal no quadro do eixo positivo, ao passo que D2 é, na dimensão cognitiva, o destinador passivo, capaz de receber o saber sobre o fazer do destinatário-sujeito e de sancioná-lo, dependente do eixo negativo. O destinador ativo é, então, incoativo, promotor do movimento e da ação, que remete à manipulação; o destinador passivo é terminativo, recolhe os frutos; não é garantido, todavia, que essa distribuição no quadrado semiótico seja realmente canônica. Para Greimas e Courtés, "*Na análise das narrativas, será por vezes necessário distinguir o Destinador individual, tal como se manifesta no caso de vingança, em oposição ao Destinador social, chamado a exercer a justiça: dois actantes que podem propor deveres compatíveis ou incompatíveis*"[38].

Durante o desenvolvimento de análise Semiótica dos desenhos, no trabalho proposto por Darrault[39], no plano actancial, assiste-se o desaparecimento do destinador e a provável extinção, também, do antidestinador, que de qualquer maneira funciona no vazio.

O sujeito actante pode unir-se a um certo número de estados narrativos ou papéis actanciais.

Assim, no desenvolvimento do trabalho psicoterápico, o sujeito colocado em um universo de destinadores, *heteronome*, viria progressivamente em direção a um *status autonome*[40] e na relação binária R (S, O). As propostas do autor, apesar de analisadas em um quadro terapêutico, de sessões com desenhos, são pertinentes à nossa pesquisa na busca de identidade de crianças em um contexto de influências socioculturais muito diversas, por meio de atividades artísticas e expressivas.

No seu percurso, o sujeito pode estar em uma posição de dependência, ou *heteronome*, ou em uma posição autônoma. No primeiro caso, com dever; no segundo, com poder e saber. No primeiro caso, podemos falar de uma identidade atribuída e, no segundo, em uma identidade desenvolvida pela individualização e independência.

O sujeito livre, senhor de ir ou não em direção a outro e autônomo, é ilustrado pela fórmula <u>vps</u> (querer, poder, saber). Porém, aparece, escapando a fórmula "vps", o "sujeito de direito", que se apresenta reatando seu presente ao passado, estabelecendo a aquisição de um objeto de valor precisamente determinado. O seguimento ternário, definido na visão sintagmática, é agora <u>spv</u>, o saber da identidade.

Mais adiante, trabalhando com histórias contadas pelo paciente, Darrault[41] propõe uma fórmula recorrente:

	X (não quer)	Y (fazer)
Nível de Superfície	Personagem	Ação
Nível Lógica Gramatical	Tema	Predicado
Nível Semiótica	Actante	*Performance*

Fonte: I. Darrault-Harris et J.P. Klein[42].

Exemplifica com relatos quando o paciente na primeira proposição (pressuposta) X deve fazer Y (o Papai Noel deve distribuir os presentes, conforme seu papel temático, por exemplo). Na proposição, dois (posta), X não quer fazer Y. O autor atribui à Psicoterapia, que regula as mudanças que ocorrem, não pela relação ao/essa, mas pela relação ao futuro/Eu; o paciente passa para o lado do sujeito dotado de meta-querer. Muitas fórmulas manifestam-se sucessivamente:

a) Sobre a dimensão paradigmática (aquela das identidades definidas instantaneamente), passa de $\overline{vps}$ (o/se) a spv (o/eu).

b) Sobre a dimensão sintagmática, aquela das identidades "em marcha", o prólogo fecha-se sob a fórmula vps, do sujeito que se lança na busca de sua identidade.

Esse sujeito inédito inscreve-se na autonomia R (S, O), visto que ele não está bloqueado em uma relação hierárquica a um destinador todo-poderoso.

Darrault[43] propõe o seguinte quadro, em que aparecem essas transformações:

Prólogo
Diálogo Direto com o Terapeuta

Não-sujeito meta-querer indeterminado	Sujeito meta-querer pessoal
	$v - ps > > > sp - v > > > \underline{vps}$ /se/ /eu/
/isto/	visão paradigmática visão sintagmática
Não-sujeito	Sujeito "autônomo": R (S, O)

As análises do desenho que Darrault[44] ilustra no quadro "acte I" recontam a história de combate dos destinadores que representam obstáculos e facilitadores, a saída da qual eles se suprimirão progressivamente para deixar todo lugar a um sujeito autônomo R (S, O), declinando de sua identidade adquirida, na dimensão sintagmática, segundo a fórmula <u>spv</u>. O esquema é o seguinte:

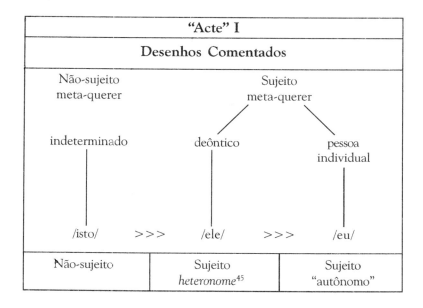

Finalmente, podemos reafirmar a pertinência da Semiótica, sobretudo da Semiótica *subjectale* para o estudo da problemática da identidade Guarani/Kaiowá, pois ela fornece um nível profundo no processo semiótico, que corresponde a um plano gerador de coerência e inteligibilidade.

O quadro de identidade adotado está centrado na identidade do sujeito enunciante que utiliza um percurso de significação.

Nas análises dos desenhos, das pinturas e da expressão artística das crianças, podemos identificar a ação do destinador e do antidestinador. Assim, durante o desenvolvimento do trabalho de expressão artística, o sujeito colocado no universo dos destinadores é *heteronome* e tomará, progressivamente, a direção de um *status autônomo*.

Notas

1. GREIMAS, A.J. et COURTÉS, J. Op. cit. p. 301-303.

2. Idem, ibidem.

3. Idem, ibidem.

4. Idem, ibidem. p. 179-180.

5. DARRAULT-HARRIS, I. et KLEIN, J.P. Op. cit. p. 3.

6. Citado por I. Darrault-Harris e J.P. Klein in *Pour une psyquiatrie de l'ellipse*, 1993, p. 4.

7. GREIMAS, A.J. e COURTÉS, J. Op. cit. p. 300.

8. Idem, ibidem. p. 162-164.

9. Idem, ibidem. p. 160.

10. DARRAULT-HARRIS, I. et KLEIN, J.P. Op. cit. p. 45.

11. Idem, ibidem. p. 44.

12. GREIMAS, A.J. et COURTÉS, J. Op. cit. p. 247-250.

13. DARRAULT-HARRIS, I. e KLEIN, J.P. Op. cit.

14. GREIMAS, A.J. et COURTÉS, J. Op. cit. p. 125-128.

15. Idem, ibidem. p. 102-106.

16. COQUET, J.C. Op. cit. p. 250.

17. Os termos *subjectale* e *objectale* não têm tradução para o português.

18. COQUET, J.C. *La quête du sens*. Paris: Presses Universitaires de France, 1997. p. 147-148.

19. BENVENISTE, E. *Problémes de linguistique générale*. France: Gallimard, 1966. p. 258.

20. COQUET, J.C.1997 Op. cit. p. 147-148.

21. GREIMAS, A.J. et COURTÉS, J. Op. cit. p. 125-128.

22. Idem, ibidem.

23. Idem, ibidem. p. 45-48.

24. Idem, ibidem.

25. Idem, ibidem. p. 276.

26. COQUET, J.C. 1989Op. cit. p. 23-24.

27. Idem, ibidem.

28. Idem, ibidem. p. 23-25.

29. Idem, ibidem. p. 24
30. Idem, ibidem.
31. GREIMAS, A.J. et COURTÉS, J. Op. cit. p. 4-5.
32. COQUET, J.C. 1989Op. cit.
33. Por uma psiquiatria de elipse, em português.
34. DARRAULT-HARRIS, I. et KLEIN, J.P. Op. cit. p. 185-188.
35. COQUET, J.C. 1989Op. cit. p. 26.
36. DARRAULT-HARRIS, I. et KLEIN, J.P. Op. cit. p. 185-188.
37. COQUET, J.C. 1989Op. cit. p. 49-50.
38. GREIMAS, A.J. et COURTÉS, J. Op. cit. p. 95.
39. DARRAULT-HARRIS, I. et KLEIN, J.P. Op. cit. p. 210-212.
40. Idem, ibidem.
41. Idem, ibidem. p. 196.
42. Idem, ibidem.
43. Idem, ibidem. p. 211.
44. Idem, ibidem. p. 212.
45. O termo *heteronome* não tem tradução para o português.

3
PROBLEMÁTICA GUARANI/KAIOWÁ

Entre os problemas vividos por diferentes grupos indígenas brasileiros, os suicídios, as tentativas e as recidivas têm despertado o interesse de pesquisadores e estudiosos de diferentes áreas, meios de comunicação e instituições ligadas aos direitos humanos. Por meio de publicações referentes às questões indígenas e sua história, contatos diretos nas aldeias em Mato Grosso e Mato Grosso do Sul, Brasil, tivemos a oportunidade de observar e acompanhar diversos problemas enfrentados por esses grupos, nos contatos com a sociedade nacional, o que coloca alguns deles entre os grupos em risco de breve extinção. Essas problemáticas suscitam reflexões sobre os motivos que levam os membros das populações indígenas, direta ou indiretamente, à autodestruição.

Mato Grosso do Sul, onde desenvolvemos nossos trabalhos, é o segundo estado do Brasil que mais possui indígenas, nos censos dessa população, divulgados pela FUNAI[1], com um total de 45.259 índios, sendo cerca de 25.000 da nação Guarani/ Kaiowá, o que nos mostra a necessidade de intervenções e pesquisas dirigidas para essa área, nas nossas universidades.

De acordo com estudos e dados colhidos por Brand[2], ocorreram 281 suicídios de índios do grupo Guarani/Kaiowá, em Mato Grosso do Sul, no período de 1990 a 1996, com um aumento significativo a partir da década de 90, chegando, em 1995, a um número elevado de 56 pessoas. O autor assinalou, ainda, que a maioria era de homens, 57,9%, sendo 40,7% de mulheres. O método mais freqüente de suicídio é o de enforcamento, e a maioria pertence ao grupo Kaiowá.

Um fato relevante, no estudo dos suicídios nesse grupo, é a faixa etária baixa, indicando que o fenômeno ocorre efetivamente na população jovem. A esse respeito, Levcovitz[3], comparando informações colhidas nas suas pesquisas, com estudos e conclusões de Durkheim[4], afirmou que o suicídio é um fenômeno do jovem Guarani, raramente observado entre índios mais idosos, o que consiste em um dado epidemiológico atípico. O estudo clássico de Durkheim[5] sobre o suicídio concluiu que há uma relação definida entre idade e comportamento suicida e, quanto mais se envelhece, maior o risco de comportamento autodestrutivo. Referidos estudos foram comprovados em pesquisas atuais, em diversos países e regiões, porém, claramente contestados pela distribuição etária do suicídio Guarani.

Buscando mais subsídios nas pesquisas bibliográficas, para entender essa divergência, Levcovitz[6] concluiu que o comportamento auto-agressivo dos Guarani não é um fato único ou *sui generis*. O suicídio epidêmico dos povos nativos é um fenômeno bastante comum, em diversos grupos de índios e esquimós do território norte-americano, incluindo o Alasca, o Canadá e a Groenlândia. Informou ainda que o problema alcançou grandes proporções na América do Norte, com o crescimento significativo, na década de 60, o que gerou muitos estudos e publicações científicas.

O autor comentou ainda sobre a falta de informação alusiva a referido problema, como tema universal na América do Norte, assim como ocorre em relação ao suicídio dos índios Guarani/Kaiowá no Brasil.

"O confronto de nossos dados epidemiológicos, especialmente quanto ao caráter estritamente juvenil do suicídio Guarani, com os registros das pesquisas epidemiológicas dos povos nativos da América do Norte, incluindo índios e esquimós, traz importantes contribuições. A mais forte similaridade entre todos os estudos compilados é uma indicação, quase universal, de que o suicídio

indígena é primeiramente um fenômeno do adolescente e adulto jovem. Sendo assim, tanto os Guarani da América do Sul como os apache e esquimó da América do Norte têm um padrão de comportamento auto-agressivo que contrasta grosseiramente com aquele apontado por Durkheim, no final do século passado, e comprovado pelos estudos contemporâneos em inúmeros países. Mais paradoxal ainda é o fato de que, ao invés de aumentar com a idade, a tendência ao suicídio vai decrescendo, alcançando taxas desprezíveis na velhice."[7]

Quanto à incidência de suicídio indígena em diferentes grupos étnicos na América do Norte, Levcovitz[8] relatou que existe uma enorme variação intertribal, verificando-se que muitos grupos apresentam taxas bem mais baixas que as da população geral da região e outras apresentam taxas similares ou mais elevadas. No Brasil, ocorrem também variações entre os diferentes grupos. No próprio Estado de Mato Grosso do Sul, os Terena, outra população tão extensa quanto a dos Guarani/Kaiowá, apresentam, por exemplo, taxas desprezíveis de suicídio.

Levcovitz[9] afirmou que *"o suicídio é comum em apenas determinados grupos indígenas que entram em contato com a cultura colonizadora. Além de flutuantes, as taxas apresentam surtos de elevação, seguidas geralmente de períodos de diminuição. No Brasil, os índios Terena, uma tribo bastante numerosa, convivem na mesma Reserva de Dourados com os Guarani/Kaiowá e têm, ao contrário destes, taxas desprezíveis de suicídio. Mesmo entre os Guaranis, o grupo Mbyá não apresenta registro de suicídios".*

Quanto às tentativas não consumadas de um modo geral, não existem registros e estatísticas, segundo Levcovitz[10].

Os suicídios, no período de 1981 a 1996, com sua totalização por idade, estão apresentados no gráfico 1 (Anexo 1), Brand[11].

A distribuição dos suicídios no grupo Guarani/Kaiowá, no período de 1981 a 1996, em Mato Grosso do Sul, estão registrados no gráfico 2 (Anexo 1).

Cabe ressaltar, ainda, o aumento e a diminuição do número de casos no período estudado, de acordo com Brand[12], corroborando com informações de Levcovitz[13], sobre o caráter ondular do suicídio indígena, e ainda Wicker[14], que relatou situação semelhante entre os índios do Novo México (ver gráfico 2). Estudos recentes de Hans Rudolf Wicker[15], da Universidade de Berna, na Suíça, intitulado "Taruju — Enfermidade dos deuses que leva ao suicídio. Notas provisórias para a compreensão dos suicídios entre os Pãi — Tavyterã (Guarani) do Nordeste do Paraguai", referente a um grupo que tem a mesma raiz étnica dos Kaiowá de Mato Grosso do Sul, revendo as informações disponíveis, indicaram três conclusões:

1. A taxa de suicídio dos Kaiowá, no período de 1986 a 1992, embora não seja possível determiná-la com precisão, é extraordinariamente elevada.
2. Os suicídios ocorrem, principalmente, na faixa etária formada por jovens e adultos jovens.
3. Os suicídios entre os Kaiowá não registram simplesmente um aumento linear, mas sim uma marcada forma de onda.

Os Kaiowá e os Pãi, normalmente, estrangulam-se, pendurando-se com uma corda grossa, cinto ou cipó, atados a algum ramo de árvore baixo ou a uma viga, e, algumas vezes, sentados. Excepcionalmente optam também por outros meios, como inseticidas, combustível e armas de fogo.

Os problemas vividos pelos Guarani/Kaiowá, em Mato Grosso do Sul, principalmente no que se refere aos suicídios, demandam pesquisas e estudos específicos dirigidos para esse grupo étnico, o que não impede que identifiquemos, nesse grupo, uma série de questões importantes, em comum com outras nações indígenas.

Na literatura referente à problemática indígena, percebemos que, de um modo geral, antropólogos, sociólogos e missionários indicam fatores sociais, culturais, econômicos e políticos para explicar a extinção ou graves problemas que diferentes grupos indígenas enfrentam. Ultimamente, ecologistas também demonstraram tal preocupação, devido a poluição de rios, desmatamento, confinamento em reservas de grupos indígenas, que, no passado, mudavam suas aldeias de acordo com a diminuição dos recursos de caça, pesca, colheita e mesmo pequena agricultura. Sabemos, também, que, aliada aos fatores ambientais, a incorporação dos índios nos circuitos de contágio de moléstias, de que são portadores os agentes da civilização, tem como efeito a despopulação e o debilitamento dos sobreviventes.

Os novos instrumentos e técnicas de produção, impondo a dependência da tribo aos agentes desses bens, geram uma série de efeitos dissociativos sobre a vida tribal, com o engajamento dos índios em um sistema produtivo de caráter capitalista mercantil, possibilitando a apropriação privada de suas terras e a conscrição dos indivíduos na força e trabalho regional, anulando a autonomia cultural e provocando profundo desequilíbrio na vida social desses indivíduos.

A necessidade de redefinir as crenças, os valores, assim como as próprias consciências individuais, de acordo com a alteração de suas condições de existência, aparece como outro fator de agravamento dos referidos problemas. Assim, a cultura indígena sofreu, e ainda sofre, impacto violento, desorganizando-se por força do engajamento compulsório dos sobreviventes, em um estilo de vida estranho às suas tradições.

A transfiguração étnica por que passam reflete-se no interior do grupo, gerando o enfraquecimento das lideranças tradicionais, contestadas pelos mais jovens e mais identificados com os padrões não-indígenas.

De um modo geral, podemos resumir assim os fatores importantes que contribuem para a extinção do índio: a proximidade com a sociedade capitalista e a delimitação territorial das reservas implicaram o abandono da vida nômade e, conseqüentemente, a poluição do meio ambiente onde estão localizados, provocando doenças que os levam à morte.

Em segundo lugar, a imposição de novas religiões faz eles perderem seus referenciais, desorganizando-os social e culturalmente, até levá-los a conflitos e desajustes — em ambas as sociedades — que os empurram à adoção de vícios, como o alcoolismo e a prostituição.

Finalmente, a imposição da própria civilização, com veiculação de costumes alheios aos seus, quer na maneira de se vestir e de se comportar, quer na própria concepção de trabalho, com o objetivo de "educá-los", leva-os à total desagregação.

3.1 Os Suicídios: Aspectos Culturais e Sociais

As causas dos suicídios, nas diferentes obras consultadas, estão ligadas a uma série de fatores e problemas culturais, socioeconômicos ou mesmo psicológicos.

Além disso, o suicídio pode suscitar uma série de indagações envolvendo questões filosóficas, como direito de viver e morrer, autonomia e responsabilidade individual nas decisões sobre a saúde, a doença e a morte, sociedades que aceitam ou não o suicídio, a patologia mental dos suicidas, o desespero, etc.

Em culturas primitivas, o suicídio aparece como ato racional, os motivos têm sido, freqüentemente, o desejo de preservar a honra e a dignidade, ou provas de ausência de covardia, assim como sentimentos de vergonha e de vingança, profundos sofrimentos, desespero ou fraqueza em idosos. Exemplos como o caso de uma mulher que está com sua virtude em risco, ou de um homem que se vê humilhado pelo inimigo, ilustram o caráter racional do comportamento suicida.

Já na antigüidade greco-romana, o suicídio recebeu conotação diferente, e foi considerado, em alguns contextos socioculturais, um ato vergonhoso, pois a pessoa que cometia o suicídio não podia receber o ritual de morte, como era de costume, pois era conferido pelos deuses. Aristóteles afirmava que o suicídio era um pecado e uma fraqueza contra a pátria.

No Império Romano, o suicídio de escravos fortes e sadios acarretava perdas econômicas, era uma ofensa; as propriedades dos que cometiam suicídio eram confiscadas pelo Estado. Entretanto, o suicídio como um ato de sacrifício heróico pelo Estado era bem visto, considerado positivo, quando objetivava servir a pátria, evitar desgraças, sofrimento, expressar tristeza. No Velho Testamento, a vida era considerada sagrada e o suicídio era condenado pelas leis judaicas, como um ato de injustiça e desonra, a vítima era punida e a família não poderia realizar o ritual de enterro, como era de costume.

Atos de martírio eram comuns no antigo período cristão e o número de suicídios aumentou durante essa época. Algumas vezes, na história do Cristianismo, o suicídio era proibido. De acordo com Rapeli[16], no século XIII, Santo Tomáz de Aquino, em "Summa Theológica", informava que o suicídio era proibido porque não era um ato natural. A pessoa pertencia à sociedade e o suicídio era considerado um ato anti-social. Finalmente, dizia que a vida era dada por Deus e somente ele poderia tirá-la.

O suicídio foi sendo aceito nas classes mais altas, mas condenado em classes inferiores. A partir do século XVIII e no século XIX, a condenação do suicídio foi-se tornando menos rígida, cada vez mais considerado como ato de vergonha do que um ato de pecado ou crime. Foi progressivamente recusado no século XIX, quando era considerado um segredo de família e cada vez mais classificado como doença mental.

Quanto às seitas religiosas[17], a visão do suicídio foi ainda mais distinta, no Hinduísmo. Em livros antigos, como o "Veda", o suicídio era permitido por razões religiosas. Existia, porém, forte oposição nas Escrituras do Santuário, em que o suicídio era condenado. No Hinduísmo, depois da morte do marido, a viúva tinha um dia para decidir se iria cometer o *Sati*, ou seja, deixar queimar-se junto aos restos mortais do marido, tradição proibida na Índia e declarada um crime em 1892. A opção de jejum e morte é comum na Índia de hoje.

Na religião Budista e na China, o suicídio era autorizado em algumas circunstâncias, como, por exemplo, perder a honra e infringir a lei. Atualmente, atitudes suicidas são geralmente negativas no Budismo, proibidas de acordo com a doutrina de Confúcio, exceto em casos de lealdade a uma organização à qual o indivíduo pertence.

O suicídio, no Japão, integra-se a tradições nacionais. A religião japonesa é baseada, em parte, no Xintoísmo e, em parte, no Budismo. O tradicional ritual de *Seppuku* e *Hara-kiri*[18] está presente em classes sociais mais altas, principalmente da nobreza e dos militares, os samurais. No Japão, o *Hara-kiri*, originado há milhões de anos, é uma forma honrosa de suicídio. Apesar de ter sido proibido com *Seppuku*, em 1868, por lei, eles são ainda praticados. Durante a II Grande Guerra Mundial, os pilotos japoneses *Kamikaze* atiravam seus aviões contra o alvo inimigo, com uma quantidade de explosivos, provocando a própria morte.

A partir do século XIX, o suicídio passou a ser estudado como doença mental, com o interesse da psiquiatria. Rapeli[19] citou que autores como Battie (1758) e Auembrugger (1783) se referem ao suicídio como resultado de doença mental. A primeira publicação do "American Journal of Insanity", em 1844, continha artigos usando o modelo de doenças para a relação depressão e suicídio. Em 1838, Esquirol, autor de "Maladies Mentales", afirmava que suicídio é um sintoma de doença mental, mas não uma doença mental em si.

Examinando a questão sob o ponto de vista sociológico, Durkeim[20], no livro "Le Suicide", referiu-se ao suicídio como uma reação normal e não-anormal.

Atualmente, o desenvolvimento da Psicologia, da Psiquiatria Clínica e Geral e, em especial, da Psicanálise permite que o ato suicida comece a ser entendido como resultado de uma rede complexa de forças conscientes e inconscientes. Tem sido também muito relevante a posição de que, em certas circunstâncias, o suicídio é uma opção legítima, ou seja, os direitos de o indivíduo morrer com dignidade.

Os aspectos psicológicos e de saúde mental passam a indicar um transtorno mental e, se esse transtorno for bem tratado, a idéia suicida pode ser superada. Rapeli[21] afirma que "*Para compreender o fenômeno do suicídio, o profissional de saúde deve conhecer vários campos, sejam eles biomédicos ou interpessoais, sociais ou culturais, podendo desta forma melhor se orientar quanto a sua atuação clínica*".

3.2 Suicídios: Conceitos e Causas

De acordo com Cassorla[22], a maioria das definições de suicídio apresenta limitações, principalmente se considerarmos os aspectos ditos inconscientes de alguns suicídios. Freqüentemente, as definições de suicídios valorizam a consciência e a intencionalidade do ato, acreditando-se que o indivíduo estava lúcido e consciente de que a ação o levaria à morte.

Durkheim[23], tentando elaborar uma definição do suicídio mais completa, alertou para o fato de que não devemos classificar e tratar da mesma forma o suicídio de um alucinado e o suicídio de uma mente sadia. Pontuou o fato de que a vítima, no momento de agir, conhece as suas conseqüências e os resultados de sua conduta, independentemente das causas. Conceituou suicídio como *"Todo caso de morte que resulta direta ou indiretamente de um ato positivo ou negativo, praticado pela própria vítima, ato que a vítima sabia dever produzir esse resultado. A tentativa de suicídio é o ato assim definido, mas interrompido antes que a morte daí tenha resultado"*[24].

O fato da preocupação com a intencionalidade e consciência, indicadas em grande número de definições e estudos pelos diferentes autores, aponta para a exclusão de suicídios inconscientes, como no caso de psicóticos ou crianças que desconheçam os riscos de morte, em uma determinada ação.

De maneira geral, os estudos referentes ao suicídio não esclarecem as relações entre os suicídios e as tentativas, além de levantar hipóteses de que existem diferenças de comportamento entre essas duas populações. Cassorla[25] informou que aqueles que tentam e não morrem são mais jovens do que os que conseguem. Considerou também que é muito difícil a evidenciação dos suicídios inconscientes, apesar de não questionar sua vantagem clínica. A maioria das definições de suicídio, porém, envolve ato voluntário, consciente e que leva à morte.

Tentando evitar enganos em estudos multicêntricos sobre a epidemiologia das tentativas de suicídio, a Organização Mundial de Saúde apresentou uma definição para a tentativa de suicídio, baseada na "Décima Classificação Internacional de Doenças": *"Atos com resultados não fatais no qual um indivíduo intencionalmente inicia um comportamento não habitual, sem a intervenção de outros, causando autolesão ou ingerindo intencionalmente excesso de medicamentos (em relação à dosagem prescrita ou aceita como normal), com a finalidade de provocar mudanças, em decorrência das conseqüências físicas ocorridas ou esperadas"* (WHO)[26].

Para Rapeli[27], *"distinção entre suicídio e tentativa de suicídio não é absoluta. Existe uma importante sobreposição. Algumas pessoas que não tiveram a intenção de se matar morrem pelo efeito de uma 'overdose'; outros, com intento de morrer, sobrevivem. Entretanto, muitos pacientes são ambivalentes, incertos, quanto a querer morrer ou viver".*

Argumentou ainda que é possível estabelecermos uma interseção entre suicídio e tentativa de suicídio, informando que, em alguns casos, eles podem pertencer à mesma categoria de acontecimentos. Considerou que existem tentativas que extrapolam a noção de "atos não-fatais", freqüentemente ligadas às tentativas de suicídio, pois o indivíduo pode apresentar quadro clínico grave, com alta probabilidade de *"se tornar"* um suicida. Citou conclusões de pesquisa de Diekstra, em 1993, em que aproximadamente 10% dos que tentaram o suicídio acabaram-se matando ao final de dez anos e que em 19,24% dos casos de suicídio houve tentativa de suicídio pregressa.

Cabe ressaltar que, em alguns textos, suicídio e tentativa de suicídio apresentam-se sob a mesma denominação de *"comportamento suicida"*. A Organização Mundial de Saúde definiu comportamento suicida como *"Todo ato pelo qual um indivíduo cause lesão a si mesmo, qualquer que seja o grau de intenção letal e do conhecimento do verdadeiro motivo desse ato"*[28].

Ainda como comportamento suicida, poderiam ser considerados componentes autodestrutivos, inconscientes e crônicos, presentes em diversas condições, como alcoolismo, toxicomania, desobediência a tratamentos médicos para doenças crônicas, como diabetes, hipertensão, cardiopatias, etc., e determinados estilos de vida, que podem resultar em morte.

Há uma seqüência de fatos que podem ocorrer com o indivíduo na caracterização do comportamento suicida: inicialmente, pensamentos suicidas, seguidos por ameaças, por gestos, tentativa de suicídio e, finalmente, o suicídio. Um dos principais problemas na caracterização e identificação de comportamentos suicidas é a dificuldade de critérios para o diagnóstico. O conhecimento da verdadeira gravidade desse fenômeno é extremamente deficiente. Instituições de saúde, que atendem pessoas que tentaram o suicídio, freqüentemente, não registram esses casos como tais.

Botega, citado por Rapeli[29], analisou alguns aspectos que devem ser utilizados por ocasião da avaliação do paciente para identificação de comportamentos suicidas e informou que nem sempre as pessoas envolvidas atribuem uma natureza suicida a comportamentos como homicídios, acidentes de carro, atropelamento, relatados como acidentes, que podem, porém, envolver um comportamento suicida. Torna-se então importante determinar se o indivíduo procura ou não a morte.

O autor relatou que a maioria dos indivíduos que tentam suicídio apresenta um estado de sofrimento, de angústia, procura alterar a maneira de pensar das pessoas de seu relacionamento ou desperta sentimentos de culpa, causa sofrimento em outras pessoas ou mesmo vinga-se. Indicou ainda situações como solidão, perda da auto-estima, desesperança, inutilidade, sentir-se um incômodo para as outras pessoas e, finalmente, em uma menor incidência, estados alucinatórios e de delírios.

Em relação às fantasias a respeito da morte, aparecem o desejo de reencontrar pessoas já falecidas, de libertar-se de situações que causam sofrimento e expressão de sentimentos de raiva e de agressão com intenção de vingança, causando sentimentos de culpa.

A gravidade das lesões no suicídio pode ser devido ao grau de intencionalidade suicida, assim como pode ser somente uma casualidade. Além disso, Botega[30] observou uma relação entre a letalidade do método e os riscos de novas tentativas de suicídio. Alertou, porém, para o fato de que a maioria das pessoas que tentam o suicídio desconhece o poder letal do método utilizado.

3.3 Incidência de Suicídios

Nos países industrializados, o índice de mortes por suicídio é muito alto e tem aumentado, particularmente, em adolescentes e adultos jovens. De acordo com Diekstra[31], suicídio é a décima causa de morte em indivíduos de todas as idades e é a segunda ou terceira causa de morte se considerarmos a idade de 15 a 34 anos. Rapeli[32] cita trabalhos de Moens (1990), que informou que o suicídio é raro em crianças menores de 12 anos de idade, sendo mais comum após a puberdade, com o aumento da incidência em cada ano da adolescência. Cabe ressaltar que a maior incidência de suicídios entre os Guarani/Kaiowá é de jovens na faixa de 12 a 24 anos.

Ainda segundo Diekstra[33], a relação entre suicídio e idade apresenta diferenças de acordo com a nacionalidade e o sexo da pessoa que apresenta o comportamento suicida, revelando alguns países, como Irlanda, Bulgária e Estados Unidos da América, o primeiro alto índice, entre os adultos jovens de 24-35 anos de idade, mas, em outros, como Hungria e Dinamarca, a taxa continua elevada, até os 45-54 ou 64 anos de idade. Praticamente em todos os países a taxa é alta para idades acima dos 75 anos.

Finalmente, coeficientes de mortalidade variam desde mais de 30/100.000 habitantes em países como Hungria, Áustria, Dinamarca e Finlândia, a menos de 10/100.000 habitantes em Portugal, Espanha, Itália e Holanda, países da Europa com a menor taxa de mortalidade por suicídio. Finlândia, Suécia, Noruega e Dinamarca constituem um grupo de países com as maiores taxas de mortalidade por suicídio.

Para a faixa etária acima de 75 anos de idade, Hungria é o país da Europa com maior coeficiente, 179/100.000 habitantes (1993), para homens, e 56/100.000 habitantes (1993), para mulheres. Áustria, França, Alemanha, Suíça, Dinamarca e Finlândia são outros países com altos coeficientes para idosos, acima de 75 anos[34].

A Finlândia apresenta elevados coeficientes de mortalidade por suicídio para a faixa etária acima de 75 anos de idade e os maiores coeficientes entre adolescentes, com a taxa de 25,1/100.000 habitantes, em levantamento no ano de 1991. O Reino Unido é o único país com diminuição do coeficiente de suicídio em idosos para ambos os sexos, enquanto em todos os outros países têm havido um grande aumento nas últimas três décadas[35].

Japão e Sri Lanka, ainda segundo a mesma pesquisa, são os países da Ásia com maior coeficiente de mortalidade por suicídio. O Sri Lanka revela coeficientes muito altos para jovens, 62,3/100.000 habitantes, e para idosos acima de 75 anos, com um índice de 100 habitantes. O Japão apresenta um coeficiente de 51,8/100.000 habitantes, na faixa de idosos.

De acordo com Diekstra e Gulbinat[36], na América do Norte, nos últimos 35 anos, houve um aumento geral no coeficiente de mortalidade por suicídio, em homens idosos e também em adolescentes. Nos Estados Unidos da América, o suicídio é a terceira causa de morte entre os adolescentes e adultos jovens, de 15 a 24 anos de idade, com um aumento de 156% dos anos de 1960 a 1989. O Canadá revelou, por meio de suas pesquisas sobre o fenômeno, um aumento de 317% e 257% para homens e mulheres jovens, respectivamente.

Finalmente, esses mesmos autores afirmam que, na América Latina, a Argentina revelou o mais alto coeficiente de mortalidade por suicídio para homens idosos, acima de 75 anos, com um índice de 46,5/100.000 habitantes, em 1991.

Rapeli[37] pontuou que os dados brasileiros sobre suicídios são falhos e baixos. Seus coeficientes de mortalidade por suicídio são menores que 5/100.000 habitantes. As taxas de suicídio entre 5 e 15/100.000 habitantes são consideradas médias; entre 15 e 30/100.000 habitantes, consideradas altas, e acima de 30/100.000 habitantes, muito altas, segundo Diekstra e Gulbinat[38]. Coeficiente é a razão entre o número total de casos ocorridos em uma determinada época e o número total da população.

Estudos de Rapeli[39] indicaram que, nos últimos 30 anos, poucas pesquisas focalizaram a identificação de subtipos de tentativa de suicídio, baseando-se nas características demográficas e psicossociais. Em várias dessas pesquisas, as informações têm sido restritas. São muitas as formas mais recentes de abordar a problemática do suicídio, restritas às características de menor ou de maior risco. Em outras, observam-se a letalidade, os arranjos para o ato, a motivação. Em alguns estudos, os subtipos de tentativa de suicídio foram classificados de acordo com o método utilizado. A intencionalidade suicida, as motivações para a tentativa de suicídio, os indícios de ansiedade e depressão, a história psiquiátrica anterior e atual, as tentativas de suicídio anterior e o diagnóstico psiquiátrico também têm sido considerados.

Segundo Rapeli[40] as capitais das Regiões Centro-Oeste, Norte e Sul mostram os maiores coeficientes de suicídio: 4,64, 4,53 e 4,52/100.000 habitantes, respectivamente, de acordo com o MS/FNS/SIO[41].

"A Região Sudeste, apesar de apresentar um baixo coeficiente de mortalidade por suicídio, é a região com maior incidência de mortalidade por suicídio, responsável por 49,8% do total de mortes por suicídio no Brasil. O Município de São Paulo mostra as maiores cifras: 401 suicídios para homens e 121 suicídios para mulheres, correspondendo a 75,9% dos suicídios ocorridos no Sudeste. Nessa cidades, os coeficientes foram 8,6/100.000 habitantes para o sexo masculino, 2,4/100.000 habitantes para o sexo feminino, com razão, entre os coeficientes masculino/feminino, de 3,5, valor próximo ao do Brasil como um todo (3,4), menor do que a média dos países da América (4,1) e maior do que a média dos países da Ásia (1,3) e da Europa (3,0)."[42]

Informou ainda, como dado relevante para nossas pesquisas, que os idosos e adolescentes são do grupo de maior risco em relação aos adultos jovens, solteiros, divorciados, viúvos e sozinhos, em relação aos casados, portadores de doenças físicas, desempregados e subempregados e, finalmente, protestantes em comparação com católicos e judeus.

Comentando conclusões sobre estatísticas de suicídios no Brasil, Carvalho[43] citou Miller de Paiva, que se referiu às mudanças, no correr do tempo, deixando clara a tendência à estabilidade em várias situações e vários grupos. Exemplificando, os homens consumam o suicídio em maior número, enquanto as mulheres fazem mais tentativas. Os homens matam-se mais por enforcamento e arma de fogo e as mulheres por envenenamento. Na Europa, o método mais utilizado é o envenenamento, enquanto, no Brasil, de 5.145 suicídios ocorridos no ano de 1991, 2.380 (46,3%) dos casos utilizaram como método o enforcamento, seguido por armas de fogo, com 1.037 (20,2%) casos e apenas 630 (12,3%) por envenenamento (MS/FNS/SIO – 1991).

Quanto aos fatores de risco para suicídio, Rapeli[44], analisando conclusões e tabelas de Stevenson, informou que pessoas que cometem suicídio são freqüentemente do sexo masculino, geralmente portadores de desordens psiquiátricas, planejam seus atos suicidas com cuidado, tomam precauções contra descoberta e usam métodos mais perigosos. Em contrapartida, aqueles indivíduos que tentam suicídio e que sobrevivem, em uma larga proporção, agem impulsivamente, não impedem a descoberta e usam métodos menos perigosos.

O autor apresentou, ainda, fatores de risco ligados ao suicídio, do menor para o maior, como estado civil, presença de doenças físicas e de doenças mentais, atividade profissional, religião e outros.

Finalmente, baseado em um conjunto de dados epidemiológicos, o autor estudou as diferenças do perfil de indivíduos com suicídio completo em relação ao indivíduos que fazem tentativas de suicídio.

QUADRO – Fatores de risco para suicídio, do menor para a maior.		
Fatores	**Menor**	**Maior**
Sexo	Feminino	Masculino
Faixa etária	Adulto jovem	Idosos e adolescentes
Estado civil	Casado	Solteiros, divorciados, viúvos e sozinhos
Doenças mentais	Crises situacionais Neuroses	Depressão/alcoolismo Esquizofrenia
Doenças físicas	Ausente	Presente
Área de moradia	Rural	Área urbana
Situação profissional	Empregado	Desemprego/ subemprego
Religião	Católico/judeu	Protestante/ateu
Tentativa suicídio anterior	Ausente	Presente
História de tentativa de suicídio e doença mental na família	Ausente	Presente

Fonte: Stevenson, 1988, citado por Rapeli.

Estudos de Brent e Kolko[45] indicaram que os dois grupos não são distintamente separados. Muitos suicídios, estimados entre 30% e 60%, são o último ato em uma série de tentativas em quantidade que pode variar de 1 a mais de 20. De 10% a 14% das pessoas envolvidas em tentativa de suicídio morrem por suicídio cem vezes mais do que o observado na população geral.

PROBLEMÁTICA GUARANI/KAIOWÁ

QUADRO – Perfil dos casos de tentativa de suicídio e de casos de suicídio		
Variável	**Tentativas**	**Suicídio**
Sexo	Feminino	Masculino
Faixa etária	Abaixo de 35 anos	Acima de 60 anos
Método	Baixa letalidade	Alta letalidade
Diagnóstico	Raramente doenças	Depressão/alcoolismo
	mentais	Esquizofrênia
Local	Público/fácil	Precaução contra
	descoberta	descoberta

Fonte: Stevenson, 1988, citado por Rapeli.

Estudos sobre a importância de se conhecer o grau de letalidade dos métodos que são utilizados por indivíduos que tentam suicídio, e os efeitos destes na mortalidade por suicídio, vêm sendo analisados. Segundo Rapeli[46], quanto mais letal o método utilizado, maior a chance de novas tentativas de suicídio. Afirmou que o método utilizado acaba definindo a gravidade clínica. Alertou, porém para o fato de que a maioria dos pacientes desconhece o grau de letalidade do método e, portanto, não se pode abstrair a intencionalidade suicida a partir do método utilizado na tentativa de suicídio.

3.4 SUICÍDIOS: FATORES SOCIAIS, PSICOLÓGICOS E BIOLÓGICOS

O comportamento suicida vem sendo estudado sob o ponto de vista psicológico como expressão de uma personalidade individual, de sua própria constituição, assim como de acordo com aspectos mais sociais e culturais por meio de história de desenvolvimento, circunstâncias sociais e fantasias especiais sobre a morte e pós-vida, de acordo com Cassorla[47].

O ambiente psicossocial inclui eventos de vida e, principalmente, suporte interpessoal. Além disso, a variabilidade biológica corrente, que se vem desenvolvendo, inclui recentes pesquisas envolvendo nível de serotonina.

A Psiquiatria e Psicologia propriamente ditas têm relevância, por meio de estudos de diagnósticos ou sintomas, como transtornos depressivos, alcoolismo, esquizofrenia, desordens da conduta e doença mental orgânica. Cabe ressaltar, ainda, a importância da existência de história familiar de suicídio e a relação com a transmissão genética.

Fatores sociológicos influenciaram a Psiquiatria do século XIX. Estudos estatísticos indicaram o meio ambiente como causa fundamental única do suicídio. Durkheim[48] foi, sem dúvida, o maior representante dessa teoria, indicando o grau de integração do indivíduo ao grupo no qual vive como fator determinante do suicídio. Uma inclinação coletiva ao suicídio, expressada na taxa de suicídio, segundo o autor, pode influenciar o indivíduo e pressioná-lo a matar-se. Enquanto as características da sociedade não se alteram, a taxa de suicídio na sociedade tende a ser estável.

Nas conclusões de suas pesquisas, Cassorla[49] afirmou que o ambiente em que a criança nasce ou em que está vivendo, sendo carregado de perdas e mortes, condutas autodestrutivas, suicídios e tentativas, é relevante, pois essas condutas, em vários casos, acabam-se fixando no indivíduo por meio de imitação, sugestão ou identificação, além da hipótese da causa envolver os lutos infantis não resolvidos, principalmente em relação a figuras importantes. Sugeriu por isso, nos seus estudos, a intervenção preventiva na família.

O suicídio foi um dos temas principais do "World Congress of the World Federation for Mental Health", "Congresso Internacional da Federação Internacional de Saúde Mental", em julho de 1997, em Lahati, Finlândia, tal é o crescimento e a complexidade do problema no mundo moderno, em diferentes sociedades e por motivos os mais diversos. Schimidtke et al.[50], na pesquisa intitulada "Imitation of Suicidal Behavior: A crosscultural study", informaram sobre a incidência de suicídio por um processo de imitação, em crianças, adolescentes e jovens adultos, no resultado da pesquisa realizada em diferentes centros europeus. Nas conclusões, observou que 51% das pes-

PROBLEMÁTICA GUARANI/KAIOWÁ

soas, que tentaram suicídio e foram entrevistadas, se lembraram de pelo menos um comportamento suicida modelo entre amigos e parentes.

Para Durkheim[51], existem três tipos de suicídio: o suicídio egoísta, praticado por aqueles indivíduos que não estão fortemente integrados a qualquer grupo social, não se encontrando mais sob influência da sociedade, da família e religião; o suicídio altruísta, daqueles indivíduos que sacrificam sua vida pelo bem do grupo, sofrem influência dos mecanismos de identificação de grupo, aplicando-se àqueles cuja propensão ao suicídio deriva da excessiva integração em um grupo social; e finalmente, o suicídio anômico, que ocorre em indivíduos vivendo em uma sociedade em crise. A instabilidade social e a integração do indivíduo na sociedade estão perturbadas, alterando as normas costumeiras de comportamento. Da mesma forma, o desemprego, ou, mais precisamente, a menor oferta de empregos e uma mudança nas condições econômicas, está associado ao aumento da taxa de suicídio, assim como isolamento social, estado civil e idade.

A importância exclusiva dos fatores sociais foi sendo questionada e os sociólogos foram-se tornando mais críticos em relação às estatísticas. Segundo Cassorla[52], a Psicologia Dinâmica, por meio da Psicanálise, surge como campo de conhecimento mais estruturado em relação ao funcionamento psíquico, apoiando-se na excessiva racionalização do século XIX e início do século XX.

Freud[53], em "Psicopatologia da Vida Cotidiana", afirmava que mesmo a intenção consciente de cometer suicídio escolhe sua época, seus meios e suas oportunidades e aquele que acredita que o indivíduo pode provocar ferimentos em si mesmo de forma semi-intencional poderá entender que, além do suicídio intencional consciente, existe uma autodestruição semi-intencional.

No trabalho de Freud[54], "Luto e Melancolia", o suicídio é explicado pelo mecanismo de identificação com o objeto perdido; assim, a maior predisposição ao suicídio ocorre quando há uma história de morte na família. Já em 1920, em "Além do Princípio do Prazer", a propósito do instinto vida e instinto morte, Freud[55] afirmou que forças externas destrutivas, como fome, doenças, inimigos, seriam combatidas pelo ego por meio de mecanismos que operariam ao lado do instinto vida. Em nível mais profundo, porém, atuariam ao lado do instinto morte, paradoxo que poderia ser explicado pelo fato de esse instinto querer impor seu próprio padrão de morte e, assim, qualquer causa externa destrutiva seria combatida para que o indivíduo se submetesse ao seu próprio instinto de morte.

Quando introduziu sua teoria sobre instinto[56] de morte, Freud (1920-1967) afirmou que as pulsões do ego exercem pressão no sentido de morte, enquanto as pulsações sexuais exercem pressão no sentido de prolongar a vida. Afirmava que a essência de sua investigação fora traçada de uma distinção nítida entre os instintos do ego e os instintos sexuais, e da observação de que os primeiros exercem pressão no sentido da morte e os últimos no sentido de um prolongamento da vida.

Klein[57], também em uma perspectiva psicanalítica, além de entender que suicídio é uma expressão do instinto morte dirigido contra o objeto introjetado, destacou um objeto adicional, que é a unificação com o objeto amado, afirmando que as fantasias subjacentes ao suicídio tendem a preservar os objetos bons e também a destruir a outra parte do ego, que está identificada com os maus objetos, com o id. Assim, o ego fica apto a unir-se com seus objetos amados.

Cassorla[58] enfatizou uma seqüência de fatores constitucionais, ambientais, culturais, biológicos e psicológicos, que se vão acumulando na história do indivíduo, podendo levá-lo a um comportamento suicida. Para ele, indivíduos vivendo uma situação de crise com pensamentos insuportáveis, às vezes, manifestam medo da loucura, do aniquilamento, da desintegração, etc.; às vezes, pronunciam-se junto com a manifestação de uma angústia intensa, que pode estar associada a desesperança, tristeza e melancolia. A morte é vista então como a solução não porque se deseja a morte, mas porque a vida se torna insuportá-

PROBLEMÁTICA GUARANI/KAIOWÁ 73

vel. O suicida, portanto, não quer morrer, na verdade, ele não sabe o que é a morte, o que ele deseja é cessar o sofrimento. Cassorla[59] afirmou que sempre existem conflitos subjacentes que, descobertos, poderiam fazer com que o suicida encontrasse outras saídas. Para ele, quanto à compreensão do ato suicida em termos individuais, ou seja, dos aspectos intrapsíquicos, autores psicanalistas concordam que ele está relacionado a conflitos genitais edípicos, conflitos referentes a ligações de dependência dos pais, conflitos homossexuais e conflitos que surgem no estabelecer de uma identidade adulta.

Existem algumas fantasias inconscientes que podem ser encontradas pelo psicoterapeuta, nas sessões, em relação ao que seria a morte. Apesar de variável, é possível agruparmos essas fantasias em algum tipo, segundo Hedim[60]: o encontro com uma vida cheia de paz, sem sofrimento; o componente agressivo; o suicida vinga-se de inimigos reais ou imaginários e outras fantasias encontradas no indivíduo que pensa em tirar sua vida e que tem a ver com punição por sentimento de culpa.

Knobel[61] apontou que Freud insistia na vinculação morte-castração, já que não se podia ter uma vivência de algo que jamais se experimentou, mas a escola kleiniana aceitou que a fantasia de morte existe como fantasia do aniquilamento e que, portanto, o medo da morte existe. Perante a morte real, existiria o desconhecido e o temido; perante a morte imaginária, aparecem as defesas regressivas, persecutórias ou maníacas. Knobel[62] indicou quatro estruturações egóicas no indivíduo suicida:

1. A estruturação melancólica, quando se estrutura em um ego melancólico, no qual a angústia é permanentemente gerada, buscando a morte como castigo merecido, porque o desejo agressivo é dirigido ao objeto e se volta contra o ego.

2. A psicopática, em que coexistem uma total onipotência e uma autodesvalorização melancólica, que são totalmente incompatíveis e geradoras de condutas confusionais, nas quais predomina a atuação. Nesse caso, o suicida não se mata por sentir culpa. A morte é projetada nos outros, e ele mata-se para que os demais se sintam culpados.

3. Na estruturação maníaca, as fantasias de onipotência, onisciência, temporalidade e imortalidade cobram vigência perante um superego que estimula a autodestruição. As figuras de identificação primária são altamente negativas e carentes, o ego vivencia toda sua onipotência e vazio, precisando de um contato constante com objetos que são rapidamente destruídos, que não podem ser usados para nenhuma satisfação libidinal. Uma vivência de fragmentação psíquica torna-se intolerável. O indivíduo teme a loucura e não a morte.

4. A estrutura egóica esquizofrênica, quando o ego apresenta regressões intensas, é lacunar, fragmentar, com carências de identificação primárias positivas e negativas, propenso à confusão e à indiscriminação. As ansiedades persecutórias e confusionais são intensas, assim como a dissociação. Seu estado confusional leva-o ao suicídio, sem perceber que, no suicídio, a morte é de todo *self*, e de todo ser, do próprio indivíduo, que, psicoticamente, na fantasia esquizofrênica, se negou como ser único, indivisível.

Knobel[63] também citou o suicídio inesperado, surpreendente, de alguns adolescentes esquizóides, que nunca reclamaram por nada, mas que viveram a indiscriminação confusional, a despersonalização mais angustiante, da qual psicoticamente trataram de afastar-se com violência e agressividade, que eram só fantasias e se convertem no fato concreto da autodestruição.

Quanto aos aspectos biológicos, a serotonina (5-HT) tem sido relacionada ao suicídio e tentativa de suicídio. O método freqüentemente usado, em pesquisas biológicas, no exame do metabolismo da serotonina central em humanos, é a medida de seu maior metabólico (ácido 5 hidroxi-indol-acético-5 — HIAA) no líquido cerebrospinal (LCR). Uma menor quantidade de 5 HIAA no LCR indica diminuição no metabolismo do 5-HT, no sistema nervoso central. A diminuição no metabolismo acarreta baixos níveis de 5 HIAA, no LCR, e tem sido encontrado em transtornos depressivos relacionados ao suicídio ou tentativa de suicídio, segundo Vann Praag[64].

Também Banki et al.[65], em pesquisas com pacientes deprimidos, admitidos para internação por tentativa de suicídio, revelaram que a diminuição do nível de 5 HIAA, no LCR, é significativamente maior em pacientes deprimidos suicidas, quando comparados com pacientes deprimidos não-suicidas. Outros estudos na área biológica têm indicado a importância de níveis satisfatórios de serotonina no tratamento de pacientes com depressão suicida.

A associação do suicídio com transmissão genética está na relação de indivíduos que cometem suicídio, história de suicídio ou tentativa de suicídio na família. Rapeli[66] alertou para o fato de que outros aspectos devem ser investigados nesses casos, como, por exemplo, atuação de processos de identificação, que sabidamente influenciam o comportamento suicida.

Ainda de acordo com informações do autor, algumas doenças psiquiátricas constituem-se em maior risco para o suicídio, como depressão, alcoolismo e esquizofrenia. A depressão é o diagnóstico psiquiátrico mais freqüentemente encontrado em vítimas de suicídio e uma série de publicações revela que aproximadamente 10% dos pacientes deprimidos têm história de suicídio na família, segundo Roy[67].

Para Kalina e Kovadloff[68], raramente o suicídio é voluntário e, geralmente, é uma forma de conduta psicótica, além da existência de culturas suicidas que estimulam e condicionam comportamentos autodestrutivos.

Carvalho[69] argumentou que a pessoa estaria fora de si no momento do suicídio, mas sua história suicida teria começado no início da vida, em modelos de comportamento que a família e a sociedade produzem.

Segundo Dias[70], a maioria dos autores atribui o suicídio a causas orgânicas, emocionais ou filosóficas, sendo as doenças endógenas, que colaboram para o agravamento de determinados quadros psicóticos e podem induzir a pessoa ao suicídio, representantes das causas orgânicas.

3.5 Suicídio: Infância, Adolescência e Família

A adolescência tem sido considerada como uma etapa complexa e conflitiva nos estudos do desenvolvimento humano; o tumulto da adolescência não é um reflexo do estágio inicial e transitório da evolução humana, mas sim das fases da própria vida do indivíduo.

De acordo com Aberastury[71], o processo de adolescência está vinculado ao luto pela perda do corpo infantil, luto pela perda da bissexualidade, luto pela perda dos pais da infância, os quais o jovem deve elaborar, e a busca da identidade adulta. Os conflitos da sexualidade infantil, particularmente o edipiano, retornam com força brutal nessa fase.

A adolescência para Erickson[72] é o período crítico para a formação da identidade e sua passagem dependerá das condições inatas do indivíduo, das condições que teve para desenvolvê-las, das experiências emocionais vivenciadas, dos pais que cada um teve e da própria cultura em que cada um passou a infância.

Buscando ultrapassar esse estágio, o adolescente tenta integrar o seu passado e o seu futuro e, dessas tentativas, resultarão os sentimentos de identidade. Alguns autores pontuam a revivescência do processo de separação-individuação na adolescência, e trabalham com a noção de processo de dessimbiotização na adolescência[73].

Mioto[74] afirmou que a tentativa de suicídio do jovem não deve ser compreendida como uma "doença" ou "patologia", nos moldes clássicos. O ato suicida engaja-se na busca de um sentido de identidade e o que deve estar presente é um sentido de continuidade entre o passado e o futuro, pois o jovem enfrenta sua experiência passada e suas possibilidades futuras. Cabe ressaltar que o caso de ter um passado desastroso, evidências adicionais de fracasso, especialmente dos pais, e casos de tentativa de suicídio também são relevantes.

O caráter paradoxal da capacidade que o jovem tem, de colocar sua vida em perspectiva, pode estar na origem do fenômeno. O aumento acentuado do número de jovens com comportamento suicida, segundo ela, pode estar relacionado com a habilidade cada vez maior que o jovem tem de prever seu futuro a partir das experiências do passado. A autora[75] citou inúmeros estudos epidemiológicos que indicam o meio familiar como um importante fator na estruturação e no desencadeamento do ato suicida.

Por meio da revisão de dez anos de literatura sobre suicídio na América do Norte, Castellan[76] afirmou que o ato suicida ocorreu sempre dentro de um processo espiral, que envolve o ataque da auto-estima, a ausência comprovada de amor, o vazio narcísico e a ameaça, inclusive financeira, do projeto de vida. Relaciona também o ato suicida à desesperança e não à depressão, pois resta ao suicida uma impulsividade e uma tendência a agir, que o deprimido declarado não se permite.

Para Tousiganat[77], as tendências suicidas estão condicionadas ao tipo de enquadramento que a família dá à criança, o que pode ser confirmado pela recorrência temática das histórias de vida dos jovens: problemas familiares, separações, consumo abusivo de drogas e álcool. Solidão e contexto escolar sem afeto são citados por Castellan[78].

Mioto[79] apontou ainda, de acordo com conclusões de diferentes pesquisas em grupos de jovens que tentaram suicídio, que há um maior número de morte por separação dos pais, relacionamento conjugal e familiar ruins, ausência e alcoolismo, principalmente do pai, mudanças constantes, maior incidência de comportamentos suicidas. Citou ainda um maior envolvimento dos familiares com a polícia, justiça e a ocorrência de doenças crônicas.

Para Cassorla[80], lar desfeito e ambiente suicida aparecem em uma série de pesquisas atuais, como fatores comuns, nos casos de jovens que tentam suicídio. Lar desfeito é largamente utilizado na literatura em virtude dos achados comuns a respeito das famílias de jovens que tentam suícido (Bruhn[81]; Green et al.[82]; Gispert et al.[83]). Segundo Cassorla[84], lar desfeito não se refere apenas a uma situação objetiva de perda e separação dos pais, mas também a lares psicologicamente desfeitos. Informou ainda que, quanto mais precoce é o funcionamento como desfeito, maior é a possibilidade de prejuízo para os filhos.

Quanto ao ambiente suicida, o número de tentativas de suicídio efetuadas pelo jovem e o grande número de suicídios e de tentativas no contexto que o cerca são as principais características. Cassorla[85] apontou que a primeira característica favorece a incorporação da tentativa de suicídio por meio da identificação com o morto, com a forma de morrer, a época ou a idade na qual ocorreu a morte. Esses fatores são significativos e estão diretamente relacionados à dinâmica conflitiva do jovem suicida, segundo o autor.

Cassorla[86] relatou que nas pesquisas com grupos de jovens que tentam suicídio foram encontradas famílias com mães autoritárias e pais fracos e ausentes, ambiente familiar frio, que gera tristeza e insegurança nas crianças.

O autor observou, também, hostilidade dos pais em relação aos jovens, falta de percepção dos primeiros para captar e lidar com as necessidades e os desejos de seus filhos enquanto pessoas. As tentativas de suicídio, então, podem ser vistas como uma forma de expressão, dadas as dificuldades de comunicação em nível simbólico com o ambiente, e a impulsividade e a agressividade aparecendo como uma máscara dos sentimentos de tristeza e desamparo.

Wasserman[87] enumerou, como dados relevantes, os desejos de morte, expressos pelos outros significantes, em termos de comunicação verbal, dirigida ao suicida ou a outras pessoas, e não-verbal, por meio da ausência de qualquer ação ante a iminência do fato. Essa situação estaria relacionada com a ambivalência amor-ódio e a agressividade presentes no contexto das relações estabelecidas entre o suicida e os outros significantes.

Estudos de Pfeffer[88] apontaram para um processo de identificação da criança com a depressão da mãe, acompanhada de sentimentos de desamparo. Outra possibilidade indicada é que o comportamento suicida pode ser o ponto culminante do estresse vivido pela criança, em um processo de relações estabelecido entre ela e sua mãe, marcado pela ausência de uma boa maternagem e pela insuficiência de gratificação da criança para com a mãe.

Berenstein[89] indicou a hipótese de que o ato suicida está sempre dirigido a alguém em particular, contra uma determinada situação familiar social, para mostrar alguma particularidade do sistema, ou, ainda, como uma maneira de atacar quem o ataca em fantasia.

Segundo Castellan[90], a família de suicidas geralmente não sustém um projeto de vida, não possui comunicação adequada, nem compreensão mútua em algum grau, e não dá um sentido à vida.

Mioto[91] analisou também aspectos históricos e interacionais em famílias de jovens que tentam suicídio. Relatou que o processo se inicia mesmo antes do nascimento do jovem, tendo suas origens na própria constituição da família.

A compreensão das famílias, nos trabalhos de Mioto[92], foi obtida por meio da descrição de aspectos relacionados com a história, a estrutura e a dinâmica das famílias com tentativa de suicídio. Esses aspectos foram articulados dentro dos vários momentos evolutivos das famílias, começando pela constituição, passando pela infância e a adolescência familiar. A autora situou a tentativa de suicídio como uma forma de expressão dos conflitos familiares:

> "Os conflitos estão presentes desde a constituição das famílias e fazem com que elas venham a funcionar desde muito cedo como lares desfeitos. Estas famílias se organizam sobretudo em torno da figura materna. As duas situações trazem conseqüências importantes para o estabelecimento da dinâmica familiar, especialmente no que diz respeito à estruturação pais e filhos. Em geral, os pais encontram dificuldades em reconhecer as necessidade dos filhos e em assumir os cuidados deles. Já na infância se nota o fracasso das relações e das funções familiares. As perdas e abandonos compro-

metem tanto o desenvolvimento da família enquanto grupo, como o de seus membros enquanto indivíduo"[93].

A autora analisou o que ela denominou infância e adolescência da família. Assim, a infância comprometida compõe um quadro importante para compreender a ocorrência de tentativa de suicídio, enquanto uma outra parte da compreensão pode ser buscada na adolescência dessas famílias. A análise efetuada permite estabelecer uma estreita relação entre o momento adolescente, a eclosão dos sintomas e a tentativa de suicídio, pois, nas famílias pesquisadas, o momento da adolescência está marcado pelos conflitos próprios da defesa, pela revivência dos conflitos não resolvidos das fases anteriores e pela frustração das expectativas criadas para essa fase. Além disso, as famílias e especialmente os pais não dispõem de recursos para lidar com a problemática adolescente.

Quanto à situação dos pais, Mioto[94] indica o fato de as mães terem-se casado muito jovens e o tipo de relação que se foi estabelecendo, com indícios de que as mães não conseguiram lidar adequadamente com seus conflitos adolescentes, ficando sozinhas — tinham dificuldades em assumir o papel parental. Em relação às famílias completas, a hipótese é que o conflito adolescente se estenda ao casal.

Outra hipótese relevante nas conclusões da pesquisa é que os desejos de morte, intrinsecamente relacionados com os conflitos da mãe ou do pai, estão desde o início presentes na vida familiar. Esses desejos são alimentados pelos fracassos vividos e pela desesperança em relação ao futuro, projetados na família e atuados por um de seus jovens. Conclui-se também que o jovem que aceita a projeção seria o mais identificado com sua mãe.

Ainda analisando os aspectos familiares propriamente ditos, supõe-se que a tentativa de suicídio ocorre no momento em que se torna insuportável a tensão do ambiente familiar, originada na exacerbação dos conflitos adolescentes, acompanhada por acontecimentos extrafamiliares, como as mortes.

Assim, o jovem estaria expressando desejos contraditórios como morrer e viver, cuidar e abandonar, vividos dentro da família, e estaria explicitando os aspectos de sentimentos em relação a si mesmo e em relação aos outros.

Finalmente, Mioto[95] afirmou que a tentativa de suicídio pode ser interpretada como uma atuação da angústia familiar, uma vez que não parece haver outros meios, além da atuação, para expressar seus sentimentos. Apesar das marcas imprimidas na história dos jovens e de suas famílias, a atuação parece favorecer um alívio, mesmo que temporário, das tensões familiares, e desencadear sentimentos de culpa e reparação que levariam as famílias a empreenderem algum tipo de mudança.

3.6 Contexto Guarani/Kaiowá

Sem dúvida alguma, podemos afirmar que as conclusões de Freud (1967), Cassorla (1981; 1991), Durkheim (1977) e demais autores são pertinentes com a situação dos Guarani/Kaiowá, tendo em vista as vivências, desde os primeiros anos de vida, com situação ou relatos de suicídios e o próprio contexto social e cultural.

No que se refere aos indígenas, o feitiço é encontrado em todos os grupos brasileiros e estudado de diferentes formas. Informantes, nos estudos de campo de Brand[96], afirmaram que os suicídios são provocados por força de práticas de feitiço. Nos referidos relatos, é possível perceber o confronto bem e mal, podendo, a partir daí, correlacioná-los com as questões de instinto vida e instinto morte, citadas constantemente nas obras de Freud[97].

Assim também conteúdos que, surgindo freqüentemente nos mesmos grupos étnicos, podem ser entendidos como o material vindo do inconsciente coletivo estudado inicialmente por Jung[98]. Outro fenômeno que também podemos considerar nesses estudos é o da sugestão e imitação que aparecem nos estudos de diferentes correntes da Psicologia.

O aumento de relatos e situações envolvendo o feitiço, levando-se em consideração os componentes de autodestruição, aponta para a desintegração cultural do grupo e desorganização interna, atribuindo também o suicídio ao fato de que muitos jovens não passam mais pelo rito de iniciação, de acordo com Brand[99]. Não somente os próprios indígenas como também pesquisadores consideram desajustes, ou mesmo doença, como causas para o suicídio entre os Guarani/Kaiowá. Muitos relatos falam de tristeza, *nervoso*, de não conseguir expressar o que tem ou o que sente. Os informantes, segundo ainda Brand[100], relatam falta de consciência; contudo, o autor questiona a confusão mental precedendo o ato de suicidar-se.

A magia negra, para Schaden[101], é uma das forças destrutivas na sociedade Guarani. O autor pontuou situações de grande exasperação coletiva, em que todos se acreditam ameaçados por todos, gerando uma crise aculturativa e sérias dificuldades nas áreas econômica, social e de saúde. Os índios procuram não dar explicações sobre as práticas de feitiçaria e não permitem assistir a elas: *"Entre os Kayová, a magia negra parece invadir, de algum modo, o domínio da religião: possuem eles uma 'reza de fazer mal', chamada de ñeegaraí, que o indivíduo canta sozinho (ao som do Maracá segundo Marçal); para neutralizar-lhe o efeito maléfico, existe uma 'reza boa'"*.

Possuem cantos mágicos, a que chama *ñembóévaí* ou *tekópapá*; são cantados (em voz baixa e sem *mbaraká*) diante do mastro, da roupa ou de qualquer objeto da pessoa que se queira atingir; esta adoece e morre. O defeito desses cantos é que *"não pegam em civilizado"*. Há sempre o perigo de que este as possa empregar contra os índios. O branco é considerado imune contra feitiço indígena em geral. O nome *ñeegaraí*, acima referido, é usado também pelos Kaiowá (ao lado de *mbórahêi ivaí*) para designar uma reza que se recorre para "aquentar a Terra" e destruir os *mbáépotxy*, isto é, os maus espíritos que a povoam (Pai José), Schaden[102].

Nas suas conclusões em "Kandire: O Paraíso Terreal", Levcovitz[103] enfatizou *O Complexo Guerreiro-Antropofágico* na problemática Guarani/Kaiowá, afirmando que este, em sua vertente de condensação-migratória, como em seu momento dispersivo, é o único rito de sustentação dessas sociedades: guerra aos contrários. Para ele, a derrocada da relação guerreiro-antropofágico foi substituída aqui por uma espécie de triangulação com o homem branco. Esse autor informou que

"*Os objetos almejados, as quinquilharias que estes índios desejam, para utilizá-las em uma lógica própria, são na realidade emblemas apropriados do Outro. É o jogo do nembotei que, ao contrário de significar uma tentativa de ludibriar, é a forma peculiar de apropriação, de ingestão da substância alheia.*

Ao contrário de ocorrer um genuíno processo aculturativo, estas sociedades estão de todo impossibilitadas de realizar o trânsito insistentemente proposto. Há uma persistência dos padrões minimalistas utilizados desde sempre, ou seja, a manutenção dos padrões minimalistas em um mundo que foi de todo transformado".

O suicídio para os Guarani contemporâneos é conseqüência de feitiçaria, como uma morte provocada pelo *Inimigo*. Afirmam que ocorreu então um homicídio, que deve ser vingado[104].

"*Nas reservas Guarani, as famílias justapostas pelo aldeamento mantêm, na medida do possível, sua oposição territorial. Os tekohá[105] não se misturam, sendo necessária alguma herança constitutiva da oposição aos contrários.*

Lembramos que o rito de passagem para a vida adulta, entre os rapazes Tupinambá, era encenar o papel de matador, ao cumprir o seu papel de guerreiro, era ser capturado e executado no terreiro do Inimigo. Assim, ele não apenas fechava a espiral da eterna vingança, mas contracenava a produção da Pessoa, homem adulto, no grupo Inimigo.

Estes grupos eram, muito freqüentemente, da mesma família lingüística ou da mesma parentela que sofrera cisões. A oposição dos grupos rivais apenas em aparência criava organismos sociais estanques. Esta oposição era essencial e criava um universo de parceiros-inimigos e parceiros-aliados, uns constituídos pelos outros. A desconstrução desta rede de parcerias entre contrários não modifica a necessária via de triangulação para a produção do socius. Não significa que todos deviam morrer como guerreiros, no terreiro Inimigo, mas alguns precisam necessariamente cumprir este destino. A interrupção deste círculo, a suspensão deste tributo ou, se preferirmos, desta troca que fundamenta o universo minimalista, significa sua dissolução."[106]

O autor enumerou estudos de campo que evidenciaram a importância da perda de suporte familiar. A história de múltiplos confrontos com a lei, incluindo passagens pela prisão, não apenas entre os adolescentes indígenas que cometeram o suicídio, mas também entre seus familiares, indicou a perda do suporte familiar e a desorganização social, como causa do fenômeno em questão, procurando associá-la ao comportamento auto-agressivo.

No entanto, para Levcovitz[107], essas atitudes de confronto, que naquela realidade adquirem o feitio de um comportamento disruptivo, poderiam, em outro contexto, representar o padrão ideal dos antigos guerreiros sacrificados e devorados em terreiro inimigo, o mesmo ocorrendo com relação ao abandono e às perdas familiares, se considerarmos que essas famílias poderiam estar atuando segundo modelos que formaram, no passado, a base da vida social. "*A atitude de lançar-se para a morte, no caso da guerra ritual, era reconhecida socialmente como o ato generoso que reproduzia os fundamentos daquela sociedade. É em função deste motivo constitutivo que estes homens ascendiam diretamente ao divino. O seu destino na vida teria sido, como o dos deuses, fechar o ciclo da vingança e manter a ordem do pêndulo*".

Cabe ressaltar que os conflitos familiares, a problemática do suicídio na faixa etária correspondente à adolescência e o desenvolvimento de identidade, revistos no item 3.5: Infância, Adolescência e Família, revelam uma série de fatores identificados na questão do suicídio Guarani/Kaiowá.

Wicker[108] informou que as causas dos suicídios estariam, a princípio, ligadas aos fatores culturais, sociais, econômicos e políticos, porém, buscando uma compreensão das pautas cognitivas nas quais se baseiam e trazem um sentido cultural e social, e indicou o conceito de *taraju* como aspecto central do problema e que tem sido objeto de várias interpretações e complexos estudos que, geralmente, têm conotação de força oculta, destrutiva, assim como dano espiritual, dificilmente tangível.

Afirmou ainda que, nos estudos de casos realizados em suas pesquisas, aparece um estado mental, no qual a pessoa afetada perde todo controle sobre si mesma, pois nenhuma das pessoas entrevistadas recorda dos momentos em que saiu correndo e do ato de enforcar-se. Os períodos de enfermidade duram desde duas semanas até um mês, mas logo diminuem. A cura foi atribuída, por todos os entrevistados, aos efeitos da terapia com danças e cantos, feita com eles por seus familiares, sob a orientação de líderes religiosos. Relataram, ainda, que viveram o *taraju* com fases de variada intensidade da doença, com dias claros e até normais, seguidos por fases obscuras.

Outra informação, muito relevante como valor diagnóstico, foi o depoimento dos curados de *taraju*, que, no tempo da enfermidade, ficaram expostos a vozes e ruídos contra os quais não sabiam defender-se e que os perseguiam de maneira constante. A vontade de matar-se, segundo todos, sem exceção, surgia dessas vozes e desses ruídos.

O autor, nas suas conclusões, denominou o fato de uma vivência psicótica ou suposta *psicose exótica* e sugeriu que um especialista poderia verificar se a paranóia responderia a uma estrutura endógena ou reativa, lembrando ainda que seria mais provável que fosse reativa, resultado de tensões psíquicas extremas, que por sua vez nos remetem à existência de conflitos não elaborados e não superados pelas pessoas afetadas no seu meio ambiente social.

Um processo denominado confinamento compulsório, por Brand[109], historicamente, criou, segundo o pesquisador, um contexto de violência que vigorou até 1980, resultando na superpopulação das reservas, além de superposição de aldeias distintas que, embora do mesmo grupo, tinham terras e chefias político-religiosas próprias, fator considerado de relevância para o estudo da problemática Guarani/Kaiowá.

Ainda segundo Brand[110], o modo de vida tradicional do Guarani/Kaiowá foi profundamente abalado durante a fase que ele denominou de *esparramo*, relacionado ao processo histórico de confinamento. Informou, ainda, que várias dezenas de aldeias tradicionais foram destruídas tendo sua população dispersa e parte significativa das famílias grandes desintegrada, como conseqüência. Segundo o autor, a superpopulação e a sobreposição de aldeias nas mesmas reservas contribuíram para acelerar a imposição de uma nova ordem, que acompanhou o processo crescente de confinamento, desarticulando a economia tradicional, baseada na agricultura, na coleta, na caça e na pesca. Como conseqüência, a busca de trabalho e ganhos fora das aldeias e reservas engajou os indígenas, primeiro, na colheita da erva-mate; depois, nas derrubadas e no trabalho de implantação das fazendas de gado; e, finalmente, nas usinas de álcool.

Comentando as influências da nova ordem, Brand[111] afirmou que a "*atividade nas usinas de álcool engaja, neste momento, significativa parcela de mão-de-obra Kaiowá/Guarani, retirando das reservas, assim, parte dos homens, por períodos longos e sistemáticos. Isto contribui para o agravamento da instabilidade das famílias, não só das famílias extensas, mas até das nucleares. Inviabiliza a realização das festas e demais iniciativas coletivas e, acima de tudo, aumenta a dependência e as possibilidades de acesso ao que vem 'de fora', em total detrimento ao que vem 'de dentro' das reservas*".

Outros fatores devem também ser analisados, como o despreparo dos funcionários do governo para lidar com os indígenas, o uso do índio como mão-de-obra disponível e barata.

Os funcionários federais que, no passado, desenvolveram estratégias de apoio nos elementos indígenas mais desestruturados e menos integrados à cultura e comunidade Guarani/Kaiowá, objetivando desarticular lideranças e quebrar sua autonomia interna. Finalmente, o arrendamento da terra introduzido pelos órgãos indigenistas oficiais.

Brand[112] defendeu sempre o ponto de vista da relevância dos referenciais tradicionais para a integração e o ajustamento das sociedades Guarani/Kaiowá. Argumentou, por exemplo, que a partir de 1980, nas áreas recuperadas, em que as populações são mais reduzidas e a disponibilidade de terras é maior, a ocorrência de suicídio diminuiu. Nessas áreas, a atuação das Igrejas Neopentecostais e a saída da aldeia ou reserva para o trabalho são fenômenos menos freqüentes. Esse autor afirmou que:

> "Essas igrejas que, sob ótica dos caciques, aumentam a confusão na cabeça dos jovens, contribuindo para o crescimento dos suicídios e, acima de tudo, enfraquecendo a religião tradicional, para os seus freqüentadores, ao contrário dos primeiros, possibilitam, por meio da fé em Jesus, uma alternativa à ponte tradicional, quebrada e de difícil conserto. Representam, aparentemente, um novo caminho para o mesmo destino, a comunicação com os deuses e com o mundo do sobrenatural, onde está a cultura e o futuro.
> Se, no primeiro cenário, o papel fundamental cabe aos caciques, nesse segundo, o papel prioritário cabe às Igrejas Neopentecostais, enquanto exercem a mesma função que os primeiros, ou seja, restabelecem e reorganizam a relação com o sobrenatural. Estabelecem novos referenciais dentro do caos provocado pela desarticulação do sistema Kaiowá tradicional. Os sintomas deste caos são os mesmos suicídios, alcoolismo e desintegração das famílias"[113].

Para o autor, a partir do final da década de 70, acelerou-se o processo de desestruturação familiar e desarticulação da religião tradicional, paralelamente ao crescimento das Igrejas Neopentecostais. *"Ao se inviabilizar esta religião tradicional, instaurou-se o caos, mediante a perda de referenciais básicos, que sustentam o modo-de-ser herdado dos antepassados. A palavra explicitada da reza e dos rituais perdeu sua eficácia e instaurou-se a descrença. Quebrou-se a ponte que garantia a passagem para o sobrenatural."*[114]

Notas

1. Dados estatísticos da Fundação Nacional do Índio —Brasília, 1995.

2. BRAND, A. *O Impacto da Perda da Terra sobre a Tradição Kaiowá/ Guarani: Os Difíceis Caminhos das Palavras*. Tese de Doutorado em História. Porto Alegre: PUCRS, 1997. p. 137.

3. LEVCOVITZ, S. 1998. Op. cit. p. 84-85.

4. DURKHEIM, E. *O Suicídio*. Lisboa: Editorial Presença, 1977. p. 86-87.

5. Idem, ibidem.

6. LEVCOVITZ, S. 1998. Op. cit. p. 20.

7. Idem, ibidem. p. 84-85.

8. Idem, ibidem. p. 103.

9. Idem, ibidem. p. 103.

10. Idem, ibidem. p. 105.

11. BRAND, A. 1997. Op. cit. p. 141.

12. Idem, ibidem. p. 136.

13. LEVCOVITZ, S. 1998. Op. cit. p.105.

14. WICKER, H.-R. *Taraju - Enfermedad de los Dioses que lleva al suicidio*. Anotaciones provisorias para la comprensión de los suicidios entre los Pãi — Tavyterã (Guarani) del Noroeste de Paraguay. In: Suplemento Antropológico, Asunción, Paraguay, 1997.p. 3-4 (mimeo).

15. Idem, ibidem.

16. RAPELI, C.B. *Características Clínicas e Demográficas de Pacientes Internados por Tentativa de Suicídio no Hospital de Clínicas da UNICAMP*. Dissertação de Mestrado em Saúde Mental. São Paulo, Campinas, UNICAMP, 1997. p.10.

17. Idem, ibidem. p. 11.

18. CARVALHO, M.M.M.J. de. Suicídio – A Morte de Si Próprio. In: *Vida e Morte: Laços de Existência*. São Paulo: Casa do Psicólogo, 1996. p. 79-84.

19. RAPELI, C.B. Op. cit. p. 12.

20. DURKHEIM, E. Op. cit. p. 61.

21. RAPELI, C.B. Op. cit. p.14.

22. CASSORLA, R.M.S. *Jovens que Tentam Suicídio*. Tese de Doutorado. Faculdade de Ciências Médicas. São Paulo, Campinas, UNICAMP, 1981. p. 6.

23. DURKHEIM, E. Op. cit. p. 11.

24. Idem, ibidem.

25. CASSORLA, R.M.S. 1991. Op. cit. p. 172-176.

26. WORLD HEALTH ORGANIZATION. Clinical Descriptions and Diagnostic Guidelines. The ICD 10 Classification of Mental and Behavioural Disorders, WHO. Genebra, 1992.

27. RAPELI, C.B. Op. cit. p. 17-18.

28. WORLD HEALTH ORGANIZATION. Op. cit.

29. RAPELI, C.B. Op. cit. p. 18-19.

30. BOTEGA, J.N. et al. Transtornos do humor em enfermaria de clínica médica de validação de escala de medida (HAD) de ansiedade e depressão. São Paulo: *Revista de Saúde Pública*, 1995. p. 355.

31. DIEKSTRA, R.F.W. The Epidemiology of Suicide and Parasuicide. *Acta Psychiatrica Scandinavica*. Suppl. 371, 1993. p. 9-20.

32. RAPELI, C.B. Op. cit. p. 20.

33. DIEKSTRA, R.F.W. Op. cit. p. 9-20.

34. Idem, ibidem.

35. Idem, ibidem.

36. DIEKSTRA, R.F.W. & GULBINAT, W. *The epidemiology of suicidal behavior: a review of three continents*. Rapp. Trimestr. Statis. Sanit. Mond., 46, 1993. p. 52-68.

37. RAPELI, C.B. Op. cit. p. 22-26.

38. DIEKSTRA, R.F.W. & GULBINAT, W. Op. cit. p. 52-68.

39. RAPELI, C.B. Op. cit. p. 22-26.

40. Idem, ibidem.

90 PSICOSSEMIÓTICA NA CONSTRUÇÃO DA IDENTIDADE INFANTIL

41. MS/FNS/SIO – Ministério da Saúde, Fundação Nacional de Saúde e Sistema de Informações de Óbitos, 1991.

42. RAPELI, C.B. Op. cit. p. 22-26.

43. CARVALHO, M.M.M.J. de. Op. cit. p. 83.

44. RAPELI, C.B. Op. cit. p. 27-29.

45. BRENT, D.A. & KOLKO, D.J. The assessment and treatment of children and adolescents at risk for suicide. In: *Suicide over life cycle* (Blumenthal S.J. & Kupfer D.J.) ed., Washington: APA Press, 1990. p. 253-302.

46. Idem, ibidem. p. 83.

47. CASSORLA, R.M.S. Comportamentos Suicidas na Infância e na Adolescência. In: *Do Suicídio*. Estudos Brasileiros, CASSORLA, R.M. (Org.). São Paulo, Campinas: Papirus, 1991. p. 61-87.

48. DURKHEIM. E. Op. cit. p. 14-22.

49. CASSORLA, R.M.S. 1981. Op. cit. p. 177.

50. SCHIMIDTKE, A. et al. Imitation of Suicidal Behavior: A Crosscultural Study. In: *Anais do World Congress of the World Federation for Mental Health*. Lahiti, Finlândia, 1997. p. 242.

51. DURKHEIM, E. Op. cit. p. 157-275.

52. CASSORLA, R.M.S. O impacto do suicídio no médico e na equipe de saúde. *JBM*, 56 (3), 1989. p. 84-89.

53. FREUD, S. Psicopatologia de la Vida Cotidiana: Torpezas e Actos Erroneos. In: *Obras Completas*, vol. I, Madrid: Editorial Biblioteca Nueva, 1901-1967. p. 721-722.

54. FREUD, S. La Aflicción y la Melancolia. In: *Obras Completas*, vol. I, Madrid: Editorial Biblioteca Nueva, 1917-1967. p. 1.075-1.082.

55. FREUD, S. Mas Alla del Princípio del Placer. In: *Obras Completas*, vol. I, Madrid: Editorial Biblioteca Nueva, 1920-1967. p. 1.097-1.125.

56. A pulsão de morte que se contrapõe à pulsão de vida tende à autodestruição e seria secundariamente dirigida para o exterior, manifestando-se, então, sob a forma de pulsão agressiva ou destrutiva. Além disso, tende à redução das tensões e recondução do ser vivo ao estado anorgânico. A pulsão de vida, por sua vez, abrange as pulsões sexuais e de autoconservação (LAPLANCHE, J. e PONTALIS, J.B. *Vocabulário de Psicanálise*. São Paulo: Livraria Martins Fontes Editora, 1983. p. 528-529).

57. KLEIN, M. Uma contribuição à Psicogênese dos Estados Maníaco-Depressivo. In: *Amor, Culpa, Reparação e Outros Trabalhos*. São Paulo: Imago, 1935. p. 304-329.

58. CASSORLA, R.M.S. 1981. Op. cit. p. 172-182.

59. Idem, ibidem.

60. HEDIM, H. The psychodynamics of suicide. In: *International Review of Psychiatry*, 4, 1992. p. 157-167.

61. KNOBEL, M. Sobre a Morte, o Morrer e o Suicídio. In:CASSORLA, R.M.S. (Org.). *Do Suicídio*. São Paulo: Papirus, 1991. p. 27-38.

62. Idem, ibidem.

63. KNOBEL, M. The Psychodynamics of Suicide. In: *International Review of Psychiatry*, 4, 1997. p. 156-167.

64. VANN PRAAG, H. Biological suicide research: outcome and limitations. *Biological Psychiatry*, 21, 1986. p. 1.305-1.323.

65. BANKI, C.M.M. et al. Biochemical markers in suicidal patients: Investigations with cerebrospinal fluid amine metabolites and neuroendocrine testes. *Journal of Affective Disorders*, 6, 1984. p. 342-350.

66. RAPELI, C.B. Op. cit. p. 36-37.

67. ROY, A. Are There Genetic Factors in Suicide. In: *International Review of Psychiatry*, 4, 1992. p. 169-175.

68. KALINA, E. e KOVADLOFF, S. *As cerimônias da destruição*. Rio de Janeiro: Francisco Alves, 1983. p.36.

69. CARVALHO, M.M.M.J. de. Op. cit. p. 80.

70. DIAS, L.M. O suicida e suas mensagens de adeus. In:CASSORLA, R.M.S. (Org.) *Do suicídio*. São Paulo, Campinas: Papirus, 1991. p. 17.

71. ABERASTURY, A. et al. *Adolescência*. Porto Alegre, RS: Artes Médicas, 1988. p. 25-26.

72. Apud MIOTO, R.C.T. *Famílias de Jovens que Tentam Suicídio*. Tese de Doutorado. Faculdade de Ciências Médicas. São Paulo, UNICAMP, 1994.p. 39-40.

73. Idem, ibidem. p. 43-49.

74. Idem, ibidem.

75. Idem, ibidem.

76. CASTELLAN, Y. Dix Années d'Études Nordamérican sur le Suicide. In: *Bulletin de Psychologie*, Tome XLIV, nº 401, 1991. p. 297-306.

77. TOUSIGANAT, M. Dimensions Culturelles du Suicide chez les Jeunes. In: *Bulletin de Psychologie*, Tome XLIV, nº 401, 1991. p. 351-360.

78. CASTELLAN, Y. Op. cit. p. 43-49.

79. MIOTO, R.C.T. Op. cit. p. 39-40.

80. CASSORLA, R.M.S. Jovens que Tentam Suicídio: Características Demográficas e sociais. In: Jornal Brasileiro de Psiquiatria, 33 (1), 1984a. p. 3-12.

81. BRUHN, J.G. Comparative Study of Attempted Suicides and Psychiatric out Patientes. In: BRJ. Prev. Soc. Med. 17, 1963. p. 197-201.

82. GREEN, S. et al. Attempted Suicide from Intact and Broken Parental Homes. In: Brit. Med. J., 1966. p. 1.355-1.357.

83. GISPERT, M. et al. Suicidal Adolescents: Factors in Evaluation. In: Adolescent, 20 (80), 1985. p. 753-762.

84. CASSORLA, R.M.S. Características das Famílias de Jovens que Tentam Suicídio em Campinas, Brasil: um Estudo Comparativo com Jovens Normais e Psiquiátricos. In: Acta Psiq. Am. Lat. 301, 1984b. p. 125-134.

85. Idem, ibidem.

86. Idem, ibidem.

87. WASSERMAN, D. Suicidal Comunication of Persons Attempting Suicide and Responses of Significants Others. In: Acta Psychiatric Scand. 73, 1986. p. 481-499.

88. PFEFFER, C.R. Suicidal Behavior of Children: A Review with Implications for Research and Pratice. In: Am. J. Psychiatry, 138, 1981. p. 21.

89. Apud MIOTO, R.C.T. Op. cit. p. 52-53.

90. CASTELLAN, Y. Op. cit. p. 297-306.

91. MIOTO, R.C.T. Op. cit. p. 151-154.

92. Idem, ibidem.

93. Idem, ibidem.

94. Idem, ibidem. p. 153.

95. Idem, ibidem. p. 154.

96. BRAND, A. Op. cit. p. 260-261.

97. FREUD, S. 1920-1967. Op. cit. p. 1.097-1.125.

98. "Os conteúdos do inconsciente coletivo jamais estiveram na inconsciência e refletem processos arquetípicos. Tanto quanto o inconsciente é um conceito psicológico, seus conteúdos, como um todo, são de natureza psicológica, não importa que conexão suas raízes possam ter com o instinto. Imagens, símbolos e fantasias podem ser designados como a linguagem do inconsciente. O inconsciente coletivo opera independentemente do EGO por causa de sua origem na estrutura herdada do CÉREBRO. Suas manifestações aparecem na CULTURA como motivos universais que possuem grau de atração próprio." ANDREW, S.;

SHORTER, B. e PLAUT, F. *Dicionário Crítico de Análise Junguiana*. Rio de Janeiro: Imago, 1988. p. 104-105.

99. BRAND, A. Op. cit. p. 160-161.

100. Idem, ibidem.

101. SCHADEN, E. *Aspectos Fundamentais da Cultura Guarani*. São Paulo: Editora da Universidade de São Paulo, 1974. p.125.

102. Idem, ibidem.

103. LEVCOVITZ, S. 1998. Op. cit. p. 84-85.

104. Idem, ibidem.

105. **Tekohá** — Entre os Guarani, a terra é o lugar de morada, denominada tekohá — espaço físico-político-simbólico, que remonta a mais um ato criativo dos deuses. Lugar estruturante e suporte de sua organização social; nele, o Guarani concretiza seu modo de ser. É nessa ambiência que ele realiza o diálogo com as divindades para que seu tekohá não venha a se transformar em um tekohá vaí (ambiente mau). O tekohá, sistema fundante da vida Guarani, apresenta flexibilidade para absorver novos valores desde que estes não agridam seus elementos básicos. É aí também que se efetivam as atividades socioeconômicas e políticas, e no qual circulam crenças, valores e normas (PEREIRA, M.A.C. *Uma Rebelião Cultural Silenciosa*. Brasília: FUNAI, 1995. p. 22).

106. LEYCOVITZ, S. *Kandire: O Paraíso Terreal*. Vol. I e II. Tese de Doutorado. Instituto de Psiquiatria, Universidade Federal do Rio de Janeiro, 1994. p. 256-263.

107. Idem, ibidem. p. 262.

108. WICKER, R.H. Op. cit. p. 13-39.

109. BRAND, A. Op. cit. p. 267.

110. Idem, ibidem.

111. Idem, ibidem. p. 263.

112. Idem, ibidem., p. 267-268.

113. Idem, ibidem. p. 269.

114. Idem, ibidem. p. 264.

4

Os Tupi-Guarani no Brasil

Para entendermos a construção da identidade infantil Guarani/Kaiowá, é essencial rever aspectos históricos e culturais dessa nação indígena. Torna-se importante informar que pesquisadores mais antigos, como Schaden, ou mais atuais, como Viveiros de Castro, Levcovitz ou Combés, estudaram diferentes grupos pertencentes à grande nação Guarani e que são, eventualmente, citados nesta breve revisão, em uma tentativa de reunir informações relevantes para nosso estudo.

No século XII, quando os primeiros colonizadores chegaram ao litoral do Brasil, os Tupi-Guarani ocupavam grandes extensões do território sul-americano. Os Tupi[1] dominavam parte da Bacia Amazônica, incluindo os afluentes da margem direita, grande extensão do litoral atlântico, enquanto os Guarani ocupavam o litoral mais ao sul, estendendo seus domínios para o interior, até os rios Paraná, Uruguai e Paraguai.

Seu território era limitado ao norte, pelo rio Tietê, sendo encontrados Guarani junto à fronteira do Império Inca. De acordo com Meliá[2], terras adequadas para o cultivo da mandioca, do milho, diferentes tipos de feijão, batata e amendoim.

Esta foi uma das regiões de maior densidade demográfica do Brasil indígena. Aí os jesuítas conseguiram juntar a maior parte dos índios que povoaram suas célebres missões do Paraguai. Graças a uma organização econômica coletivista, elevaram essas tribos Guarani a um nível de desenvolvimento material e de domínio de técnicas européias jamais alcançado depois.

Constituíram, também, verdadeiros fornecedores de escravos, primeiro para os bandeirantes paulistas, que, segundo cálculos não muito precisos dos jesuítas, mataram e escravizaram mais de 300 mil índios missioneiros; depois para os fazendeiros paraguaios, que, com a expulsão da Companhia de Jesus, tomaram as missões, tirando a terra dos índios e levandoos à degradação.

Com o fim das missões jesuíticas, uma parte das tribos Guarani, que as povoavam, juntou-se à população rural do Paraguai e constituiu os Guarani modernos. Outra parte fugiu para as matas, reunindo-se aos grupos que se tinham mantido independentes, voltando a viver a antiga vida de lavradores e caçadores. Estes são os Kaiowá, Guarani primitivos e contemporâneos.

Esses Guarani primitivos viram-se envolvidos pelas tropas, em lutas durante a Guerra do Paraguai, e tiveram, então, os primeiros contatos maciços com brasileiros.

Cessadas as hostilidades, a região foi evacuada e eles puderam continuar uma vida independente, em suas matas.

A ocupação econômica da região começou pelos campos marginais, onde viviam outras tribos, como os Ofaié, não atingindo os Guarani, porque estes estavam nas matas que não interessavam aos criadores. Atrás deles, porém, vieram os extratores de erva-mate, que crescia nativa naquelas matas. Em poucos anos, toda a região foi devassada, os ervais eram descobertos e postos em exploração e os índios eram engajados nesse trabalho.

A exploração dos ervais de Mato Grosso foi realizada, principalmente, por paraguaios que, falando também o Guarani, mais facilmente puderam recrutar os índios para o trabalho, ensinando-lhes as técnicas de extração e o preparo da erva, e acostumando-os ao uso de ferramentas, panos, aguardente, sal e outros artigos, cujo fornecimento posterior era condicionado à sua integração como mão-de-obra na economia ervateira.

Nos últimos anos, o número de famílias das reservas tem aumentado rapidamente, tornando ainda mais precárias as condições de sobrevivência destas. Além disso, várias tentativas de intervenção, nessa realidade, têm sido desenvolvidas, buscando um incremento da produção econômica, sem, no entanto, conseguir obter sucesso nem modificar o quadro de fome, miséria, falta de moradia e saneamento básico adequados, com sua conseqüente desagregação social. Essa situação está ligada à perda de grande parte de suas terras, ao excesso de população na maioria das reservas e ao contínuo processo de degradação dos recursos naturais. Muito se perdeu da vegetação nativa e, com ela, perdeu-se também a fonte de alimentos para a caça e a pesca, as plantas medicinais, os frutos e demais alimentos de coleta.

Com a deterioração do meio ambiente, a produção interna de alimentos que cada família consegue obter vem diminuindo ano a ano. Hoje, quase não se verifica excedentes comercializáveis, que propiciem renda para a compra de bens de consumo e serviços na cidade.

Por essa razão, grande parte dos homens trabalha nas usinas e destilarias de álcool, por meio de contratos de duração de 40 a 50 dias, durante os meses de maio a novembro, período que coincide com a época de preparo do solo e plantio das principais lavouras de verão. As mulheres e crianças, que permanecem nas reservas, assumem, por isso, grande parte do trabalho de suas roças. Além disso, eventualmente, saem para trabalhar em fazendas vizinhas, como é o caso da empreita para a colheita de feijão.

Brand[3] apontou para a deterioração das condições de vida e a necessidade de urgentes investimentos em recursos financeiros e humanos no campo do saneamento básico, da educação, da produção agrícola e da recuperação ambiental. Alertou para o fato de que "*a complexidade sociocultural verificada dentro das Reservas Guarani exige, ainda, que diversas iniciativas de apoio externo estejam firmemente ancoradas em sua história e cosmovisão*"[4].

À medida que a quantidade de alimentos coletados ou produzidos diminuía, a dependência em relação à sociedade envolvente foi-se intensificando. Esse contato contribuiu para o agravamento da dissolução da cultura indígena, influenciando as condições de sobrevivência das populações. A invasão cultural de várias igrejas e seitas, induzindo suas religiões aos índios, fez com que as famílias deixassem de lado suas rezas, crenças e benzedura.

O alcoolismo, a exemplo de outras etnias, reflete o estado atual dessa população e contribui para o agravamento dos problemas, fornecendo motivação substitutiva a objetivos sociais pela cultura, cuja realização se inviabilizou devido às transformações oriundas dos contatos com a sociedade nacional.

Os Tupi-Guarani apresentam uma enorme flexibilidade sociológica, indiferenciação interna associada a um complexo de relações individualizadas com o mundo espiritual, ao contrário de outras sociedades, como as Gê-Bororo. Essa posição estratégica para a construção da pessoa gera aquilo que foi chamado por Viveiros de Castro[5] de "*individualismo*".

Nesse contexto, a sociedade seria nada mais que o resultado agregado de relações individualmente negociadas. Dessa forma, relações sociais e individuais permanecem na mesma ordem de complexidade.

Alguns povos Tupi-Guarani, muitos dos quais não sobreviveram até nossos dias, como os Tupinambás, que viviam no litoral, na época da conquista, acreditavam na existência de uma "*Terra Sem Mal*", um lugar onde os homens eram imortais, o milho crescia sozinho, sem necessidade de cultivo, e as flechas atingiam por si próprias os animais na floresta. Esse paraíso era situado, geralmente, na direção do sol nascente e menos freqüentemente no "*centro-do-mundo*".

Segundo Meliá[6] a "*Terra Sem Mal*" é um elemento essencial na construção do modo de ser do Guarani, afirmando: "*a busca da Terra Sem Mal é — pelo menos no estado em que estão nossos conhecimentos — o motivo fundamental e a razão suficiente da migração Guarani. E nesta se insere a especificidade da economia das tribos*".

Para ele, "*a vida Guarani nunca se liberta nem abstrai da questão da terra*", afirmando, porém, que a terra não é um dado fixo e imutável, que nasce, vive e morre com os Guarani, que, após trabalhá-la, dela se desprendem em ciclos que não envolvem apenas aspectos econômicos, mas também religiosos e socioculturais, lugar sempre ameaçado pelo desequilíbrio, entre a fartura e a carência.

Brochado[7] informou que a terra adaptada aos Guarani lhes impõe condições e determina variações em seu modo concreto de viver. Assim, ocorrem variações nos padrões de povoamento, na dimensão de suas aldeias e na densidade de sua demografia, se há predomínio de milho ou se depende mais da mandioca; se os cultivos permitem grandes excedentes para a festa ou se limitam a quantidades menores para o consumo familiar.

Os Guarani, no entanto, não se deixam determinar inteiramente pelo ambiente, pois eles buscam sua terra, da qual têm conhecimentos experimentais consideráveis, escolhendo ambientes mais adequados, determinadas paisagens, com preferência por determinadas formações vegetais, nos quais podem assentar-se e cultivar.

Meliá argumentou que o Guarani conhece sua terra. A riqueza da sua língua designa os diversos tipos de terra e solos, de mata, de espécies vegetais e as características ecológicas de um lugar, o que é um bom indicador de seus conhecimentos de agricultura e da ocupação da terra.

O autor relatou ainda que *"existiu desde os tempos mais antigos uma agricultura — até poderíamos dizer uma agronomia — que o colono europeu acaba por ter de pedir emprestada do Guarani, como a mais adequada e a própria para essa terra. A agricultura de caráter Guarani foi a mais praticada pelos colonos dessas regiões com bons resultados, ainda quando a distorção do sistema econômico introduzido tende a desequilibrar as correlações ecológicas que o Guarani soube geralmente manter com a criatividade e dinamismo, emigrando inclusive, se fosse necessário. O Guarani não deixa desertos atrás de si"*[8].

A terra para o Guarani não é um simples meio de produção econômica. Sua terra identifica-se com o *tekohá*. *Teko* é, segundo o significado que lhe dá Montoya[9], *"modo de ser, modo de estar, sistema, lei, cultura, comportamento, hábito, condição, costume..."*.

O *tekohá* é o lugar onde se dão as condições de possibilidade do modo de ser Guarani. A terra, concebida como *tekohá* é, antes de tudo, um espaço sociopolítico. *"O **tekohá** significa e produz ao mesmo tempo relações econômicas, relações sociais e organização político-religiosa essenciais para a vida Guarani... Ainda que pareça um paralogismo temos que admitir, juntamente com os próprios dirigentes Guarani, que sem **tekohá** não há **teko**"*, ou seja, um lugar onde vivem seus costumes, uma inter-relação de espaços físico-sociais. O Guarani vê a terra como possibilidade de coleta, caça e, principalmente, para agricultura.

> *"Entre os Guarani a terra é o lugar de morada, denominada **tekohá**, espaço físico-político-simbólico, que remonta a mais um ato criativo dos deuses. Lugar estruturante e suporte de sua organização social; nele, o Guarani concretiza seu modo de ser. É nessa ambiência que ele realiza o diálogo com as divindades para que seu **tekohá** não venha a se transformar em um tekohá vaí (ambiente mal). O **tekohá**, sistema fundante da vida Guarani, representa flexibilidade para absorver novos valores desde que estes não agridam seus elementos básicos. É aí também que se efetivam as atividades socioeconômicas e políticas, e onde circulam crenças, valores e normas"*[10].

O *tekohá* para o Guarani é onde não há espaçamento vazio, estéril, nem no presente, nem no passado. Afigura-se como um espaço legítimo para a realização dos rituais, dos cantos e das danças, liturgias que produzem a cosmogonia na vida Guarani, sendo, portanto, reflexo de significados. O que acontece fora dele, não há vida Guarani.

Pereira[11] afirmou que *"para além do **tekohá**, há um lugar da imortalidade, a chamada Terra Sem Mal, **yvy marã ey**, espaço onde a condição humana é abandonada, para que no homem possa realizar-se a condição de um deus. Espaço que transcede a um modo geográfico, situando-se em um mundo figurado, fenomênico ecológico"*.

A autora concluiu, no seu trabalho, "*que todos os fatores relacionados ao suicídio se inscrevem no quadro de debilitamento dos tekohá, lugar de morada e elemento fundante da cultura Guarani*"[12].

Meliá[13], em "Informe de um jesuíta anônimo", de 1620, esclareceu sobre a estrutura fundamental do tekohá Guarani e o jogo de seus espaços: "*Seja o monte preservado e apenas recorrido como lugar de pesca e de caça, seja o monte cultivado e seja a casa, muito bem definida como espaço social e político. São estes três espaços, simultaneamente, os que definirão a bondade da terra Guarani*".

A terra vem, então, classificada por variedade de solo, tipos de vegetação e acidentes geográficos.

A terra, para eles, também é a um espaço habitável, um povoado e uma casa, nos quais se concentra sua vida social e política, convertendo-se esta em plenamente humana, quando há uma casa e um pátio.

Todos esses aspectos da terra, nos quais a economia e sociedade se mostram indissoluvelmente relacionadas, são, também, objeto de símbolos religiosos, reflexo de experiência religiosa[14].

O pensamento religioso e mítico Guarani refere-se ao desdobrar-se da terra e à sua extensão continuada, o que supõe caminhar por ela, buscar novos horizontes[15].

"*Contudo, se há uma concepção de terra perfeita, há também uma consciência aguda da instabilidade desta terra. A terra está sustentada sobre um ponto de apoio que a qualquer momento pode cambalear-se e cair. Fragilidade e instabilidade ameaçam continuamente o universo Guarani. A destruição está sempre no horizonte. Haveria uma explicação 'natural' desta ameaça cósmica; são simplesmente os fenômenos cataclísmicos de toda ordem; inundações, secas, ventos muito fortes. As grandes águas do dilúvio e a grande queimação são os temas obsessivos da mitologia Guarani. À prática ritual costuma impor-se o dever, mediante o* **ñmbo'e**

— oração cantada e dançada — de assegurar firme-mente o sustentáculo do mundo."[16]

O roçado, que obriga a deixar as terras cansadas e buscar outras novas, leva à rotação de cultivos em áreas sucessivas, que pode ter sido uma das razões principais, sob o ponto de vista econômico, para os deslocamentos e as migrações.

A rotação de cultivos, por muitas décadas e inclusive séculos, segundo Meliá[17], em áreas amplas, porém, não necessariamente longínquas, indicam que dificilmente vem sendo provocada somente pelo desgaste das terras. *"A consciência da deterioração, do cansaço e da enfermidade da terra não se reduz a uma constatação econômica. A arqueologia não permite por ora descobrir qual haja podido ser o grau de mitologização com que antigamente se tenham vivido os problemas da terra."*

Meliá[18] informou que *"existem razões para pensar que o mal da terra foi uma percepção anterior à penetração colonial, sendo que o grande dilúvio, aparece na moderna etnografia, de acordo com Nimuendaju e registrado por Montoya, em 1639, como elemento importante dos 'ritos' da religião Guárani".*

Existe a hipótese de que a estrutura religiosa Guarani, que toma o caminhar como experiência fundamental do mito dos gêmeos[19], se origina dos tempos mais antigos e se identifica com a formação da própria cultura Guarani, dentro do complexo Tupi. A migração, ainda segundo o autor, é sempre dialética da carência e plenitude.

Assim, o xamanismo Guarani é, em sua essência, a consciência possuída pelo divino, palavra de um modo de ser bom, que se vive plenamente na festa religiosa e no comunitário. A festa religiosa, segundo Meliá, só é possível enquanto estiver atuando em uma economia de reciprocidade.

*"Há que insistir nesta dimensão positiva para não fazer do povo Guarani um eterno fugitivo, pessimista e desgraçado. Os xamãs e os dirigentes Guarani são antes de tudo **ñande ru** — nossos pais —, **oporaíva** — cantores —, **yvyra'ijara** — donos dos bastões rituais —,*

tsapyso — *videntes, médicos..., aspectos de uma realidade que os mostram como os homens da comunidade e os intérpretes da identidade.*"[20]

O *xamã-pai* é uma figura típica dos líderes político-religiosos entre os Guarani atuais. Viveiros de Castro relatou que, entre os Araweté, a liderança aparece associada ao lugar do *xamã*; entre os Wayãpi, o caráter permanente da função *xamã*, contra a vigência ocasional do chefe de guerra, que a colocaria como base da liderança da aldeia.

Finalmente, para os Tapirapé, a posição do *xamã* aparece como um dos fatores determinantes da consolidação da chefia do grupo doméstico. Segundo Charles Wanderley, citado por Viveiros de Castro, um grupo *xamã* poderoso, portanto, um feiticeiro em potencial, procura ter um grupo doméstico forte, que o proteja.

De acordo com Meliá[21], ao que tudo indica, a personalidade do Guarani constrói-se sobre o ideal do *xamã* e não sobre o do guerreiro. Assim, "*o herói mítico da tradição tribal, que representa a concepção do tipo ideal em sua totalidade, não seria um grande guerreiro, mas um grande pajé, de poderes excepcionais. A sociedade é antes de tudo uma sociedade paternal e xamânica, da qual a macrofamília patrilinear é a unidade mais característica*"[22].

A comunidade Guarani organiza-se junto ao pai, que promove as condições da reciprocidade generalizada. A busca da *Terra Sem Mal* não é, senão, um elemento, entre outros, de um sistema de reciprocidade, ameaçado de múltiplas formas, porém sempre procurado como definição essencial. Meliá[23] relatou "*a própria busca da Terra Sem Mal manifesta diversas formas, desde a migração real até o 'caminho espiritual', celebrando ritualmente e praticado asceticamente. Em todas essas formas, sem embargo, há inerente um xamantismo, já que a percepção do mal não é uma mera constatação técnica, senão um discernimento no qual entram em consideração tanto fatores ecológicos como tensões e perturbações sociais e inquietudes religiosas. (...) Na comunidade surge, às vezes, por vicissitudes históricas muito concretas — que vão desde cataclismas e fenômenos ecológicos adversos até pertur-*

bações sociais —, *uma consciência aguda dos males que afetam o bom modo de ser.* O **pai-xamã** *costuma ser o intérprete.* O **mba'** e **meguã,** '*a coisa má*', *estão rondando o lugar como jaguar de múltiplas formas, buscando alguém para devorar. A busca da Terra Sem Mal se reveste de muitas modalidades, porque no fundo não é a migração em si que caracteriza os Guarani, mas sim o modo peculiar de viver a economia de reciprocidade*"[24].

Sendo assim, procurar outra terra ou fundar outra casa pode ser uma solução, mas não é a única. Desde o ponto de vista histórico e etnográfico, são raras as migrações de consideração realizadas pelos Guarani, realmente documentadas, segundo Meliá.

As mais importantes migrações são as que tiveram lugar rumo à Cordilheira e outras regiões da atual Bolívia, dando origem à nação chiriguana, que continuaram nos tempos dos primeiros conquistadores espanhóis. Estiveram marcadas por uma violência guerreira e elevado número de vítimas consumidas em típicos festins antropofágicos. A antropofagia é um fenômeno muito importante para entender os Guarani, em sua complexa identidade social e cultural.

Meliá[25] informou, ainda, que as outras migrações são as que Nimuendaju "descobriu", sobre as quais ouvia os Guarani falar com quem convivia e, em uma delas, ele mesmo participou. Estas estão marcadas por um acentuado misticismo e têm, na dança que as acompanha, seu símbolo ritual. A descrição que Nimuendaju fez dessas formas de "*busca da Terra Sem Mal*" é simplesmente antológica e **transformou-se em referência** obrigatória, em relação ao tema. O autor afirmou, citando ainda Nimuendaju, que "*tais considerações me levaram à suposição de que a mola propulsora para as migrações dos Tupi-Guarani não foi sua força de expansão bélica; é possível que o motivo tenha sido outro, provavelmente religioso; sua habilidade guerreira apenas lhes possibilitou realizar, até certo ponto, os seus planos*".

Levcovitz[26] comentou sobre a crescimento da velha tendência dos povos Tupi-Guarani de expressarem o desespero por meio de manifestações religiosas, de movimentos migratórios com fundamentos míticos. É a busca da "*Terra Sem Mal*".

Grupos Guarani voltaram a se deslocar de seu território, em grandes levas, como vinham fazendo desde o princípio do século passado, rumo ao litoral atlântico. São liderados pelos pajés que, baseados nos relatos míticos, prevêem o fim do mundo e prometem salvar seu povo, levando-o em vida a um paraíso extraterreno. A conversão ocorre aqui, ainda de acordo com o autor, como uma tentativa de trânsito da consciência de "*índios civilizados*" para a consciência de participantes, na qualidade de brasileiros comuns. É um fenômeno da mesma natureza da exacerbação mística dos índios Guarani e da reação contra-aculturativa dos Bororo. A diferença está no fato de que, no segundo caso, o retorno às tradições tribais, ainda, é viável por seu relativo isolamento.

4.1 O Complexo Guerreiro-Antropofágico

O predomínio da religião sobre todas as demais esferas da vida social, já observado entre os Guarani, é válido para todo o grupo lingüístico. Parece que o Tupi-Guarani tem seu referencial na esfera cosmológica.

Tendo em vista a complexidade do tema, torna-se importante apresentar como Viveiros de Castro descreve a elaboração do domínio celeste e da oposição Céu/Terra, com seu próprio relato:

"Na cultura Guarani/Kaiowá, a oposição pertinente parece ser entre os domínios celestes — ou o céu, apenas, morada dos deuses — e a mata, com a esfera humana (aldeia) ocupando uma posição intermediária. Por outro lado, o eixo Leste-Oeste mantém seu valor simbólico. A destruição do mundo começará pelo Oeste — e é por isso que as migrações Apapocuva seguiam em direção ao oriente (Nimuendaju, 1978: 87-8). E sabemos como a 'Terra Sem Ml' era localizada, ora no Leste, ora no céu, no zênite (Schaden, 1962:

162): *para atingi-la é preciso tornar-se leve pela dança, e ascender. Ir para o Leste ou subir: centro da terra, ou paraíso. (...) A concepção de um universo folheado não é exclusiva dos Tupi-Guarani. Outras culturas sul-americanas apresentam mesmo maior complexidade na segmentação vertical do edifício cósmico.* Mas dados que resumimos nesta seção e na anterior permitem que se façam algumas proposições gerais, que nos caberá explorar em seguida:

1. *Eixo vertical é a dimensão dominante da 'proto-cosmologia' Tupi-Guarani. A separação deuses/homens, cosmologicamente fundante, implica, em sua forma forte, a diferenciação do universo em camadas.*

2. *A elaboração mais completa desse eixo consiste na idéia de um mundo inferior, a camada terrestre dos humanos, e dois mundos celestes (ou vários, mas sem precisão sobre sua natureza de camadas superpostas).*

3. *A oposição Céu/Terra é a forma canônica de vigência dessa polaridade vertical. O mundo inferior é pouco claramente marcado; ele é com freqüência projetado em um sistema horizontal de oposições cosmológicas. E o segundo patamar celeste parece redundante nisso, seria uma espécie de simétrico do mundo inferior, uma 'moldura' lógico-estética para o par central, Céu/Terra.*

4. *A posição celeste ou alta está associada às divindades, 'heróis culturais' e à parte imortal da alma humana.*

5. *Mas o peso efetivo da oposição Céu/Terra é variável nas culturas Tupi-Guarani. Ele será tanto maior quanto maior for a presença atual dos deuses e almas divinizadas dos mortos na vida social e ritual.*

6. *A oposição Céu/Terra pode, conseqüentemente, se transformar em, ou compor com, sistemas horizontais de oposição, notadamente:* **aldeia/mata, floresta/águas;** *ou sistemas mais complexos* **(aldeia/roça/mata).**

7. *Nos casos de translação horizontal do eixo Céu/Terra, ele corresponde à oposição Leste/Oeste. Ainda aqui, a*

vigência de uma cosmologia 'horizontal' torna a relação do mundo humano com a animalidade — mestres ou espíritos de animais — mais importante que a relação dos homens com os deuses 'humanos' ou celestes.

8. *Mundo subterrâneo está, em geral, associado à parcela terrestre da parte humana, e, quando transportado para o eixo horizontal, corresponderá a valores pré ou anti-sociais:* **animalidade floresta, em oposição à humanidade e à vida aldeã.**

9. *As cosmografias Tupi-Guarani são função da cosmologia, e esta depende essencialmente do lugar da morte e dos mortos.*

10. *A estrutura da cosmologia Tupi-Guarani opera com três termos e domínios: (a) Deuses, almas divinizadas, Céu; (b) Humanos (viventes), Terra/aldeia; (c) Espectro dos mortos,* **Animais, Mata/mundo subterrâneo.** *Este sistema corresponde a domínios metafísicos que poderíamos definir, provisoriamente, como 'Sobrenatureza', 'Sociedade' e 'Natureza', ou ainda, respectivamente, como pós — ou meta-cultural, e infra — ou retrocultural.*

11. *Essa estrutura é instável, temporal e logicamente"*[27].

Cabe ressaltar que, nessa elaboração do domínio celeste e da oposição Céu/Terra, os sistemas mais complexos, aldeia/roça/mata, são muito presentes em algumas produções infantis, conforme veremos nos estudos de caso.

Outro ponto importante refere-se aos valores pré e anti-sociais, que, segundo o autor, corresponderão ao mundo subterrâneo, associado à parcela terrestre da parte humana, animalidade e floresta, em oposição à humanidade e à vida aldeã.

Ainda em relação à cosmologia, as distinções cruciais no interior do domínio animal são essencialmente as mesmas que acontecem para outras categorias de seres. Os humanos, os espíritos da mata e da água são, ainda de acordo com a referida cosmologia, entes que sempre existiram, não foram criados, assim como certos animais.

Viveiros de Castro[28] exemplificou, citando o jaboti, que os Guarani dizem ser muito antigos como algumas espécies de peixes e insetos.

Afirmou, porém, que, para os Guarani, a maioria dos animais foi criada, em um sentido de colocar, por, presentificar. O autor explicou que a criação é uma *posição de ser*, estabelecendo uma distinção com fabricação, ou seja, elaboração de matéria-prima, na produção de objetos culturais, por exemplo. As plantas cultivadas remetem integralmente ao domínio humano. Elas são um *ex-humano-verdadeiro*, que as ofereceu aos homens e aos deuses. Referem-se, ainda, ao *senhor das coisas boas*, ou seja, o fogo, o milho, as plantas cultivadas. Outras árvores e espécies vegetais da mata estão associadas a certos espíritos, que são seus *donos*, que as plantam, assim como os seres humanos fazem com suas culturas de milho, mandioca, etc. Viveiros de Castro[29] deu exemplos como a bananeira-brava, o tucum, o açaí. E, finalmente, algumas espécies de árvores que teriam sido deixadas ou abandonadas na terra pelos deuses, quando subiram para o céu, como a castanheira, na qual pousam os passarinhos das *divindades*.

Os *ayaraetã*, extratores da alma, esvaziam, emagrecem e envelhecem, extraindo as almas do envelope corporal. Esse espírito tem a habilidade de extrair os filhotes das araras e dos periquitos dos ocos mais altos das árvores e, caso encontremos um desses seres, na floresta, durante uma expedição de coleta de mel, deve-se dar o produto a ele, ou ele nos mata[30].

Outro aspecto relevante da cultura Guarani, para nossas pesquisas, é o fato de que o universo é cortado por vários caminhos, mas há uma via principal, que segue o caminho do sol.

Segundo o autor, a presença do tema do abandono, da divisão do cosmo entre aquilo que *"foi"* e aquilo que *"ficou"* ou *"apenas existe"*, aquilo que foi abandonado, é recorrente. A raça humana é a mais notável, porque, apesar de ter ficado, seu destino é partir; os humanos, ao contrário do resto dos seres que existem ou estão na terra, são *"os que irão"*. Esta é, afinal, a marca da diferença do humano dentro do mundo: o tempo o constitui em sua essência. Os animais têm espírito e têm um *"princípio vital"*, mas não *"irão"*. Os da terra são da terra; os do céu, do céu. Só os humanos estão entre a terra e o céu, o passado e o futuro; só eles não *"morrem de verdade"*[31].

Viveiros de Castro[32] comparou diferentes culturas indígenas, indicando um predomínio da série cosmológica sobre a série sociológica, como paradigma de determinadas organizações sociais, em que o homem ocupa uma posição de vazio entre o natural e sobrenatural.

O autor analisou o triadismo dessas estruturas. O homem constitui-se em um *Devir Outro*, sendo, entre os Tupi-Guarani, este outro, encarnado na figura Jaguar-Deus-Inimigo[33], o ponto de fuga que literalmente organiza e constitui o social.

Essas sociedades são denominadas, por Viveiros de Castro[34], minimalistas e antidialéticas. Cabe ressaltar que encontramos grupos indígenas com uma mesma língua, à qual corresponde uma morfologia social, como é o caso dos Gê, ou uma única cultura, com diversas línguas diferentes, como é o caso do Alto Xingu.

O grupo Gê-Bororo, ao contrário do Tupi-Guarani, apresenta uma clara repartição do espaço público e privado, uma intrincada divisão social e um predomínio do rito e da instituição. Essas sociedades seriam especializadas e dialéticas, cristalizando normas de conduta e dependendo essencialmente dessas normas harmonizadas com os cosmos. Observamos, então, o predomínio da série sociológica sobre a série cosmológica, um domínio do institucionalizado.

Para o Tupi-Guarani, a relação com o outro confere consistência ao laço social, sendo o conflito e o mal situados necessariamente do lado de fora. Existe, portanto, uma carência de recursos institucionais para lidar com a diferença.

Mesmo que se leve em conta o complexo guerreiro-antropofágico institucionalizado nessas organizações sociais, esse recurso promove um perfil minimalista, que implica um jogo de parceria com o inimigo externo, o que instaura e garante as alianças sociais.

Tal a importância no passado, do complexo guerreiro-antropofágico Tupi-Guarani, que cabe aqui uma revisão de seu significado. De acordo com as crenças do Guarani, exocanibalismo é praticamente o único destino aceitável para os guerreiros, ou seja, ser morto em combate ou devorado pelo inimigo. Por isso, um guerreiro capturado não aceitaria de bom grado a fuga, sendo inconcebível morrer por doença e ser sepultado na terra. Apenas os guerreiros e aqueles que tinham executado muitos inimigos tinham uma boa morte, ou seja, tinham acesso ao mundo dos deuses mortos antepassados.

No caso dos mortos na aldeia, era costume colocar alimentos junto à sepultura, para que o corpo não fosse devorado por certos espíritos. A captura pelo inimigo, portanto, livraria o Guarani de um destino inominável: o apodrecimento do corpo e a devoração pelos espíritos *anhangá*.

O inimigo cativo não era morto imediatamente após a captura. Ele era usualmente entregue a uma viúva, após um ritual de renovação, com a lustração da sepultura e das armas do morto. Além da mulher do morto, ele recebia também seus objetos pessoais, incluindo as armas, estas últimas purificadas pela mão do cativo. Somente após esse rito, as armas eram repassadas aos parentes.

O guerreiro cativo recebia mulheres, gozava de certa liberdade e era alimentado pelo "dono", aquele que o capturou ou aquele para quem fora cedido, até sua execução. O período até a morte podia durar bastante tempo, até anos. O cativo era tido como uma espécie de animal de estimação, sendo, desde sua chegada, submetido à esfera feminina.

As mulheres sentiam-se honradas por serem entregues ao cativo. Os filhos nascidos dessas uniões, considerados também inimigos, doadores de nomes, eram destinados, portanto, ao ritual antropofágico. Como os Tupi-Guarani tinham uma teoria patrilinear da concepção, os filhos de inimigos eram também inimigos.

Cabe ressaltar que, pelo fato de não haver recursos institucionais corporativos, "*o complexo da guerra-devoração era o único foco de surgimento de identidade ao nível imaginário grupal"*[35]. A projeção de toda a diferença para além das fronteiras tinha então um caminho de volta no rito antropofágico. As aldeias acabavam-se aliando contra o inimigo comum.

Assim, no *Devir-Inimigo*, a sociedade adquiria vida. A aliança era garantida pela relação com os contrários, em nível intratribal e intertribal, promovendo a coesão nas *"gigantescas aldeias"*.

Os ritos antropofágicos fechavam um círculo eterno de vingança e criação da pessoa, uma vez que cada morte inimiga vingava ou anulava uma morte anterior e o único acesso à condição de adulto era pela execução de um inimigo. O homicídio fazia parte do rito de passagem e era a condição para um homem entrar no ciclo reprodutivo.

Levcovitz[36] afirmou que, se levarmos em conta o *status* de inimigo que o morto encarna nas sociedades Tupi-Guarani, poderemos compreender a interpretação do canibalismo fornecida por Florestan Fernandes, parcialmente compartilhada por Viveiros de Castro.

Para esse autor, a exigência de vingança surgiu de uma necessidade de aplacar a ira dos mortos da própria tribo, sendo que a vítima encarnava e substituía esse mesmo morto, tornado inimigo pela morte. É grande o pavor infundido pelos mortos entre os Tupi-Guarani, provocando movimentos de dispersão da tribo, reclusão noturna e mesmo o abandono da aldeia.

Uma forma tão peculiar de construção da identidade, como desses povos, leva-nos a questionar sobre a situação atual em relação ao problema, tendo em vista as mudanças diante das relações cada vez mais intensas e freqüentes com a sociedade nacional envolvente.

No passado, como ainda pode ser observado atualmente, a aldeia era um agregado, instável, sem composição fixa. Até hoje, um acirrado confronto pode levar à mudança de um grupo familiar extenso para outra reserva.

4.2 A Família

A casa grande, construção típica de numerosas tribos do grupo Guarani, possui uma base quadrangular; a cobertura desce até o chão, formando os frontões e a cumeeira, que não tem suporte. O feitio geral é o de uma canoa emborcada.

Segundo Schaden[37], as novas condições de vida, a que a tribo está sujeita há alguns decênios, provocam o fracionamento da família-grande e, concomitantemente, a substituição da casa grande por algumas cabanas do tipo caboclo, mais ou menos próximas umas das outras.

A família-grande, para Schaden, compreende o casal, as filhas casadas, os genros e a geração seguinte, uma unidade de produção e consumo. Como afirmava esse autor, *"...a família-grande era unidade econômica de produção e consumo propriamente dita"*.

Ao contrário das aldeias dos povos indígenas do Brasil Central, com suas casas geometricamente dispostas em círculos, em torno de um pátio cerimonial, a aldeia Araweté, grupo Guarani estudado por Viveiros de Castro[38], dá a impressão inicial de um caos, o que ilustra a organização do referido grupo, de um modo geral.

O que se destaca, na estrutura da aldeia Araweté, é seu pluricentrismo, ou seja, a ausência de um espaço comunal, cerimonial e centralmente situado. Para Viveiros de Castro, "A *aldeia parece um agregado de pequenas aldeias, 'bairros' de casas voltados para si mesmos"*[39].

O tipo da casa grande não está mais de acordo com as novas características de vida dos Kaiowá. A família elementar vai-se tornando cada vez mais uma unidade fundamental de produção e consumo.

A economia, deixando de ser auto-suficiente, obriga o homem a sair da aldeia e trabalhar nos ervais, a fim de ganhar o dinheiro de que precisa para obter tantas coisas consideradas indispensáveis e que somente a civilização lhe pode proporcionar. Pelo fato de cada adulto isoladamente ganhar o seu dinheiro, segundo os serviços que presta aos patrões, rompe-se a primitiva produção original.

No entanto, as atividades que se referem à produção de milho constituem, ou podem constituir, ensejo para cerimônias religiosas mormente entre os Kaiowá. Em suma, tudo o que diz respeito ao milho se associa ao mundo sobrenatural. Além do milho, a mandioca e o tabaco foram, ou ainda são, cultivados pelo Guarani. A tinta de urucum é sagrada para os Kaiowá.

As festas da chicha, bebida feita de milho e puxirão, espécie de mutirão para abrir a roça, para plantar ou construir uma casa, são práticas tradicionais entre os Kaiowá. Na festa da chicha, para a realização de algumas danças, a casa grande é mais adequada, pelas melhores condições.

Segundo estudos e observações de Schaden[40], a criança Guarani é notavelmente independente. O Guarani não acredita na conveniência e eficácia de métodos educativos, a não ser a título excepcional ou por via mágica. As crianças Guarani são tratadas como adultos e são mais francas e menos retraídas do que eles, quando em contato com estranhos, e, por isso, são poucos os brinquedos, que se reduzem à imitação de atividades dos adultos.

Em relação aos brinquedos infantis, Schaden[41] alertou para o fato de que a aculturação se faz sentir. A criança — talvez atraída pelo ideal que a civilização ocidental representa, parte consciente, parte inconscientemente, para o Guarani — começa a interessar-se pelos brinquedos que simbolizam o progresso técnico e o movimento, tal qual a nossa criança da cidade.

A criança Guarani já coloca o seu próprio espírito inventivo a serviço da satisfação de atividades lúdicas, outrora inexistentes na cultura da tribo, atividades que constituem inovação, no sentido de representarem não só o simples reflexo do mundo dos adultos, mas elementos da civilização.

O Guarani respeita a personalidade e a vontade individual infantil, não ocorrendo a repressão no processo educativo infantil. Assim, na infância, o Guarani, segundo Schaden[42], não aprende a se dominar e a contrariar as suas inclinações e o seu temperamento.

O adulto vive a queixar-se de tudo. Como não desenvolve a noção de arrependimento, tende a procurar sempre no outro, e nunca em si próprio, a causa de seus sofrimentos. Para o autor, essas características de personalidade agravam de certo modo os efeitos da desintegração cultural. Ainda de acordo com suas observações, as crianças eram continuamente cercadas de proteção e estímulos mágicos.

Para os Guarani, a alma já nasce com um potencial e qualidades e eles não se preocupam, por essa razão, com o desenvolvimento da natureza psíquica. Schaden[43] relata que os Ñandéva[44] *"não ensinam as rezas às crianças, porque, sendo individuais, são mandadas diretamente pelas divindades. Desde a mais tenra infância, cada Ñandéva participa das cerimônias da família e de toda a comunidade, aprendendo, assim, sem esforço, tudo o que faz parte do patrimônio grupal; ao mesmo tempo, fica aguardando que lhe seja enviada a sua própria reza, que receberá em sonho. O mesmo se dá entre os Mbüa, onde cada qual conhece, à força de ouvi-las sempre, as rezas de todos os companheiros".*

A base da organização social dos Guarani é a família-grande[45], a criança que cresce nessa família não aprende a fixar ou focalizar suas emoções ou expectativas de recompensa e punição, em poucas ou determinadas pessoas, pois muitos adultos as punem ou recompensam.

Schaden[46] atribuiu, a essas vivências infantis, a tendência à instabilidade nas relações amorosas e conjugais dos Guarani. *"Ele não conhece o amor romântico, borboleta nas relações amorosas e facilmente desmancha o casamento, deixando o filho com a mulher, para unir-se a outra, fato que, aliás, se agrava com a desorganização social."*

O autor identificou um tipo de matrimônio experimental entre os Mbüa do Xapecó, que tem, como características, a ausência de deveres econômicos e a patrilocalidade. O casal passa a ter morada própria, com a união definitiva.

Quanto à idade, geralmente casam cedo, a mulher entre os Kaiowá e Mbüa com cerca de 14 anos, o homem, um pouco mais tarde.

Em relação às experiências sexuais pré-nupciais, aparentemente ocorrem situações diferentes de um grupo para outro. Os Kaiowá e Ñandéva, por exemplo, não aceitam as relações pré-nupciais, ao passo que os Mbüa as institucionalizaram. De acordo com relatos sobre o complexo guerreiro-antropofágico, nos estudos sobre a cultura tradicional Guarani, o líder guerreiro era geralmente um sogro, com muitas esposas. O guerreiro só poderia escapar ao domínio do sogro dando uma filha ao irmão da mulher, em um casamento avuncular da sobrinha com o tio materno, que não era considerado incestuoso, ou oferecer um inimigo cativo, geralmente ao irmão da esposa.

Assim, dava uma filha em troca de sua mulher ou um prisioneiro em troca de si mesmo. De qualquer maneira, não havia estabilidade no modelo social, e as lutas e crises, pela posse das mulheres, eram constantes.

No tocante ao tema casamento do tio materno com a sobrinha, segundo Schaden[47], as informações acerca de suas possibilidades são contraditórias, o que pode indicar um padrão outrora existente e hoje extinto ou quase extinto. Os relatos sobre o tema são feitos, em geral, com pouca segurança. O autor afirmou que não encontrou nenhum caso concreto de tal casamento. As mesmas dúvidas ocorrem em relação ao casamento entre primos.

Ao contrário da maioria das sociedades indígenas brasileiras, de acordo com Viveiros de Castro[48], os Araweté não consideram que todos os membros do grupo sejam aparentados; para uma pessoa qualquer, muitos dos outros moradores da aldeia do Ipixuna, onde o autor desenvolveu seus estudos, são tiwã, não-parentes.

É comum que os adultos planejem os futuros casamentos das crianças, emparelhando-as aos seus primos cruzados. Entre os Araweté, outra forma de compromisso matrimonial é aquela em que um tio materno ou uma tia paterna reservam uma criança para o futuro cônjuge, pedindo-a à própria irmã, mãe da criança ou irmão, pai da criança.

Os referidos compromissos são vistos como uma maneira de se manterem juntos aos parentes próximos. Viveiros de Castro[49] comentou que a tendência à aliança entre as parentelas gera uma rede de parentescos muito intrincada.

Parece que, entre os Ñandéva e os Kaiowá, o homem manifesta, muitas vezes, com relação aos sobrinhos, filhos da irmã ou do irmão, maior vínculo afetivo e tendência para o auxílio do que em relação aos próprios filhos, o que poderia ser um indício da antiga instituição avuncular.

Em suas pesquisas, Schaden[50] constatou uma série de indícios de prejuízo nas uniões conjugais, tendo como conseqüência a desestruturação e desorganização social. Enumerou as separações, adultério e problemática infantil na separação dos pais entre as situações mais cruciais. Referiu que:

> *"Tal estado de coisas, é claro, não deixa de ter profundas repercussões na existência de toda a comunidade, uma vez que a estrutura social Guarani se apóia essencialmente nas relações que regem a vida da família. O ritmo da desorganização social está em função dos esfacelamentos da família-grande e já não pode subsistir pelo fato de ser precária a existência da própria família elementar. Por sua própria natureza, a família-grande requer estabilidade das ligações matrimoniais; ao contrário, não há sequer número para a sua constituição, ainda mais porque, em caso de divórcio, os filhos — especialmente entre os Kaiowá — ficam de preferência com a mãe, baseando-se de outro lado, a família-grande no exercício da autoridade paterna"[51].*

Por essa razão, quando o filho se casa, afasta-se de sua própria família e passa para a influência do sogro com quem vai morar. A filha casada fica perto da mãe. Esses fenômenos indicam a persistência da antiga matrilocalidade, com a perda da autoridade paterna.

Só em circunstâncias excepcionalmente favoráveis subsiste a organização da família-grande, pois muitos homens passam a maior parte do tempo nos contratos, fora da reserva.

De acordo com a dinâmica social Guarani, a solidariedade do grupo parental é um dado relevante, ao passo que os liames sociais na aldeia são fracos e instáveis, levando a freqüentes modificações na organização da comunidade. Cabe ressaltar, porém, que as relações econômicas, ao contrário, ligam entre si todos os indivíduos de determinada aldeia do grupo local.

A organização das diferentes famílias-grandes ou parentelas, para a constituição de unidade maior, em toda aldeia ou parte dela, ocorre por questões econômicas, mas se dá bem mais freqüentemente sobre base religiosa. O grupo parental constitui a unidade elementar da produção e consumo, enquanto a aldeia ou parte dela constitui a unidade religiosa, principalmente na época das grandes festas.

A maioria dos nomes Araweté, segundo Viveiros de Castro[52], são *"nomes de deuses"* ou *"nomes de inimigos"*, podem ter sido dados *"conforme um morto"*, isto é, o objetivo de nominação foi repor em circulação o nome, de origem divina ou inimiga, de um parente morto.

Alguns dos nomes *"conforme um morto"* são intraduzíveis; mas muitos têm significado: nomes de ancestrais míticos, de animais, quase sempre pássaros, de plantas, de objetos, verbos, qualidades, etc.; a maior parte, porém, é classificada como *"nomes de inimigos"* ou *"nomes de divindades"*.

Ainda em relação à importância do nome, para Nimuendaju[53], o mesmo é inseparável da pessoa, quase idêntico a ela. Assim, o Guarani é o seu nome e não se chama por referido nome, sendo o nome, ao mesmo tempo, alma e pessoa. Em outras palavras, esse nome adquirido no nascimento, intimamente ligado à sua identidade, permanece um segredo, não sendo revelado para os que não pertencem ao grupo Guarani.

Os Guarani possuem, portanto, um nome em português, que poderá ser divulgado, e um nome verdadeiro, que é conferido pelos deuses, na cerimônia de batismo, durante uma dança ritual, em que o pajé ou o sacerdote recebe dos deuses o nome e revela à comunidade.

A propósito desse fato, Levcovitz[54], informou: *"Estes índios achavam muita graça quando, durante o batismo católico, os padres perguntavam aos pais da criança qual seria o seu nome. Eles questionavam sobre os poderes destes sacerdotes que nem ao menos conseguiam saber dos deuses o nome da criança. É curioso que este seja considerado, pelo menos hoje, como secreto e de divulgação limitada. Existem temores que a posse deste nome, por parte de um estranho, os tornaria vítimas fáceis de feitiços malévolos. Por outro lado, o nome em português pode ser facilmente trocado e por diversas ocasiões, em contato com os Guarani, eu não pude fazê-los reconhecer alguém pelo nome próprio em português, quando havia um lapso de tempo".*

As crianças, de um modo geral, ajudam os pais, quer na roça, quer nos trabalhos domésticos.

Na maioria das aldeias atuais, desde os trabalhos de Schaden[55], a divisão do trabalho entre os cônjuges não é muito rigorosa, porém, a caça é assunto do marido, enquanto a lavoura se divide em atividades masculinas e femininas. A derrubada, a roçada, por exemplo, e a preparação da terra, em geral, cabem ao homem, o plantio à mulher. O autor observou, também, que entre os Ñandéva de Dourados não é a mulher que planta, que é semelhante ao que ocorre no nosso meio rural. No que se refere à colheita, em parte, é feita conjuntamente, em parte, tarefa da mulher.

A cesta-de-carregar, chamada ádio pelos Ñandéva, é feita tradicionalmente pelas mulheres Kaiowá e de outros grupos Guarani. Ainda quanto à divisão de trabalho, muitos costumes vêm sendo alterados, de acordo com a própria problemática socioeconômica e cultural dos Guarani.

Torna-se importante indicar que, de acordo com estudos antigos e mais atuais, o nascimento, a maturação biológica, as doenças, o nascimento dos filhos e a morte são os principais momentos de crise para as famílias, enquanto, para o grupo como totalidade, a colheita do primeiro milho verde, viagens e epidemias interferem nas rotinas do dia-a-dia, podendo demandar a elaboração e execução de rituais.

Quanto aos fatores relevantes no desenvolvimento, a necessidade do "resguardo", akú, em Guarani, deve ser seguido pelos pais, nos primeiros dias após o nascimento da criança; pela menina, durante a primeira menstruação, e, entre os Kaiowá, pelo menino, nos dias que se seguem à perfuração labial.

A prática de iniciação dos meninos, em cerimônias que culminam com a perfuração do lábio inferior, constitui um segredo para os Kaiowá. Segundo Schaden[56], eles não permitem que estranhos assistam à cerimônia.

Em relação à menina, a menstruação é um fato mais comum; quanto ao alcance social mais restrito e a prescrição do "resguardo", envolve uma profilaxia para proteger, segundo os Guarani, dos perigos sobrenaturais, conseqüência do referido estado. Finalmente, a religião está predominantemente sob a responsabilidade dos homens. O autor afirmou que a cultura Guarani, por todas essas afirmações, é de forte orientação masculina.

Quanto à autoridade na comunidade, o chefe da aldeia ou reserva, denominado capitão, é geralmente da família de algum chefe falecido[57].

Para ter prestígio, ele deve ser enérgico, ter poder persuasivo sobre o grupo, não ter problemas de alcoolismo, falar o Guarani e o português e ser hábil no relacionamento com a sociedade nacional[58].

Schaden[59] indicou uma tendência à influência no passado do chefe do posto do Serviço de Proteção ao Índio (SPI), atual Fundação Nacional do Índio (FUNAI), sobre o capitão ou mesmo na sua escolha.

Quanto ao chefe religioso ou rezador, que muitas vezes exerce funções de médico, não há obstáculo formal ao acesso a essa categoria, o que decorre da experiência religiosa do próprio indivíduo, não havendo limitação no número de sacerdotes. Cada chefe de família, que tenha vocação, pode tornar-se o chefe religioso de sua parentela.

4.3 RELIGIÃO

Para o Guarani, o indivíduo é bom ou mau desde seu nascimento e, por isso, de acordo com sua crença, reconhece pouco a responsabilidade moral.

A religião Guarani não reconhece, senão vagamente, o livre arbítrio como base para a avaliação das ações humanas, com referência ao destino da alma depois da morte. O bem e o mal não são qualidades intrínsecas de quem os pratica, o autor não se considera moralmente responsável por seus atos[60].

De acordo com Schaden[61], ao mesmo tempo que a religião Guarani constitui um ponto de resistência da cultura do grupo, fatores como mestiçagem, destribalização e trabalho para fora da aldeia levam ao seu abandono.

Todos os Guarani são destinados à felicidade eterna, um ideal que alcançarão se a sorte não lhes for demasiadamente adversa e se, no caminho para o além, a alma não se tornar vítima dos múltiplos perigos que podem surgir na sua caminhada.

Suas crenças são, portanto, muito diversas, da doutrina cristã, pois a alma não será julgada, nem recompensada ou condenada, segundo sua culpa ou merecimento, isto é, de acordo com os atos livremente praticados nessa vida. O Guarani não reconhece, a não ser excepcionalmente, uma ligação direta entre livre arbítrio e as condições após a morte.

Os Guarani atuais adotam novas idéias morais por influências dos grupos religiosos que mantêm contato nas reservas e aldeias, entre estas, a da culpabilidade individual, o que é relevante, pois contraria crenças anteriores, quanto à alma e autodeterminação.

Em relação à religião Guarani, segundo Schaden[62], existe uma extraordinária variabilidade de aldeia para aldeia, de um sacerdote a outro, ou, ainda, entre os representantes de um mesmo grupo.

Esse fato deve-se, provavelmente, ao caráter individualista da religião Guarani, pois, por mais destacada que seja a importância social das cerimônias religiosas, e vice-versa, é fundamental o papel da vivência religiosa individual. Em qualquer circunstância, a pessoa pode entrar em contato com o sobrenatural, recebendo consolação, conselhos e revelações das divindades.

Outra causa provável é a multiplicidade de idéias e crenças decorrentes de contatos com a religião cristã e da fusão das

Os Tupi-Guarani no Brasil

diferentes doutrinas subgrupais produzidas pelas migrações, que levaram à formação de aldeias em que se reúnem, em uma mesma comunidade, famílias de diferentes subgrupos.

O Guarani usa da reza, porakêi, nas suas atividades religiosas. Ela é sempre cantada com acompanhamento de danças, dijiroký, e instrumentos, mbaraká e takúapú.

A reza pode ser executada em comunidades, com participação de toda aldeia, ou limitada à família, quando é realizada pelo chefe desta, que geralmente conta com a ajuda da mulher e dos filhos.

Os Guarani têm suas rezas para chuva, sol, contra a seca, diferentes danças, relações amorosas, etc. De acordo com as necessidades, qualquer pessoa pode utilizar-se das rezas. Schaden[63] citou o ciclo das rezas para o plantio e colheita do milho como relevante entre os Kaiowá.

Em relação às doenças e ao seu tratamento, para o Guarani, os padrões normais da própria cultura, ou nossa cultura, não fornecem elementos considerados suficientes para enfrentar os problemas, pois idéias, crenças e explicações de diferentes origens, e de contextos culturais de diferentes tipos, influenciam suas ações, gerando insegurança.

Cabe ressaltar que a medicina indígena foi cada vez mais relegada ao segundo plano, pois as lideranças religiosas, que conheciam os tratamentos e curas, foram sendo desvalorizadas.

O uso de plantas medicinais e tratamentos foi sendo abandonado e discriminado ante os remédios, hospitais e médicos do branco. Podemos encontrar muito pouco da medicina tradicional indígena nas reservas, sendo que quase somente as pessoas mais idosas utilizam as plantas e rituais de cura. A fé nos curandeiros tradicionais decresceu muito a partir da entrada de grande número de doenças estranhas.

O Guarani revela atitudes ambivalentes em relação à morte, pois tem naturalmente o medo instintivo e humano. Utiliza rezas especiais para afastá-la. Revela, porém, o desejo de morrer e ir para o além.

Acredita, ainda, que a aniquilação da alma ameaça o falecido em sua caminhada para o além e também os que se encontrarem sobre a terra, quando esta for destruída. Das quatro regiões do céu, dizem os Kaiowá, avançarão cavalos voadores sobre os homens, para destruí-los; macacos munidos de flechas incandescentes alvejarão e matarão quem procurar escapar dessa morte mítica. O Guarani tem medo incomparavelmente maior dessa morte da alma do que da morte biológica.

Schaden[64] comentou que, anteriormente, era comum entre os Guarani o enterro em urna de barro. Atualmente, não existe essa prática funerária em nenhuma das aldeias. O seu desaparecimento é devido à introdução de vasilhame de ferro e declínio da cerâmica.

Relatou também que, no sul de Mato Grosso, os Ñandéva faziam o enterro no interior da habitação, abandonando a casa, sem queimá-la, para morar próximo. Hoje também não se observa mais tal prática. Muitos Kaiowá conservam o hábito de abandonar e queimar a habitação em que tenha morrido alguém da família, quer adulto, quer criança.

O hábito Guarani de enterrar os mortos em posição deitada, com os pés para o nascente, é devido à viagem para o Paraíso Mítico dos Guarani, que muitos acreditam estar situado na direção leste. Schaden[65] relatou que informantes falam de viagem dos mortos para a *Terra Sem Mal*, que se realizaria pouco antes de ser destruído o mundo pelo fogo.

Os Guarani idealizam a *Terra Sem Mal*, onde satisfazem os desejos que neste mundo não são realizados. Freqüentemente, os Guarani, ao descreverem esse mundo, referem-se à retomada dos costumes tribais originais.

Quanto às crenças no fim do mundo, os Guarani relatam diferentes versões, como entre os Mbüa, que acreditam em um dilúvio iminente, em um incêndio universal, em uma prolongada escuridão; ou os Ñandéva, que falam em um incêndio geral e desmoronamento da superfície da Terra, representada como disco; ou os Kaiowá, com cavalos voadores, macacos flechadores, etc...

Schaden[66] relatou que certa vez entregou a alguns Kaiowá da aldeia Panambi, em uma situação de crise, quando o governo

OS TUPI-GUARANI NO BRASIL

mandara distribuir suas terras entre colonos civilizados, algumas folhas de papel e lápis, para desenharem. Eles representaram cenas do fim do mundo e o caminho que leva para o além. *"Os Kaiowá, convidados a desenhar, esforçaram-se por figurar com o lápis que lhes dei o caminho usado pelo paí[67] em suas freqüentes visitas ao Céu — tudo isto nos faz lembrar que os Guarani se caracterizam como **tapédjá**, como o povo de peregrinos e viandantes."[68]*

A religião Guarani, quando exposta a constantes confrontos com a doutrina cristã e, em especial, às críticas dos *"nacionais"* ou *"civilizados"*, aos poucos foi deixando de ser tomada pelos seus adeptos como coisa absolutamente indiscutível.

Schaden[69] indicou a resistência cultural Guarani na religião que passa por uma aculturação com aproximadamente três fases relativamente distintas. *"Aceitam-se elementos religiosos de origem estranha, integrando-os na configuração cultural, não com função e significados religiosos, mas dando-lhes um cunho mágico, medicinal ou mesmo econômico. Na segunda fase, elementos religiosos são aceitos como tais, isto é, com referência aos problemas do sobrenatural, mas reinterpretados em termos do sistema religioso da tribo, por meio do estabelecimento de analogias de forma. Na terceira fase, final e decisiva, o sistema religioso tradicional é abalado em seus fundamentos pela predominância de elementos estranhos nele integrados."*

Segundo suas observações, a última fase é raramente alcançada pela comunidade Guarani, que mantém o mínimo de coesão social e por indivíduos isolados, totalmente destribalizados. Embora altamente coletiva, em boa parte de suas manifestações, a religião Guarani é também uma religião eminentemente familiar e mesmo individual, devido à relevância das experiências e vivências sobrenaturais do indivíduo, para atingir o seu ideal de vida, o que explica seu elevado grau de resistência.

4.4 OS GUARANI HOJE

Caarapó, onde realizamos nossas pesquisas, está entre as reservas demarcadas pelo antigo SPI (Serviço de Proteção ao

Índio), atual FUNAI (Fundação Nacional do Índio), no início deste século. A reserva foi criada no ano de 1924, pelo Decreto Estadual nº 684, de 20 de novembro de 1924. Possui 3.594 ha e conta, atualmente, com uma população de cerca de 556 famílias, ou aproximadamente 2.500 habitantes.

No início do século XX, o governo federal demarcou oito reservas, quase todas localizadas fora da área de ocupação tradicional das populações indígenas, com a intenção de promover a desocupação de áreas de interesse econômico de fazendeiros da região. Com isso, há 70 anos, um grande número de famílias, de várias aldeias diferentes, foi trazido para a Reserva de Caarapó, todas lingüisticamente Guarani, sendo uma parte minoritária do grupo Guarani e a grande maioria do grupo Kaiowá. Vivem hoje confinadas em menos de 7 ha por família.

Trata-se de uma das maiores comunidades indígenas Guarani/Kaiowá, entre os 22 existentes no Estado do Mato Grosso do Sul. O índice de desmatamento da Reserva chega, atualmente, a cerca de 90%, o que representa um alto nível de degradação ambiental e, conseqüentemente, a perda significativa de plantas, costumes e valores culturais relacionados às diferentes formas de prevenção e tratamento de saúde[70].

A aldeia de Caarapó apresenta características semelhantes a indicações de estudiosos no passado e, mais recentemente, Levcovitz e Combés. Chegando à Reserva, podemos constatar o desmatamento, já com prejuízo visível de terra. É possível visualizar as malocas reunidas, provavelmente em grupos familiares, porém, na sua maioria, esses agrupamentos estão muito distantes entre si.

Alguns estudiosos como Brand e Levcovitz já tiveram várias oportunidades de participar de reuniões de lideranças, com o capitão, e de rituais e cerimônias dirigidas pelo paí.

Pudemos observar, nas visitas às casas, que algumas não possuíam divisão interna e outras, poucas divisões, fato que ainda permanece de acordo com a estruturação social Guarani/Kaiowá.

De uma maneira geral, os índios parecem muito desconfiados. Percebemos que ocultam algumas informações de suas vidas, rituais e crenças.

O professor Assunção, da escola Extensão Savera, relatou situações, em dias de chuvas e tempestades, quando as crianças contam ou fazem rezas dentro da própria sala de aula, o que ele não entende e elas não comentam, não esclarecem para o próprio professor seus conteúdos e objetivos. Situação semelhante é descrita por Levcovitz[71]: *"Em uma tarde chuvosa fiquei na casa do Adriano, sozinho com as crianças. A chuva transformou-se em uma tempestade violenta, tornando-se mais pavorosa ainda por causa dos ruídos nas telhas de amianto. Todas as crianças começaram a cantar juntas, dentro da casa, as cantigas das rezas noturnas, como se ali fosse o próprio terreiro. Elas só pararam quando parou a chuva"*.

Finalmente, constatamos a pouca importância conferida aos nomes em português, o que provoca trocas e esquecimento destes. Os Guarani recebem seu nome de nascimento, porém, não informam, de uma maneira geral, às pessoas de fora. Esse fato gera, muitas vezes, problemas na matrícula dos alunos na escola.

NOTAS

1. Os Tupi, grupo integrante da nação Guarani, apesar de já praticamente extinto, deixaram informações relevantes para estudos posteriores. Por essa razão, é citado neste trabalho, como em muitos outros, que vem tentando pesquisar a problemática atual da nação Guarani/Kaiowá.

2. MELIÁ, S.J.B. A Terra Sem Mal dos Guarani. In: *Revista de Antropologia*, vol. 33, Publicação do Departamento de Antropologia da Faculdade de Filosofia, Letras e Ciências Humanas — Universidade de São Paulo, 1990. p. 33-34.

3. BRAND, A. Op. cit. p. 137.

4. Idem, ibidem. p. 272.

5. VIVEIROS DE CASTRO, E.B. 1986. Op. cit. p. 22-29.

6. MELIÁ, S.J.B. Op. cit. p. 33-34.

7. BROCHADO, J.B. Desarollo de la tradición cerámica tupi guarani. In: *Anais I Simpósio Nacional de Estudos Missionários. A experiência reducional no Sul do Brasil*. Santa Rosa, 1982.

8. MELIÁ, S.J.B. Op. cit. p. 35-36.

9. Apud MELIÁ, S.J.B. Op. cit. p. 36.

10. PEREIRA, M.A.C. Op. cit. p. 83.

11. Idem, ibidem.

12. Idem, ibidem. p. 37.

13. MELIÁ, S.J.B. Op. cit. p. 37.

14. Idem, ibidem.

15. Idem, ibidem. p. 38.

16. Idem, ibidem.

17. Idem, ibidem.

18. Idem, ibidem. p. 40-41.

19. Jaguar e a aventura dos gêmeos são lendas, ou mitos, segundo Combés (COMBÉS, I. Op. cit. p. 92-93), comuns a todos os grupos Tupi-Guarani.

20. VIVEIROS DE CASTRO, E.B. 1986. Op. cit. p. 629-634.

21. MELIÁ, S.J.B. Op. cit. p. 42.

22. SUSNIK, B. Los abonígenes del Paraguay. II Etnohistória de los Guaranies. Paraguai, 1980.

23. MELIÁ, S.J.B. Op. cit. p. 42.

24. Idem, ibidem. p. 41.

25. Idem, ibidem.

26. LEVCOVITZ, S. 1994. Op. cit. p. 157-187.

27. VIVEIROS DE CASTRO, E.B. 1986. Op. cit. p. 202-204.

28. Idem, ibidem. p. 223.

29. Idem, ibidem. p. 229.

30. Idem, ibidem. p. 248.

31. Idem, ibidem. p. 229.

32. Idem, ibidem. p. 22.

33. Jaguar e a aventura dos gêmeos são lendas, ou mitos, segundo Combés (COMBÉS, I. Op. cit. p. 92-93), comuns a todos os grupos Tupi-Guarani.

34. Idem, ibidem.

35. VIVEIROS DE CASTRO, E.B. 1986. Op. cit. p. 691.

Os Tupi-Guarani no Brasil 127

36. LEVCOVITZ, S. 1994. Op. cit. p. 175-176.

37. SCHADEN, E. 1974. Op. cit. p. 72-73.

38. VIVEIROS DE CASTRO, E.B. 1986. Op. cit. p. 284.

39. Idem, ibidem. p. 63.

40. SCHADEN, E. Op. cit. p. 59-60.

41. Idem, ibidem.

42. Idem, ibidem.

43. Idem, ibidem. p. 62.

44. Ñandéva/Mbüa/Kaiowá, citados por Schaden (1974), assim como Araweté dos trabalhos de Viveiros de Castro (1992), pertencem à grande nação Guarani.

45. Idem, ibidem. p. 64.

46. Idem, ibidem. p. 64-65.

47. Idem, ibidem. p. 67-68.

48. VIVEIROS DE CASTRO, E.B. *Araweté, o povo de Ipixuna.* São Paulo: CEDI, 1992. p. 90-91.

49. Idem, ibidem.

50. SCHADEN, E. Op. cit. p. 70-71.

51. Idem, ibidem.

52. VIVEIROS DE CASTRO, E.B. 1986. Op. cit. p. 373-390.

53. Apud LEVCOVITZ, S. 1994.Op. cit. p. 180-187.

54. Idem, ibidem. p. 128.

55. SCHADEN, E. Op. cit. p. 75-76.

56. Idem, ibidem. p. 90.

57. Idem, ibidem. p. 96.

58. Idem, ibidem. p. 99.

59. Idem, ibidem. p. 100.

60. Idem, ibidem. p. 136.

61. Idem, ibidem. p. 104-105.

62. Idem, ibidem. p. 106.

63. Idem, ibidem. p. 122.

64. Idem, ibidem. p. 132-133.

65. Idem, ibidem. p. 135.

66. Idem, ibidem. p. 174.

67. Paí, maneira como os Guarani/Kaiowá denominam os *xamãs*, são verdadeiros sábios, que, tal como os *caraí* dos tempos passados, se entregam à exaltação de interrogar seus deuses.

68. SCHADEN, E. Op. cit. p. 174.

69. Idem, ibidem. p. 145.

70. Ambientalistas, agrônomos e biólogos do Programa Guarani/Kaiowá têm desenvolvido projetos para recuperação das águas, da flora e da fauna da Reserva.

71. LEVCOVITZ, S. 1994. Op. cit. p. 74.

5

O Desenvolvimento da Pesquisa, Escolha das Crianças e Técnicas

5.1 As Crianças Selecionadas

Para entendermos os critérios para a seleção das crianças Guarani/Kaiowá, que participaram das sessões de desenho e outras técnicas expressivas, com a utilização de pintura, desenho, modelagem e *bricolage*, torna-se relevante uma revisão teórica, no que se refere às técnicas propriamente ditas e seus aspectos expressivos e projetivos e o significado dos temas e conteúdos escolhidos.

Assim estaremos, de acordo com alguns autores, como Royer, Robbins, Lévi-Strauss e outros, revendo estudos de signos universais, como casa, animal, céu, etc., e sobre traço, formas e movimento, ou mesmo materiais, como argila, tinta e peças de *bricolage*. Nosso referencial de análise, a Psicossemiótica, pela riqueza e liberdade de recursos de investigação, permite-nos utilizar o signo dos temas eleitos pelas crianças por nós estudadas, assim como gestos, mímica e verbalização, além do material, traçado, etc.

Durante nossa pesquisa, em 1997, na Reserva Indígena de Caarapó, Mato Grosso do Sul, reunimos um material muito significativo, nas quatro escolas da referida Reserva. As crianças realizaram o HTPF[1] (*house, tree, person and family*), desenhos com lápis de cor, lápis de cera e, finalmente, com cola colorida.

Em relação aos desenhos propostos no HTPF, o tema pessoa faz um apelo ao reino animal; o da árvore, ao reino vegetal; e o da casa, ao reino mineral. Por pertencer a um material mineral rígido, irredutível, da matéria que a constitui, a casa aparece como representativa dos elementos mais fundamentais do ser, segundo Royer[2], de sua própria essência, química, alquímica e, como tal, de sua natureza mais profunda, inata, inteira, de alguma forma, a pedra angular da personalidade.

A casa é construída, elaborada, edificada pela mão do homem. No seu estado atual, sua concepção é o resumo de todas as aquisições efetuadas ao longo das diferentes etapas do desenvolvimento humano. Assim, também a criança é moldada a partir de seus instintos, educada, transformada por sua família, ambiente e cultura.

A representação de uma casa, portanto, parece, muito particularmente, levar em conta as interações entre a natureza e a cultura, entre o inato e o adquirido, entre o indivíduo e a sociedade.

Royer[3] afirmou, na sua obra "Le Dessin D'Une Maison", que a casa constitui um arquétipo mais complexo e, por isso, mais difícil de interpretar, mais rico também de significados que os temas desenho da árvore e pessoa. A casa é o símbolo de todas as *peles* sucessivas que nos envolvem: o seio materno, corpos, família, universo, que se vão encaixando e modelando.

Assim, desenhar uma casa é evocar o último ego que reside mais fundo, como suas relações com todos os seus envelopes, é revelar as modalidades de sua pertença no mundo.

Entre todos os sujeitos de desenhos possíveis, a casa tem de particular que ela não pode ser concebida de outra forma do que como um volume. Sua representação sugere, inevitavelmente, a idéia de profundidade, da terceira dimensão, o que propõe um problema de perspectiva, difícil de resolver pela criança, sobre a folha de papel com duas dimensões. Seu desenho é um condensado dos conhecimentos espaço-temporais adquiridos pelo desenhista.

Além disso, ela é oca, fato que reenvia à dialética *dentro fora*, o dentro revestido de uma particularidade importante, ele

O Desenvolvimento da Pesquisa, Escolha das Crianças e Técnicas 131

é habitado, e esconde os bens de seus habitantes. Os muros protegem do frio, das intempéries e também dos olhares indiscretos. A casa contém os segredos, o que o desenhista quer deixar ver, aparecer na abertura de seus desenhos: aquilo que ele quer dizer, projetar no exterior, sobre as fachadas ou por meio dos elementos que mobiliam[4] sua proximidade.

A casa pode estar assentada sobre o solo, alicerçada em um buraco, em insegurança sobre uma ladeira, elevada sobre um morro. Ela pode, também, ganhar terreno nas imediações, graças à presença de um jardim, largamente aberto sobre a natureza, ou protegido por barreiras, em um simbolismo ambíguo de *Proibido Entrar, Proibido Sair*. Quanto aos caminhos, eles convidam tanto ao retorno para refúgio quanto à evasão.

Teoricamente, a casa é imóvel, mas certos componentes, como portas, persianas, fumaças de chaminés, que a tornam quase vivente, são móveis. O desmoronamento de suas partes estáveis é sentida como uma catástrofe, uma espécie de traição da confiança que com ela se acordava.

Para a autora, a casa é o termo mais carregado de ressonância afetiva, mais capaz de desencadear tantas lembranças, sonhos, paixões: a casa da infância, a casa da família, a casa das férias, a casa dos sonhos matrimoniais, a casa de retiro, a última moradia.

Cada uma de nossas casas possui suas fragrâncias, corredores e portas secretas, espaços, recantos, alquimia culinária, ruídos e silêncios, fogos e águas, luzes, penumbras, assustadoras ou propícias aos desabafos.

A imagem da casa, alegre ou não, acompanha-nos ao longo de nossa vida. Esse arquétipo, ligado à nossa segurança, amores, posses, *status* social, está inscrito mais profundamente em nós, até na nossa parte primitiva e animal, como a concha para o caracol.

A etologia mostra-nos que um grande número de animais possui, como nós, uma casa com suas peculiaridades: a toca rudimentar escondida sob as moitas, ninhos cuidadosamente construídos, buracos com labirintos com múltiplas passagens, colméias sofisticadas, etc. Em torno desses refúgios, o animal delimita um território, uma zona de jogo e de caça, que ele se reserva, e que marca os limites graças ao odor pessoal de seus dejetos, reconhecido pelos outros membros de sua espécie, assim como pelos predadores[5].

No curso de sua evolução, a habitação foi submetida a formidáveis transformações. Inicialmente, escondido em grutas naturais, o homem foi pouco a pouco personalizando sua habitação troglodita, acumulando tesouros e projetando suas fantasias na decoração das paredes.

Durante milênios, a casa foi pouco a pouco sendo aquecida, iluminada, mobiliada e decorada, relacionando, paralelamente, conforto e estética. A casa familiar diferenciou-se para satisfazer a coletividade. Assim ela transforma-se em escola, prefeitura, palácio de justiça, prisão, loja, hotel, etc. Assim, também, exaltando seus sonhos e ambições, o homem construiu pirâmides, templos, catedrais, buscando a eternidade, arranhacéus e palácios.

Dessa forma, o homem construiu suas casas à imagem de sua evolução. Royer[6] afirmou que também a criança, na pesquisa de sua identidade, desenha as casas. Olivier[7] citou o desenho como uma atividade catártica natural, uma terapia. Não se desenha as coisas tais quais elas são, mas tais quais as sentimos, e tais quais as desejamos.

Essas afirmações e reflexões sobre os desenhos das casas corroboram com nossas conclusões e escolha dos sujeitos de nossa pesquisa. Assim, os desenhos das casas destacaram-se nos desenhos do HTPF, e nas pinturas das crianças da Reserva de Caarapó, indicando três formas de expressão muito significativas. Percebemos claramente que as crianças fizeram opções por desenhos de casas ligadas por caminhos, de acordo com a tradição das famílias reunidas por parentesco no mesmo local, ou casas isoladas, mantendo, porém, as características da arquitetura Guarani/Kaiowá, ou simplesmente casas como os padrões comuns da maioria das crianças que freqüentam escolas por todo o nosso país, indicando diferenças importantes no tratamento dado ao mesmo tema/casa (Anexo 2: figuras 3 e 4).

O Desenvolvimento da Pesquisa, Escolha das Crianças e Técnicas   133

Tendo em vista que a busca de identidade dessa população infantil, o que sobrevive da cultura indígena ou se vem impondo na sociedade nacional envolvente, constitui o ponto fundamental na nossa pesquisa, achamos essa indicação valiosa para a seleção das crianças que participariam do grupo submetido às sessões de trabalhos de expressão artística.

Assim, decidimos escolher, na escola Nhandejara, seis crianças. Duas que haviam feito casas reunidas de acordo com as referências Guarani/Kaiowá, duas que fizeram uma casa Guarani/Kaiowá e duas outras que desenharam uma casa comum, como as feitas por crianças nas escolas de todo o Brasil.

Pretendíamos, por meio de sessões de atividades artísticas, individuais e de grupo, acompanhar essas crianças, durante um ano, para desenvolver um trabalho de análise semiótica e tentar entender como estaria ocorrendo a construção da identidade destas.

Achávamos, também, que se analisássemos o material de uma criança que havia feito construções Guarani/Kaiowá e de uma que não havia, teríamos, talvez, possibilidades de encontrar situações divergentes, ou de diferenças internas na Reserva. Este foi nosso único critério de escolha das crianças.

Quanto ao trabalho na escola Nhandejara, foi devido a suas características, pois aparentemente reúne o maior número de crianças, com diferentes influências, dentro e fora dela. As outras três escolas da Reserva, duas com número reduzido de crianças, com professores não índios, uma já fora da Reserva, uma terceira maior, porém, dentro da Missão Evangélica, não atendiam às exigências da escolha dos sujeitos significativos.

A escola Nhandejara possui professores índios e não-índios, crianças de famílias com diferentes crenças e é um ponto de referência na aldeia para encontros e reuniões, além da localização próxima ao Posto de Saúde e Posto da FUNAI[8]. Não optamos por meninos ou meninas especificamente.

5.2 Desenvolvimento da Pesquisa

Finalmente, foram realizadas duas sessões quinzenais de cerca de uma hora, de março a novembro de 1998, em um total de 32 sessões. Essas sessões foram animadas por uma psicóloga pesquisadora semioticista, que se propôs a realizar a análise semiótica, e três acadêmicas do 8º semestre do curso de Psicologia, que acompanharam os trabalhos, organizando o material utilizado, registrando e filmando as atividades, além de manter contato com os professores e as famílias das crianças escolhidas.

Adotamos as técnicas de desenho com lápis coloridos de diferentes tipos, pintura com cola colorida e tinta guache, modelagem com plastilina e argila, recorte e colagem e *bricolage*. Nossas escolhas foram influenciadas pelo tipo de material, facilidade quanto à sua aplicação e habilidade do grupo de pesquisa na utilização das técnicas.

Ainda em relação à técnica e ao material, segundo Robbins e Goffia-Girasek[9], podemos analisar forma, textura, cor, volume, espaço, movimento, balanço e abstração. Embora esses parâmetros sejam, na prática, intrincadamente inter-relacionados, as descrições de cada um, segundo o autor, revelam importantes especificidades que influenciam no resultado de trabalhos com técnicas expressivas.

5.2.1 A Forma

A forma define-se, segundo Royer[10], como uma estrutura, uma organização, cujos elementos constitutivos são interdependentes, cada um representando seu papel no todo. Entre todas as partes estabelecem-se as relações específicas, de dimensão, de proporção, de simetria. A forma é inseparável do traço, que serve à sua execução, mas ela diferencia-se do traço, pois ele não é mais que um contorno; ele delimita um espaço, um conteúdo.

Quando acessamos a forma, na comunicação de pacientes em arteterapia ou de outras pessoas envolvidas em atividades expressivas, observamos como eles aproveitam a oportunidade para fazer emergir a percepção objetiva ou subjetiva, na apresentação de sua visão de realidade interna ou externa. As representações, de acordo com Robbins[11], podem ser excessivamente concretas, sugerindo uma rígida e limitada visão de realidade, com o acompanhamento de um sistema rígido de defesa e estrutura do ego. A forma pode ir além de todos os limites da realidade consensual, para oferecer um senso de existência excessivamente subjetivo e egocêntrico. Para ele, ocorre também uma verdadeira correlação entre o funcionamento do ego e a forma estética.

Assim, observamos maiores dificuldades em pessoas ou pacientes que têm problemas de funcionamento de ego e uma deterioração da forma a eles associada. Todos os elementos do espaço, movimento, imagem e forma tornam-se fragmentados e sem coesão. Nas pessoas com o ego mais definido e estruturado, da mesma maneira, a forma artística produzida mostra maior definição e extensão.

Royer[12] afirmou, ainda, que os pesquisadores Wertheimer, Köhler e Koffka demonstraram que o mundo no qual vivemos não nos é dado sob um aspecto de sensações elementares indiferenciadas, que nosso cérebro organizaria, mas sob o aspecto de uma composição de formas já organizadas, como no caso de um quadrado, por exemplo, percebido diretamente como um quadrado e não como a associação de quatro retas iguais, ligadas por ângulos reto. Essas formas não são aprendidas, mas apreendidas, de repente, desde o primeiro instante como *gestalt*[13].

Existem as boas formas e as más formas. As primeiras são descritas como simples, simétricas, completas, destacando-se facilmente do fundo: elas são constantes, guardam seus caracteres essenciais a despeito das modificações de sua apresentação. As segundas são imprecisas, assimétricas, complexas e incompletas.

Apesar de a natureza não nos apresentar, ou apresentar pouco, formas geométricas simples, mas um número maior de formas complexas, curvas e abertas, são as formas geométricas fechadas, como o círculo, o quadrado ou o triângulo, que constituem as primeiras, chamadas boas formas, mais fáceis de memorizar, para as quais nós temos sempre tendência a trazer nossa percepção do mundo. Essa simplificação organizacional seria uma propriedade do cérebro, marcando a lei do menor esforço. O que tende a complicar, ou deformar nossa percepção do mundo, é a curiosidade, o interesse, o desejo, a atenção que produzimos nas coisas, os aspectos afetivos de nosso psiquismo.

O mundo parece-nos, finalmente, como feito de um ajustamento de formas, uma espécie de imenso *puzzle*, cujos pedaços, de contornos mais ou menos irregulares, se encaixam uns nos outros, o vazio, não sendo senão o fundo sem forma, sobre o qual se destaca o contorno de formas interessantes.

Nosso espírito fornece o quadro conhecido de boas formas, ao aspecto simples, nítido, equilibrado, completo, harmonioso, para decifrar progressivamente as más formas, imprecisas, assimétricas, complexas, desproporcionais em relação às outras, inquietantes, porque imprevisíveis, incompreensíveis. A boa forma representa a influência do espírito, da inteligência, sobre a matéria.

Outro aspecto do desenho, derivado da proporção lateral, é o da simetria, feita de boas formas simples. A simetria está presente na arquitetura, mas também na natureza, nos vegetais, nos animais ou nos minerais, como poliedros de cristal de rocha, reunião de flores em um ramalhete. A presença da simetria é sentida pelos indivíduos como mais ou menos necessária. Ela evoca as noções de equilíbrio, de estabilidade, de imobilidade.

A assimetria, ao contrário, evoca a espontaneidade, o não-conformismo e o movimento, mas ela representa, também, o desequilíbrio e a queda. A assimetria é um sinal particularmente grave, quando ela concerne à maneira inteiramente irrealista do sujeito principal do desenho, a distorção de seu eixo e/ou às proporções errôneas de seus dois lados, semelhantes na realidade. Os exemplos dessas características aparecem nos desenhos de crianças psicóticas[14].

Ainda no quadro de certas regras, dois outros aspectos da representação gráfica, que são os sinais da evolução, impõem modificações arbitrárias à simetria das formas: a perspectiva e o movimento.

A perspectiva é um aspecto importante no estudo do desenho das crianças, pois sua aparição depende do nível de maturação perceptiva do desenhista[15].

A aplicação das regras de representação da perspectiva marcam uma substituição do real pelo pensamento. Poderíamos dizer que não existe uma visão direta do mundo, mas uma maneira artificial, uma aprendizagem do ver, em detrimento do saber, uma espécie de subtração, por exemplo, quando sabemos que uma mesa tem quatro pernas, mas aprendemos a ver que, sob um certo ângulo, nós não percebemos mais do que duas ou três.

Todas as regras não são assimiladas conjuntamente e, assim, podemos encontrar, no mesmo desenho, divergências no sujeito, dando lugar a erros pitorescos.

O acesso ao realismo visual impôs um afastamento da expressão das pulsões afetivas. A atração do desenhista por um elemento do desenho não pode mais ser representada pela dimensão desse elemento. Por exemplo, racionalmente, um personagem deve ser de uma altura tal que ele possa passar sob o batente da porta da casa, quando ele está no mesmo plano, e parece menor, se ele se encontra atrás. O desenhista deverá, então, encontrar um meio termo entre a representação da aparência e a expressão de seus sentimentos, encontrar outros meios além da dimensão que pode informar o grau de interesse que envolve o personagem em questão. Poderia ser, por exemplo, a perfeição dos detalhes, o cuidado do traço, as cores que lhe serão aplicadas, ou mesmo a convergência para ele de certos traçados impostos pela perspectiva[16].

Assim, é interessante observar, segundo Royer, no desenho da criança, paralelamente aos esforços para desenvolver os efeitos da perspectiva, a inclusão progressiva de descrições temporais, como as condições do tempo, as estações, as horas do dia indicadas pela posição do sol ou presença de relógios, a idade atribuída aos personagens, entre outras.

Ainda, segundo a autora, nove anos constituem geralmente um patamar na evolução do desenho, devido ao progresso conjunto realizado na aquisição do senso de espaço e do senso de tempo. Ter em conta os efeitos da perspectiva é considerar o que se vê presentemente, a despeito do que se sabe, aprendido do objeto no passado. É ter uma atitude secundária, não mais ser escravo do passado, mas viver o presente tal qual ele é e prever o futuro. Não é de se estranhar, portanto, o fato de se atribuir à evocação da perspectiva no teste de Rorschach[17] a capacidade de dominar problemas, graças a um certo recuo pelo entendimento da angústia.

As formas em si contêm um significado próprio, como o ponto que é o começo de todas as formas e traços, evoca o centro, a afirmação de si, indica o centro de interesse do desenhista. Repetir o ponto evoca o ritmo.

A reta é o caminho mais curto entre dois pontos, ela evoca a decisão, veracidade, rigidez. A conjugação de retas engendra diferentes figuras. Os ângulos revelam um significado muitas vezes agressivo, quando são agudos, pontudos. As retas desenhadas em cruz evocam o rompimento, as tensões internas, a separação na unidade natural. Ela tornou-se o símbolo essencial do cristianismo. A cruz é a boa forma, a mais primitiva das representações do homem.

O quadrado é a boa forma primária, não existe praticamente na natureza. Royer argumentou que a causa é que ele exprime essencialmente o ser humano, em oposição ao círculo de suas origens. Ele é matéria sólida, oposto ao elemento líquido, racionalidade, abstração, dureza. Ele implica ângulo e, com ele, a dificuldade, a luta, a renúncia, a partilha, o rigor, o constrangimento imposto ao real ou pelo real.

Segundo a pressão à qual é submetido, o quadrado perfeito deforma-se e pode vir a ser retângulo, tendendo para o alto, para o ideal, ou estendido na largura, achatado de alguma forma, pelo peso do realismo ou do materialismo possessivo do desenhista.

O retângulo alonga-se muitas vezes no desenho de maneira mais complexa, em um paralelograma ou em um trapézio, determinado pela necessidade de representar uma visão em perspectiva de construção. É por parte do desenhista, uma atitude evoluída, a prova de que ele é capaz de ultrapassar a percepção primária do mundo, de fazer a parte do real e da aparência. Empregadas nos desenhos sem razão aceitável, as deformações do quadrado e do retângulo indicam a queda da vontade, a incapacidade de marchar reto, a aproximação do desabamento. Mas, repetido ao infinito, quadrados e retângulos figuram o universo semelhante a um campo de concentração ou o do esquizofrênico, fechado na sua solidão, no seu pensamento, deixando o mundo do real.

O triângulo é uma boa forma primitiva, que constitui um intermediário entre o quadrado e o círculo. Nele, segundo Royer[18], o céu e a terra confundem-se: ele une um ao outro. Pontudo no alto, o triângulo é o signo da estabilidade e da virilidade, em razão de base estável e da aspiração de sua ponta. É a forma de muitos telhados de casas e de representar a forma fálica, nos desenhos das crianças de 4 e 7 anos. Royer[19] citou estudos de Rey, que estimou que o losângulo, junção de dois triângulos, representa, da mesma forma que a cruz, a problemática edipiana[20].

Apontando para baixo, o triângulo evoca o pião, que não pode manter seu equilíbrio, senão graças a um movimento de rotação sobre ele mesmo, evocador do desequilíbrio físico e mental. O triângulo isósceles pode achatar-se, deformar-se, como um triângulo qualquer, ou afinar-se ou afilar-se, em uma ponta como de flecha.

A boa forma circular, saída de traços arredondados, aproxima-se com vantagem das formas oferecidas pela natureza; ela presta-se aos contornos, às transformações, à adaptação com elasticidade, flexibilidade. Ela é, também, por esse motivo, menos segura, mais frágil, mais influenciável, mais próxima das formas.

É no plural que se deve falar de curvas, por causa da infinidade de suas variedades. Elas procedem de um movimento essencialmente pulsional, afetivo, irracional, muito mais inconsciente do que as linhas retas e verdadeiramente mais primitivo.

O círculo é a primeira das formas curvas, a mais fundamental, partindo da infinitamente pequena à infinitamente grande, do átomo ao astro. Com seu centro eqüidistante de seus limites, ele evoca, ao mesmo tempo, o início e o fim, o signo da unidade, da coerência, da harmonia, da perfeição. É o símbolo de divindade no seu absoluto.

O círculo é um ponto que aumenta, e como tal ele é a manifestação da vida, do eu natural, egocêntrico e alegre, a perfeição da felicidade, do nirvana. Da parte de seu contorno protetor, ele é a imagem do seio materno, em que se faz a alquimia do crescimento na calma e no silêncio.

Por extensão, o círculo é a própria mãe, a mulher em geral e todos os abrigos primitivos, do ninho ao terreno, à fruta, à casa, mesmo se o homem acabou por construí-lo, artificialmente, sólido, com contornos angulosos.

No seu aspecto negativo, o círculo evoca o narcisismo, o isolamento, o voltar-se para si, a ignorância do exterior, a recusa da palavra e da ação, o sono, o sonho e a morte.

Sem começo nem fim, redondo como uma serpente que se morde no rabo, é a roda do tempo, ao mesmo tempo de seu retorno e de sua fuga na eternidade. Em oposição ao quadrado sólido, estável, imutável, o círculo instaura a idéia de movimento. Ele é a roda, a bola, sempre em instabilidade, sugerindo uma idéia de transformação, de um nascimento.

Às vezes, ele rompe-se. Os meio-círculos inversos face a face, como os parênteses, indicam uma cólera internalizada, um comportamento aparentemente conciliador, mas que encobre uma oposição latente.

A espiral é um círculo vivo, que se vai expandindo, ou fechando sobre si mesma. Aberta, em dilatação, é a expressão da pulsão mais essencial, a vida, pois, às três dimensões do espaço, ela acrescenta aquela do tempo. É a imagem do crescimento, uma espécie de participação na gravitação universal.

Nós a encontramos na representação das folhas das árvores, sempre retomando seu verde, nos rolos de nuvens, ameaças internas, sempre renovadas, ou naquelas das fumaças esvanescentes, imagens sutis dos segredos das casas.

A espiral pode assim enrolar-se, dobrar-se sobre ela mesma, em direção ao centro, como uma serpente que dorme, em um movimento regressivo de proteção, defensivo, mas também ofensivo, preparando a brusca expansão do ataque traiçoeiro. Algumas vezes, a espiral toma aspecto de um turbilhão e revela o sentimento do desenhista de estar preso, tomado por forças incontroláveis. Esse signo gráfico é considerado patológico.

Quando a espiral se desenvolve em ondulações, símbolo da água, não adormecida, mais desperta, viva, ela se faz balançando, embalando, alternando. Quando a ondulação se infla, transforma-se em tempestade, fúria do mar da mãe, o ritmo embala-se[21].

A curva é própria de todas as transformações, todas as complicações. Ela entra na representação normal de todos os seres vivos, do ser humano em particular, de tudo aquilo que é flexível e leve, vestimentas, cabelos, plumas. Ela concilia doçura e calor, pois a chama é uma *curva que dança*[22].

Ela adapta-se, contorna os obstáculos, acaricia, modula, associa ao infinito todas as suas formas particulares. Um *logo* freqüentemente empregado pelas crianças, assim como pelos amantes, para exprimir sua afeição, é a forma do coração. Seu traço assemelha-se a duas ovais unidas, ou também a duas lágrimas revertidas. Em suma, a facilidade de empregar as curvas é sinal de saúde, de vigor, de sensibilidade, de capacidade, de adaptação e de renovação, na condição de saber também aliarse, às vezes, à firmeza, solidez dos traços rígidos.

5.2.2 O Movimento e a Cor

Royer comparou a indicação do movimento no desenho, como o verbo na linguagem gráfica, definindo o que se passa, dando um sentido à mensagem[23]. Como a representação da perspectiva, que contribui para a modificação da aparência, a do movimento repousa sobre a percepção do tempo.

A autora afirmou, ainda, que, segundo os cientistas, o movimento é o resultado de uma força que se manifesta no tempo e modifica a disposição dos elementos no espaço; em outras palavras, são as forças que criam as formas. Assim, estabelecem-se duas antinomias: força e tempo de um lado, forma e espaço do outro.

Nós podemos distinguir as formas da inércia e as formas do crescimento: as primeiras representam a morte, as segundas, a vida. Mas a autora afirmou que a imobilidade absoluta não existe, tudo no mundo está em movimento, em passagem de um estado a outro, sendo somente a lentidão das transformações humanas que dá à escala humana a impressão de imobilidade. A todo momento as forças viram ao avesso as formas, o tempo opera sobre o espaço, formando-o e deformando-o.

O ser vivo, a fauna e a flora possuem um estatuto particular. Ele é animado por um movimento interno, crescimento, deslocamento voluntário. Ele faz as vezes de uma arquitetura rígida, como a ossada de um animal, o tronco de uma árvore. Assim, segundo Royer[24], os seres dotados de movimento voluntário não têm mais do que uma forma fixa, mas dispõem da faculdade de buscar contornos progressivos diversos, guardando inteiramente um volume idêntico, como no caso do ser humano, por meio de mudanças de posição em pé, sentada, deitada, inclinada, de joelhos, etc.

Todos os movimentos comportam fases que podem ser de duração variável, uma fase preparatória, em que começa a mudança. Organizam-se, progressivamente, as linhas de força, uma fase de realização que traz a transformação. Depois, uma fase de estagnação, o objeto sobre o qual se exerceu o movimento, ficando modificado ou destruído.

A percepção do movimento é apresentada ao ser humano de duas maneiras: pela visão dos seres e das coisas que estão ao seu redor e pelas sensações cinestésicas de seu próprio movimento. Certos desenhistas, desenhando um movimento, sentem estes nas suas próprias articulações, esboçam ou o reproduzem francamente, sem rodeios. Assimilam melhor as posições corretas da dança, quando podem controlar a posição pela visão de seu próprio corpo no espelho.

A capacidade de as pessoas utilizarem sua energia reservada e de amadurecer seus projetos antes de passar à ação, a atitude de produzir as cinestesias, desenvolve-se paralelamente à maturação do Eu, à diferenciação entre o Eu e o outro, à consciência de sua propria personalidade.

Não é sempre fácil determinar a presença do movimento no desenho. Poder-se-ia dizer, de fato, que todo traço já é, em si, um movimento. Mas é a percepção do movimento, por meio de sua produção, por meio dos aspectos do traço, que é preciso observar.

O inverso do movimento é, às vezes, mais flagrante. A imobilidade é essencialmente representada pela rigidez das linhas e a predominância das horizontais. É o traço da superfície da água calma, da linha do horizonte, é a posição de uma pessoa deitada ou morta. A imobilidade aparece, também, na verticalidade, resultando na anulação das forças laterais equivalentes, como resistência passiva às forças de achatamento da gravidade.

Ao contrário, a diagonal, ruptura desse equilíbrio, exprime essencialmente o movimento, quer seja ação ou queda, como pessoa com braço elevado, uma árvore com o tronco inclinado, etc. A direção diagonal pode-se revestir de diferentes aspectos: pode ser retilínea, indicando a rapidez do movimento, ou seja, a linha reta é o mais curto caminho de um ponto a outro, ou dobrada, sob a forma de ondulação, em espiral, etc.

O movimento pode, também, ser provocado pela ruptura do traço. As forças que vêm do exterior, ao encontro de um objeto sólido, são consideradas as mais fortes, elas o deslocam ou o rompem, engendrando traçados retilíneos. Às vezes, não é necessário que sejam também violentas para provocar um deslocamento ou uma deformação, antes uma fratura. Mas podemos observar, nas diferentes partes de um mesmo objeto, diferenças de resistência, por exemplo, como o tronco de uma árvore que pode resistir retilíneo à tempestade, enquanto seus galhos leves se curvam com o vento e suas folhas voam, a rachadura do tronco revela um choque mais violento, mais irremediável do que a queda de uma folha.

A força proveniente do interior não é, teoricamente, o que faz os seres vivos capazes de completar uma ação voluntária. Conclui-se que, pelo antropomorfismo, as crianças atribuem uma intenção aos objetos inanimados e, em conseqüência, deformam-lhes.

Alguns elementos da natureza aparecem alhures, como dotados de um dinamismo próprio. No caso, por exemplo, do curso de um rio, o jorrar de um *geyser* ou o fogo de um vulcão. De uma maneira geral, as pulsões vindas do interior produzem, nos seres vivos, as deformações que levam em conta suas articulações. Deformações que podem ser angulares, cuja junção é arredondada pela presença da carne e da pele ou, eventualmente, daquela de uma vestimenta.

Conclui-se que o traçado representa a trajetória, invisível da força, mais ainda, o movimento do ator ou do objeto, como a fumaça saindo do carro, as linhas verticais descendentes, representando a chuva, etc.

A intensidade da pulsão revela-se na amplitude do movimento, e sua repetição, no seu resultado, assim como a sua disposição na página e o apoio do traço.

Cabe lembrar que a responsabilidade do movimento é tanto menos assumida pelo desenhista quando ele passa de uma representação humana à de um animal, vegetal ou mineral.

Se o olho humano e de alguns animais é sensível à cor, ela então representa um papel na adaptação ao meio ambiente. Constatou-se que a percepção das cores, transmitida pelas fibras nervosas do olho ao lóbulo occipital do cérebro, repercutia de maneira particularmente direta no tálamo, responsável pelas emoções. Pode-se, portanto, pensar que mais do que uma facilitação de ordem cognitiva, na identificação dos objetos que nos rodeiam, a cor representa um papel no domínio afetivo[25].

A influência psicológica da cor, além de reconhecida cientificamente, é utilizada, por exemplo, na publicidade, para provocar a atração em relação a certos produtos, e na arquitetura, para criar um ambiente particular.

Para Royer, a cor parece evocar a reação afetiva primária, tanto quanto o movimento leva em conta a reação afetiva secundária, interiorizada, refletida, elaborada, cronologicamente posterior. Pode-se pensar que a cor emana do domínio da emoção pura e grosseira e o movimento, do que se chama sensibilidade, noção mais complexa, mais evoluída, mais controlada. Todos os dois são investidos na realização das formas.

No teste de manchas de tinta, Psicodiagnóstico de Rorschach, é de muita relevância a identificação, classificação de respostas de forma, movimento e cor. Rorschach[26] fez uma contraposição entre respostas cinestésicas e respostas da cor, porém, de acordo com as reflexões de Royer[27] sobre o movimento e a cor nos desenhos, sem contradizer o autor, podemos afirmar que existe muito mais uma integração cor/movimento, todos os dois representando a afetividade. A primeira, sob seu aspecto extroversão, espontaneidade, sensorial, pragmática; o segundo, sob seu aspecto introvertido, reservado, transformável e transformado. A forma resultado da ação que se apropria da cinestesia, forças que formam, transformam, mobilizam ou aniquilam. A cor é aplicada à forma, é o reflexo do grau de satisfação que acompanha seu resultado, podendo ir da alegria à angústia.

Royer informou, ainda, que é possível listar tonalidades afetivas simbólicas, ligadas a cada cor, assim como pode-se observar algumas variantes desses significados, segundo as etnias. A linguagem das cores é conhecida há longo tempo e utilizada na arte, alegoria, heráldica, religião, etc.

Royer[28] indicou os significados comumente admitidos no Ocidente, quanto ao sentido afetivo das cores, informando que convém distinguir, inicialmente, três tipos:

1. As cores quentes: vermelho, amarelo e alaranjado. Elas são consideradas *violentas*, incitam ao movimento para o exterior, à extroversão e à ação. Elas são empregadas pelas pessoas de natureza ardente, franca e impulsiva.

2. As cores frias: azul, verde e violeta. Elas exprimem sentimentos mais moderados, incitam à introversão, à reflexão, à calma e à moderação.

3. Finalmente, as cores neutras: preto, castanho e cinza. Seu emprego é comum nos estados de inibição e afastamento.

São, geralmente, empregadas por pessoas cautelosas quanto às trocas de suas tristezas e alegrias, no relacionamento com os outros.

As pessoas que conseguem usar a cor são capazes de exteriorizar os estados subjetivos profundos, incomunicáveis por meio da palavra, mas seguidos intuitivamente por um grande número de observadores. Essa espontaneidade torna-os mais adaptáveis, mais habilidosos, mais ativos, calorosos e eficazes socialmente. No caso da presença da cor, é conveniente apreciar a importância que é devida ao seu uso, assim como o modo com que é empregada.

Royer[29] informou que é importante determinar o que motiva a escolha das cores. Pode ser uma escolha afetiva, mais primitiva, puramente pulsional, sentimental, mesmo se na realidade os elementos do desenho não possuem aquela cor; ou uma escolha realista ou convencional, mais evoluída que a anterior; e, finalmente, outra de ordem estética, feita por pessoas criativas, mais amadurecidas, capazes de lidar com os dois aspectos, o real e o afetivo.

A própria cultura ou inclinações pessoais podem causar uma reação subjetiva na seleção de tonalidades e cores. Jung, segundo Robbins[30], afirmou que as cores podem ser atribuídas a quatro funções da percepção e do julgamento: o verde, para a sensação; o amarelo, para a intuição; o vermelho, para o sentimento; e o azul para o pensamento. por meio da história, porém, várias culturas têm desenvolvido seus próprios esquemas, com o vermelho para a caça, colheita, violência; e o verde, para a abundância, por exemplo.

O vermelho pode ainda representar, segundo o autor, violência e calor; o azul, frieza, calma, alegria ou realidade; o amarelo, energia ou tumulto; a púrpura, suavidade e sedução; e o branco, o vazio ou síntese de todas as cores.

Robbins[31] pontuou a importância de nosso senso estético e artístico, além da sensibilidade terapêutica para entender totalmente, para reconhecer e aceitar o ponto de vista da pessoa que pinta sua realidade por meio das cores que ela escolhe.

5.2.3 O Material

Materiais, como metal, pedra, madeira, gesso, argila, cera ou armaduras de arame, têm qualidades intrínsecas de volume, que podem ser valiosas na exploração e construção de representações adequadas de si mesmo e do outro, considerando as implicações metafóricas desses materiais.

Em relação à textura, torna-se importante ficar atento às diferentes qualidades que ela, associada a vários materiais, produz. Em determinados níveis, essas produções têm a ver com a maneira de uma pessoa se relacionar com os outros. Dizer como uma pessoa reage à maciez ou aspereza não é relato verbal ou forma de expressão verbal. Essas palavras evocam imagens de pessoas que nós conhecemos. Por exemplo, materiais como argila, plastilina, estofados e massas de modelagem para brincadeiras têm uma qualidade de suavidade; materiais como pedra, plástico e metal podem ser duros ou frágeis, pinturas com tinta ou pinturas a base de óleo são viscosas.

A importância do uso de materiais que têm volume, qualidades tridimensionais, repousa no seu potencial para construção, subtração, organização no espaço, verdadeiros componentes que participam da criação de representação da própria pessoa e dos objetos. Assim, é possível obter uma imagem da dimensionalidade das representações que uma pessoa tem do objeto, de acordo com seu nível, qualidades unidimensionais, como necessidade de gratificação, ou seus diferentes níveis de complexidade, que revelam a riqueza do mundo interior.

Argila e cera podem, ambas, ser subtraídas ou adicionadas; assim, o erro pode ser reparado, a decisão pode ser revertida. A pedra, a madeira e o gesso, basicamente, envolvem continuar, sendo, dessa forma, um risco maior.

O movimento, o ritmo e a expressão psicomotora relacionam-se com o espaço, quando considerados em termos do uso variado da musculatura de uma pessoa. O grau de estimulação, a necessidade de liberação de energia agressiva e a habilidade motora grossa e fina devem, também, ser avaliados na escolha do material.

5.3 Desenho: Desenvolvimento e Simbolismo

Royer relatou que, segundo os antropólogos, a idéia de desenhar surgiu nos humanóides, vendo sua sombra projetada pelo sol sobre o solo, vendo a marca de seu pés no barro, ou de suas mãos sobre as paredes úmidas das grutas. Eles também reconheciam facilmente, nas características desses traços, aqueles seus contemporâneos que passavam pelo seu caminho, decifravam as formas de passagem e previam suas intenções, o passo de um manco (coxo), a leveza de um jovem, o peso de um fardo que era carregado por alguém, a lentidão do observador, a fuga precipitada daqueles que se sentiam perseguidos[32].

O desenho é um ato complexo, que coloca em movimento os mecanismos biológicos múltiplos, sensoriais, cerebrais e motores, para realização daquilo que necessita, não somente do bom funcionamento específico de cada um deles, mas ainda uma coordenação satisfatória entre eles[33].

O que interessa essencialmente ao indivíduo é, evidentemente, ele mesmo e, por meio dele, seus semelhantes. Também não é preciso ficar surpreso com o fato de que a representação do ser humano seja não somente a mais precoce, como a mais freqüente.

O personagem ou os personagens podem também evocar a existência de pessoas mais distantes, como avós, professores, amigos, etc., que desempenham um papel importante para a criança, ou ainda algum sujeito mítico, que marcou o desenhista.

Cambier[34] et al. pontuaram a contribuição motora e perceptiva na evolução do desenho da criança, estreitamente ligada à maturação dos aparelhos perceptivos, motores e, também, à maturação cerebral. A realização do desenho evolui paralelamente ao saber geral, o qual modifica, progressivamente, as capacidades do desenhista de perceber o mundo ao seu redor, transformar as imagens mentais que ele constrói e as projeções que ele aí realiza desenhando. Além disso, os autores refletem sobre o fato de que o desenvolvimento da motricidade é também função da reunião de experiências sensoriais, cognitivas, socioafetivas de cada um de nós e vivências ao longo da vida.

Três domínios são significativos ou então aí explorados como sendo os pontos essenciais da personalidade, reveladores do estado psicológico satisfatório ou não das crianças, seu nível de maturidade, a integração da sexualidade e seu grau de equilíbrio mental.

Os signos envolvem traçados peculiares de cada estágio de desenvolvimento infantil, seja na confecção de personagens ou de casas, que são elementos muito freqüentes nos desenhos das crianças.

As relações da pessoa com o espaço começam muito cedo, com a fusão e gradual separação, diferenciação e individuação, que, em um sentido psicológico, interpõe um espaço entre a criança e a mãe. Torna-se importante considerar a diferença entre colocar uma imagem em um pequeno pedaço de papel, um grande pedaço, ou em um mural que toma toda a parede. A falta de conteúdo, e potencialmente o senso de ser oprimido, torna-se progressivamente maior quando o espaço para lidar com o trabalho aumenta.

A maneira como a pessoa usa o espaço oferece indicações sobre várias características desta. Faz-se uma demonstração de força, ocupando um espaço considerável, ou usa pequenas partes do espaço. A imagem expande-se, estende-se, fecha-se, defende-se; tem densidade ou uma qualidade difusa; faz sua interface com a redondeza de maneira defensiva ou receptiva.

A habilidade para a abstração é intimamente relacionada com a formação do símbolo, uma função que não é desenvolvida até o início dos relacionamentos. Esta é a fase em que a criança precisa abandonar a ilusão de poder e aceitar a verdadeira separação da mãe. O desenvolvimento da linguagem, a internalização de uma boa mãe e a exigência de regras, habilidade para expressar os desejos e fantasias por meio da representação simbólica, facilitam o processo. Uma vez adquirido, o uso dos símbolos pode atuar como um fator de organização para sintetizar os múltiplos níveis da consciência e a própria identidade ou pode-se transformar em um refúgio que distrai o exterior, prejudicando o acesso ao verdadeiro eu[35].

De acordo com Buck[36], o melhor critério para discriminação de inteligência pelo desenho seria a qualidade dos detalhes, fazendo referência àqueles do conhecimento ou da cognição, a respeito das proporções relativas dos elementos constitutivos, e à representação de perspectiva.

Royer[37] pontuou, na obra "A personalidade da criança por meio do desenho da pessoa (bonhomme)", o interesse de uma análise separada de três aspectos da representação humana: cabeça, esquema corporal e vestimentas, cujo simbólico remete, respectivamente, ao contato humano, à constituição física e à ambição social.

No estudo de desenhos infantis, devemos procurar a identificação de todos os detalhes do personagem do desenho em questão e a maneira como eles foram elaborados, pois as duas situações estão carregadas de simbolismo.

O animal pode ser escolhido pela criança como sujeito principal ou complemento de seu desenho. Convém informar-se sobre a presença efetiva desse tipo de animal no seu universo familiar: caso a criança viva no campo, possua um animal de estimação, como o gato, cachorro, pássaro, coelho; ou seja, o que ela prefira, como um cavalo, por exemplo.

O arquétipo animal é, entre os símbolos, o que se refere aos instintos de vida psíquica, da ação, como também de uma grande variedade de sentimentos, suscitados pelo aspecto físico da espécie, seu modo de vida e de ação específica, seu *habitat*, e o tipo de relação que ele mantém com os humanos.

O cachorro é, certamente, o animal mais comumente apreciado, símbolo de fidelidade, de vinculação, mas também aquele a que se vincula, que deve obedecer, e no seu aspecto negativo é aquele que não quer nada, que se incrimina e manda para fora[38].

Os animais domésticos evocam a vida, a situação passiva e laboriosa de fazendas, como vacas, carneiros, coelhos, cada um particularizado e, muitas vezes, fazendo referência à curiosidade quanto à reprodução, sendo o ovo o símbolo mais evidente do nascimento[39].

O céu de um dia pleno é aquele que se encontra mais freqüentemente nos desenhos das crianças, com muitas variedades. É o *tempo que faz*, que traz à criança a noção do *tempo que passa*, por meio do ciclo inexorável das estações, marcado de festas, civis e religiosas, mas o domínio psíquico desse decurso, a longo prazo, leva evidentemente muito tempo. É graças à alternância do dia e da noite, evocando a vigília e o sono, que a criança toma consciência, em primeiro lugar, da noção de tempo, a curto prazo[40].

O céu é o primeiro elemento do ambiente desenhado pelas crianças, antes do solo, representado então por uma parte de cor azul; aparece aquilo que povoa o céu, o sol, a lua, as estrelas, a chuva, com suas diversas precipitações, assim como os elementos vivos que aí se projetam, como pássaros, borboletas e aviões.

As nuvens, freqüentemente flutuantes, sem precipitações, são como ameaças, mais ou menos numerosas, extensas e negras, que planam sobre o desenhista[41]. Devido a uma curiosa contaminação, elas são muitas vezes desenhadas azuis sobre um céu branco, evocando, talvez, mais uma esperança que uma ameaça com ou em certo irrealismo na criança.

O sol foi deificado por numerosos povos primitivos. Seu poder é flagrante: é ele que faz o dia, a noite e as estações; faz estimular as culturas e nutrição; clareia, aquece, dá vida[42]. Ele parece não ser ausente na chuva, mas transforma-se nas forças maléficas da tempestade, dos relâmpagos e dos raios. Ele parece deter um poder absoluto e, à vontade, recompensa, pune, ou se abstém.

A lua, símbolo feminino, às vezes é vizinha do sol, irracional, denunciando, assim, a perturbação das noções temporais fundamentais. As noites de lua são, particularmente, propícias aos eventos dramáticos, mas a presença do astro da noite, ora redondo, ora em forma de *croissant*, é muito ambígua. Sabe-se as anotações diversas que são atribuídas, ou maléficas, como, por exemplo, seus raios que enlouquecem, ou nostálgico e humorístico, pelos *pierrots* decepcionados. Violada por Armstrong, nosso satélite viu seu arquétipo perder uma boa parte de seu mistério e de sua poesia, mas tornou-se, para os amadores de ciência e de ficção, a anti-sala do curso às estrelas. A estrela guarda um senso mais positivo. Graças a ela, o céu é azul escuro, mais do que negro. É ela quem guia, faz olhar mais alto, ir mais longe. Mas há, também, o estranho fogo de artifícios de estrelas brilhantes, como jóias efêmeras, as ilusões perdidas.

A água e o fogo são dois arquétipos carregados de um simbolismo poderoso, contraditório, mas ambivalente em cada um deles[43]. O primeiro evoca a centelha da vida; o outro, a nirvana do período fetal. Um e outro são símbolos da vida, da vitalidade, de ardor. Eles são os elementos vivos, ativos, contendo, na sua miniaturização, a capacidade de crescer até provocar incêndio e inundação. Eles detêm, um e outro, o poder, o benefício e o maléfico. Eles são freqüentemente utilizados pelas crianças nos seus desenhos para exprimir as impressões profundas e fortes. Ela não se desembaraça do símbolo mais polivalente, mais assombroso e mais inquietante, capaz de provocar a expressão de sentimentos também diversos. A água é inconsistente e inconstante, como também difícil de desenhar.

Encontramos a água, portanto, muito freqüentemente sob o lápis das crianças, embalando os barcos ou os sacudindo com vagas furiosas; ou nos oásis e mares compensadores do abandono e sempre, como o céu, na representação azul, tombando do céu como em eterno dom de Deus[44].

O fogo, também, é bem misterioso[45]. Somente o homem, entre todos os seres vivos, soube dominar a força e dele servir-se para seu conforto. O poder o caracteriza, um forte essencialmente viril e criador, saindo do fundo das épocas de seu *Bing-Bang* inicial, bem conhecido pelos jovens amadores de ciência-ficção, para quem o cintilar das estrelas é como um fogo de artifício, celebrando o sucesso da vida, um apelo à descoberta.

Ele está ligado ao sol, pois vem ou pode cair do céu, em relâmpagos. É também um poder terrestre, pois jorra do centro da terra e *nós dançamos todos sobre um vulcão.* Ele pode arrasar tudo na sua passagem, não deixando atrás de si nada mais que cinzas e desolação. Somente o Fênix, pássaro mítico, pode renascer dele. O fogo tem parte ligada aos poderes do mal, com os dragões que *cospem fogo como os diabos do Inferno*[46]. O fogo aparece em diferentes cores. Doce e caloroso, sua chama é dourada, torna-se vermelha na cólera, invocando o vermelho do sangue[47]. Ele é azulado e esverdeado, quando emana gazes deletérios. O fogo dissipa-se em rolos de fumaça. Depois dele, não resta mais que cinzas, o negro do vazio, do nada. Mais do que a água, o fogo aparece, para a criança, perigoso, pois queima. E ao mesmo tempo atrai, pois brilha e é poderoso. Mas seu poder está, às vezes, bem oculto; raspar a ponta de um fósforo, pressionar sobre o botão e acabar. Somente algumas vezes a água tem relação com o fogo[48].

5.4 Desenho Infantil

Segundo Widlöcher[49], os desenhos infantis são objeto de nossa curiosidade, porque não existe o desenho adulto. Se o adulto não é um artista, ele não desenha. Sua atividade gráfica é reduzida a alguns ensaios de caricaturas e rabiscos não figurativos. As crianças, no entanto, revelam, em relação aos desenhos, um tipo de conduta que parece própria e espontânea.

O desenho infantil, em cada etapa da evolução das atitudes intelectuais, perceptivas e motoras das crianças, representa um compromisso entre suas intenções narrativas e seus meios. Trata-se, portanto, de um campo de estudos original de psicologia da criança.

O desenho da criança é tributário dos meios de expressões de que ela dispõe. O estilo evolui desde o desenvolvimento das técnicas com pinturas com água, diferentes tipos de lápis de cera, lápis coloridos que parecem ter propiciado o crescimento dessa área de pesquisa, na referida evolução. No passado, quando a criança não dispunha de recursos além da pedra, areia, não foi possível conservar e observar seus trabalhos, mas, atualmente, com o advento de recursos materiais diferenciados, pode-se avançar. Widlöcher[50] afirmou, então, que o desenho infantil é um produto de nossa civilização industrial.

Atualmente, observamos o crescimento de estudos modernos, teóricos e práticos, de novos sistemas de comunicação que são aplicados naturalmente ao desenho, com um interesse de estabelecer uma verdadeira semiologia da imagem, não sendo as observações a propósito das atividades das crianças, em suma, mais do que um dos aspectos de um fenômeno mais geral.

Durante os dois últimos séculos, com o desenvolvimento da idéia de um mundo próprio das crianças, diferente dos adultos, foi possível perceber que suas atividades não seriam o reflexo de sua incapacidade de se comportar como um adulto, mas expressão de uma forma original de pensar e de uma organização particular de sua sensibilidade, que, desenvolvidas, se transformam para dar lugar à personalidade adulta. Daí um interesse incessante, crescente, pela sua maneira de ver e pensar, que muito naturalmente se deveria encontrar nas suas criações práticas.

Interpretar significa explicar um sentido obscuro ou oculto e traduzir em um registro mais facilmente compreensível. A interpretação do desenho supõe então que nós possamos transcrever, no registro verbal, um sentido que já estaria presente na imagem. Interpretar é traduzir.

Todos os estudos da interpretação do desenho supõem, inicialmente, que nós saibamos em que medida o grau de maturidade perceptiva, visual e intelectual intervém na escolha das formas e dos temas.

Somente após ter estudado o desenvolvimento do gesto gráfico, e, em um segundo momento, entendendo como o desenho, antes de ser uma reprodução dos domínios da percepção, é, na criança, um sistema de escrita, que nós poderemos abordar o problema da interpretação[51].

Sob o ponto de vista psicológico, desde seu nascimento, a criança desenvolve-se no seio de uma cultura que a marca profundamente. A influência das imagens que a envolvem, a linguagem, da qual ela dispõe não podem ser subestimadas[52]. Luquet[53] trouxe uma série de fases, para a distinção na evolução do desenho infantil, todas caracterizadas por um modo particular de realismo. O autor afirma que a criança leva em conta seus meios e busca sempre produzir o real, sua preocupação de observação, seu gosto pelo detalhe, seus comentários, tudo mostra a tendência realista.

Assim, a primeira fase é aquela do realismo fortuito[54], pois para a criança, inicialmente, o desenho não é um traçado executado para fazer uma imagem, mas um traçado executado simplesmente por traçar linhas, sendo que a identidade, entre uma forma assim produzida e aquela de um objeto, acontece por acaso.

Na medida em que os êxitos, no desenho das imagens, ocorrem com mais freqüência, um estilo original desenvolve-se, marcado pelo realismo intelectual, segundo Luquet[55]. Cabe ressaltar que as coisas, nessa fase, não são representadas em razão do que a criança vê, mas do que ela sabe delas. Assim, quando o autor relatou que o estilo geral do desenho da criança é marcado pelo realismo, pretendeu utilizar o termo em um sentido geral.

A criança não se interessa pelos valores formais em si mesmos, mas pela sua possibilidade de representar o significado. Depois de ter visto como Luquet descreveu a evolução dessa preocupação realista, podemos constatar que ele conferiu a esse termo um outro sentido. Identificou o realismo como realismo visual e considerou os estágios que o precedem como os estágios preparatórios. Quando se fala de realismo visual, considera-se uma relação entre o objeto e a representação que lhe permite a percepção bruta do objeto. Ou seja, nessa fase, a criança vai desenhar o que vê e não o que ela sabe que exista significado. O autor, porém, informou sobre a dificuldade para explicar essa passagem do realismo intelectual para o realismo visual.

Luquet[56] distinguiu uma fase de garatuja, quando a criança se exercita com prazer para traçar formas sobre uma superfície sem procurar lhe dar um significado, uma fase do realismo infantil, que corresponde a uma fase de realismo intelectual, o apogeu do desenho infantil, e uma fase de realismo visual, quando a criança submete a figuração dos objetos a um ponto de vista único.

Essas três fases são separadas pelas mutações que nós tentaremos analisar, o início da figuração, o início da intenção representativa, o abandono do realismo infantil e o declínio do desenho da criança.

O autor apontou para uma pré-história do desenho, que prepara o encontro do lápis e da mão inábil que o segura e a folha de papel. Antes desse momento, condicionada pela cultura, a criança inicia a idade do desenho, e de várias maneiras produz os traços. Para ele, é suficiente que disponha de um elemento que grave, a mão ou todo objeto que prolongue a ação, uma substância que assegura a conservação do traço e uma superfície que receba a impressão.

Assim, o momento determinante, originário do desenho, é aquele em que a criança descobre a ligação entre o gesto e a persistência do traço, que confere ao ato um uso diferente da atividade de rabiscar.

No final, o que permanece, o momento originário do desenho, é aquele quando a criança reconhece entre o traço e seu gesto uma ligação causal e empreende a longa aprendizagem que, paralelamente ao desenvolvimento motor, irá levá-la a disciplinar seu gesto.

Na fase de rabisco, chamada de realismo fortuito por Luquet[57], a criança interessa-se pelas linhas que ela traça e que procura reproduzir, com um controle progressivo dessa atividade, sem intenção representativa.

O aperfeiçoamento do controle motor, com a limitação da linha contínua, hachura, a diminuição progressiva do ritmo do gesto, permitindo a passagem do traço contínuo, amplo e descontrolado, ao traço descontínuo, curto e repetido, linear ou curvo, vai permitir o desenvolvimento de controle visual. A partir de 2 anos, introduz-se uma modificação radical nas relações olho-mão.

O primeiro desenho intencionalmente figurativo da criança, ou seja, a primeira reunião de traços à qual a criança dá um sentido, é aquele que corresponde ao momento quando ela é capaz de identificar a forma, ela pode decifrar o significado. É o encontro do desenvolvimento de atitudes perceptivo-motoras e seus progressos na decifração ou entendimento simbólico. Esse encontro é amplamente determinado pelos processos de maturação motora e perceptiva e dos efeitos socioculturais, ou seja, o uso educativo das imagens.

O momento em que a criança descobre que ela é capaz, com um sistema mais ou menos desenvolvido de sinais, representando qualquer coisa, é decisivo. Antes, trata-se verdadeiramente de um realismo fortuito, depois, de um sistema simbólico, chamado por Luquet[58] de realismo intelectual. Antes, a criança serve-se do desenho como nós nos servimos de algumas palavras de uma língua estrangeira, então, nós ignoramos o resto. Ela sabe que, para alguns conceitos, é capaz de realizar a transcrição gráfica em imagens, mas ignora ainda a chave do sistema de expressão. Pode-se perguntar, também, como ela passa do realismo fortuito para o realismo intelectual, ou de uma intenção representativa acidental para um sistema coerente de sinais.

Entre 4 e 12 anos, o desenho da criança desenvolve-se segundo leis que permanecem constantes. Elas aparecem logo que a criança usa os esquemas gráficos de que dispõe no objetivo de expressar a realidade exterior.

A criança não toma cuidado com aparência visual, que permite reconhecer objeto. Fiel, antes de tudo, à sua preocupação com o significado, ela faz igualmente uso de procedimentos que vão ao encontro do realismo visual. Se um detalhe invisível permite fazer um reconhecimento melhor do objeto, ele será representado contra toda aparência.

Assim, a criança não hesita, no quadro de uma casa em que ela irá desenhar a fachada, em representar o interior das peças que a compõe, seus habitantes na sua tarefa familiar, os móveis, etc. Esse fenômeno, conhecido como transparência, não merece, segundo Widlöcher[59], esse nome, pois é uma vez o interior e uma vez o exterior que a criança representa, sem procurar combinar logicamente essas duas representações.

No seu estilo, a criança revela uma diversidade de pontos de vista. Por exemplo, sobre o rosto representado de frente, ver-se-á implantado um cabelo de perfil. Sobre os dois lados de uma rua, as casas serão representadas com suas fachadas, como se elas estivessem rebatidas sobre o mesmo plano que a rua. Igualmente importante é o uso do detalhe exemplar. Para figurar os cabelos, por exemplo, a criança contentar-se-á de erguer sobre a cabeça os traços verticais, ou mesmo uma justaposição de traços verdes representará uma campina.

Widlöcher[60] criticou o termo realismo intelectual, dizendo que a preocupação da criança não é a de representar as coisas tal qual elas são, mas de figurá-las de maneira identificável. Todos os artifícios que ela utiliza, a exemplaridade de detalhes, a multiplicidade de pontos de vista, visam a esse fim de representatividade.

Em relação às evoluções da criança em direção ao realismo visual, Luquet[61] afirmou que, para não desenhar senão aquilo que se vê, é preciso saber livrar-se de todas as inferências intelectuais e esquecer o que se sabe. A criança não pode isolar esse ponto de vista. A partir do momento em que ela o faz, graças ao progresso de suas capacidades de atenção e de concentração, renuncia ao sincretismo do realismo intelectual e ingressa, então, na fase do realismo visual.

Royer[62] enumerou as características do estágio de *"realismo intelectual"*, segundo Luquet, de acordo com certas particularidades do desenho da criança entre 4 e 14 anos:

1. *"Multiplicidade de detalhes"*, acumulados sem ter em conta proporções e suas situações respectivas, que flutuam no espaço da página.

2. *"Aspectos narrativos do desenho"*, personagens e objetos estão representados juntos, a despeito de seu apartamento real no tempo e espaço.

3. O uso do detalhe típico *"exagerado"*, por exemplo, o cabelo representado por traços verticais sobre a cabeça.

4. *"Reverso das imagens"*: árvores desenhadas perpendicularmente ao traço da estrada, por exemplo.

O Desenvolvimento da Pesquisa, Escolha das Crianças e Técnicas   159

5. "*Diversidade de pontos de vista*": rosto de frente e pés de perfil, por exemplo.

6. O fenômeno da "*transparência*": representação do interior de uma casa, apesar de ela aparentar ser vista pelo exterior. Royer[63] acrescentou o antropomorfismo que leva a criança a personalizar tudo que a envolve: a casa, o sol, objetos diversos. Para Wallon[64], a evolução do desenho da criança está estreitamente ligada à maturação dos aparelhos perceptivos e motores, e também à maturação cerebral. A execução do desenho evolui paralelamente ao saber geral; isso modifica progressivamente as capacidades do desenhista de perceber o mundo ao seu redor, transformar as imagens mentais que ele constrói e as projeções que ele realiza desenhando.

Lowenfeld[65] propôs uma nova abordagem da evolução do desenho infantil, em termos de estágio, abordagem que tem o mérito de visar à evolução gráfica até e compreendendo a adolescência. Se o valor dos trabalhos de Luquet justifica-se pelo reconhecimento implícito do conceito de egocentrismo por meio da noção de realismo, os trabalhos de Lowenfeld[66] colocam em evidência a noção de esquematismo. Os estágios são definidos pelo modo de apreensão que o sujeito tem da realidade. Os períodos sucessivos são os rabiscos e a garatuja, o pré-esquematismo de 4 a 6 anos, o esquematismo de 7 a 9 anos, o realismo nascente de 9 a 11 anos, o pseudo-realismo de 11 a 13 anos e a adolescência.

Em torno de 4 e 5 anos, a criança exerce uma criação consciente de linhas e de formas, símbolos representativos que encontram sua origem no rabisco da criança e nas relações significativas vividas pela criança; durante esse período pré-esquemático, o desenho será caraterizado pelas pesquisas, experiências, das mudanças constantes de formas simbólicas, cada criança tendo sua maneira de desenhar uma casa, um cachorro, um homem, sem ter ainda fixado definitivamente sua escolha.

Por volta de 6 ou 7 anos, a criança descobre que existe uma certa ordem nas relações essenciais; a criança não pensa mais "isto é um casa", "isto é uma árvore", mas, ao contrário, estabelece as relações entre os elementos e considera-se como uma parte do meio. Essa evolução exprime-se pela aparição de um símbolo, que Lowenfeld[67] chamou de "linha de base". No início, a criança colocará todas as coisas sobre a borda inferior da folha de papel; posteriormente, desenhará um traço para simbolizar a base sobre a qual se encontram os objetos. Em outros casos, a linha caracteriza um aspecto da paisagem, uma montanha, por exemplo.

Por volta de 9 anos, a representação esquemática e as linhas geométricas não serão mais suficientes para permitir à criança se exprimir; a criança procura agora enriquecer seu desenho e adaptá-lo à realidade. O período de 9 anos será, geralmente, caracterizado por uma situação conflituosa, a perda progressiva da confiança da criança na sua capacidade de representar seu meio. Entre 11 e 13 anos, o produto final da criação artística perderá cada vez mais sua importância.

Esse fato ocorre considerando-se que a interpretação e compreensão, aprender a olhar o desenho de maneira não restritiva, descobrir o que ele conta do objeto, sem se referir, portanto, a um sistema normativo e constrangedor, é se descobrir como desenhista, percebendo a realidade, é também descobrir. A linguagem dos signos, própria na realização de cada desenho, e a leitura do desenho serão grandemente facilitadas pela existência de uma escala de análise, guiando sua complacência. O olhar de cada um, por meio dos labirintos da representação, permite, por exemplo, ao observador, tomar consciência das dimensões raras de certos detalhes ou de sua ausência, apreciar a presença de originalidade, notar alguma extravagância, em uma palavra, constatar todas as características que interferem na execução do desenho.

A compreensão do desenho será consideravelmente enriquecida por uma aproximação dinâmica, entre outras, sobre os momentos de produção e os processos que, de uma maneira ou outra, agora ou no passado, contribuíram para sua elaboração.

Estudos conduzidos em relação à natureza e à gênese da percepção inserem-se no mesmo título que aqueles referentes à motricidade, nos estudos do desenho infantil.

O Desenvolvimento da Pesquisa, Escolha das Crianças e Técnicas

A capacidade perceptiva de viver o traço, de imaginar e criar formar novas, inscreve o desenho em um campo ideatório cognitivo, exceto no caso em que desenhamos depois do modelo. O valor significativo do traço faz, necessariamente, referência às informações tomadas, memorizadas, comuns a um grande número de sujeitos de uma mesma idade e de uma mesma cultura: a contribuição perceptiva e a contribuição ideatória associam-se em um mesmo projeto gráfico para realizar, no melhor dos casos, uma imagem do objeto em uma perspectiva ao mesmo tempo semelhante e diferente, conciliando uma visão pessoal e coletiva. Os signos utilizados nascem de uma viagem interior, da sedimentação no seio da consciência individual, de muitas numerosas experiências e investigações, participando na elaboração do conhecimento.

A concretização gradual do desenho transpõe uma concepção do objeto, implicando, por sua vez, referência às aparências, no saber coletivo, na experiência individual. As numerosas conotações de ordem afetiva ou fantasmática acompanham, inevitavelmente, os erros do desenhista. É evidente que essa representação evolui em virtude do ambiente e da idade da criança. Não é de surpreender que a riqueza, o grau de completude de um desenho, o agenciamento de suas partes sejam, em uma certa medida e até um certo ponto, o reflexo de uma cultura e a expressão do nível de desenvolvimento da criança. Depois de ter sido executado em um espaço perceptivo-motor, o desenho será pensado em um espaço simbólico e semiótico.

Além disso, uma das características fundamentais do ser humano é a de crescer em um sistema cultural, no meio ambiente que impõe os modos de representação e de formas particulares de expressões e de comunicação com os objetos e com as pessoas.

A atividade gráfica é inteiramente expressão de nós mesmos, daquilo que somos em um dado momento de nossa história pessoal. É a transmissão de uma mensagem particular ao nosso círculo de amigos, à família. Como todo outro fato psíquico, é resultante de um processo temporal de integração, o produto de um estágio de elaboração progressiva de nossa experiência de nós mesmos e de nosso conhecimento dos objetos e das pessoas.

O desenho da criança é, inicialmente, uma semântica aberta, segundo Osson[68], em que cada signo se combina a um outro de uma maneira sempre complexa. Essa semântica testemunha evidentemente a pessoa, sua individualidade, aquilo que ela é no momento presente, e também, sem dúvida, saber coletivo, legado de uma convenção simbólica. Pode-se pensar que, como toda linguagem, o desenho infantil é profundamente marcado pelos fundamentos essenciais da cultura e reflete, de maneira privilegiada, os valores que subentendem a comunicação social.

Além da dimensão biológica, a elaboração dos signos e sua organização são os indícios de socialização, de aculturação: desenhar é, para a criança, aprender a manipular as relações ou as regras que ligam os significantes aos significados no nosso meio.

Wallon, Cambier e Engelhart[69], buscando ilustrar essa influência do meio, relataram um estudo feito há dez anos, no Nepal, por uma etnóloga, N. Bauthéac, cujo objetivo era aprender, pelas crianças, os fundamentos de sua sociedade. O recolhimento dos desenhos teve lugar no acaso dos caminhos, nas cidades, no curso das atividades cotidianas, fora das escolas, em geral, salvo em Katmandou. Segundo as regiões estudadas, as tendências apareceram nitidamente nos desenhos, seja na sua grafia, seja no seu simbolismo.

Os desenhos obtidos com crianças taru (*tharus*), aborígenas da região do Terai (Téraî), celeiro agrícola ao norte do território (*gangétique indien*) indiano, mostram que a folha de papel é um espaço aberto e que ela se recobre em todos os sentidos. As crianças taru (*tharus*), segundo Bauthéac, utilizaram o esquema gráfico tradicional para reproduzir os homem, os animais, o apoio de dois triângulos, inspirando-se nas esculturas decorativas das casas taru (*tharus*).

Nos desenhos de crianças escolarizadas da região de Katmandou, a representação gráfica foi feita conforme os modos ocidentais, com a mesma organização da página. A evolução da pessoa e da casa correspondeu àquela das crianças francesas.

Nas vilas do vale do Langtang, a 4.000 m de altura, em um lugar em que as crianças vivem afastadas de outra civilização, sem escola e sem imagem, os desenhos de 400 crianças são uma transmissão dos símbolos culturais, pelos símbolos religiosos, como os objetos de oferenda e bandeiras sagradas. As pesquisas relatadas e outros estudos, afirmaram Wallon, Cambier e Engelhart[70], levam a pensar que cada sociedade, cada grupo, se exprime graficamente de maneira diferenciada e específica, sem excluir a existência de signos e de regras universais.

O desenho conta também, a quem pode entender, o que eu sou no momento presente, integrando o passado e minha história pessoal. O desenho conta sobre o objeto, é a imagem do objeto, e inscreve-se entre numerosas modalidades da função semiótica: ilustrar, desenhar, fazer o sentido com os traços, com outros sinais ou com as imagens que são muitas vezes difíceis de dizer com as palavras.

O desenho é um suporte em que se misturam e se cruzam os valores do objeto e os valores da pessoa. É a concretização de um diálogo inconsciente, buscando conciliar as exigências do sujeito e aquelas do objeto, um diálogo que organiza o conhecimento e permite reduzir a distância entre o eu e o não-eu.

A identificação e a legibilidade da produção são, geralmente, tributárias de uma semelhança visual, visão fotográfica com o objeto: a imagem desenhada aparece como uma transcrição, sobre a folha de papel, das qualidades sensíveis do objeto; ela reduz o real para melhor o evocar; ela é uma elaboração original, um agregado de significados, cuja natureza e estrutura são largamente determinadas pelos processos diversos, de ordem perceptiva cognitiva, sociocultural, processos que, além disso, subentendem e trabalham a personalidade do desenhista.

Wallon, Cambier e Engelhart[71] alertaram quanto aos riscos que corremos ao analisar o desenho, quando, para facilitar ou por falta de clareza, nossa atitude pragmática nos leva a esquecer as origens do desenho e a considerá-lo como objeto autônomo, sem nos preocuparmos, inicialmente, com as circunstâncias particulares e os processos que orientam sua produção.

Mais grave seria decompormos a imagem, isolar algum detalhe privilegiado, hierarquizá-lo e atribuir-lhe um valor significativo específico. Além disso, o signo não adquire seu significado senão nas suas relações com a reunião de tudo aquilo ao qual ele pertence. Esse procedimento é, particularmente, nefasto no caso de desenho da criança, em que o adulto é levado a isolar uma série de unidades significativas, definidas por um conceito de objeto que não corresponde, necessariamente, à concepção sincrética de uma criança. Em conseqüência, o desenho da criança, muitas vezes, tem sido analisado com referência a uma perspectiva adulta (adultóide) e a uma maneira de fazer valorizada pelo grupo social. A qualidade da produção gráfica é legitimada por uma dimensão normativa e cultural; o desenho da criança é, desde então, descrito em termos negativos, em termos de ausência de semelhança e de detalhes.

Na maioria das escalas psicométricas, a argumentação de número de detalhes traduz uma melhor leitura (interpretação) do desenho e aparece como uma mais valiosa ordem intelectual.

Sabemos, também, que os objetos não pertencem somente às classes de objetos, eles definem-se nas suas relações com os outros objetos, segundo as leis que fazem do nosso universo um mundo de forças e relações.

Assim, o sol simboliza calor, vida e poder de fecundação. Em cada uma dessas relações, encontra-se em uma situação análoga com outros objetos que igualmente simbolizam calor, vida ou fecundação. Ele opõe-se à lua, astro noturno, mas opõe-se à terra que ele irradia. O mundo dos objetos também é, portanto, um mundo de símbolos. O domínio do imaginário, que tem uma grande parte na vida da criança, exprime-se muito natural nesses desenhos.

Finalmente, o valor narrativo do desenho tem, sobretudo, um significado simbólico. Ele mostra-nos a maneira como a criança, por meio das coisas, vive os significados simbólicos que ela lhes atribui. É a reunião de seu mundo imaginário que reflete no seu desenho. O que ela não nos pode dizer de seus sonhos, emoções, nas situações concretas, indica-nos pelos seus desenhos. Observa-se, tanto melhor, quem não se contenta em estudar um desenho isolado, mas quando se procede a uma análise comparativa de uma série de desenhos da mesma criança, procurando os temas comuns. Em relação a essas últimas reflexões, entendemos que a escolha de Psicossemiótica para a análise dos desenhos e diferentes produções das crianças Guarani/Kaiowá preenche, sem dúvida, uma lacuna nos diferentes estudos e pesquisas sobre análise e interpretação das referidas produções, buscando a compreensão do signo não só no desenho ou na produção artística em si, como também em toda ação e verbalização no momento em que a sessão de trabalho está acontecendo.

5.4 A Modelagem

As atividades com argila e plastilina são muito utilizadas em técnicas expressivas na Psicologia, não sendo necessários conhecimentos e habilidades muito elaborados, tendo em vista a simplicidade do material, sendo suficiente, unicamente, o próprio material e água, no caso da argila. A simples manipulação da argila, segundo Boyer-Labrouche[72], revela um material oculto das vivências do consciente e inconsciente da pessoa e de sua vida. A autora pontuou que as primeiras obras, na história da humanidade, foram em argila.

As técnicas de modelagem podem ser também muito elaboradas, até a criação de auto-retratos, permitindo, verdadeiramente, a criatividade na expressão; porém, segundo a autora, seria um risco desenvolver habilidades na fabricação de objetos, em detrimento de uma obra de criatividade. Na arteterapia, a argila é indicada, particularmente, quando as dificuldades de comportamento são significativas, em doentes que estão voltando de estados comatosos, dementes senis e psicóticos.

A argila é um material de recursos projetivos infinitos, associando o volume à forma. A atividade de modelagem coloca, em primeiro plano, as representações do próprio corpo, ainda de acordo com Boyer-Labrouche. Favorece, também, o restabelecimento de uma comunicação oculta: traços da vida pré-natal, vivências corporais com a mãe e outras pessoas.

5.5 BRICOLAGE

A *bricolage*, de acordo com pesquisas de Leonhardt[73], configura-se como uma experiência em si, propiciando a transformação de ações em símbolos. Para sua realização são necessários materiais escolares, como lápis, tintas, tesoura, etc., materiais da natureza, como água, areia, flores secas, etc., materiais fragmentários de diferentes tipos e origens, como restos de tecidos e fitas, diferentes papéis, botões, caixas, etc. A possibilidade de reunião de materiais para sessões de *bricolage* é infinita e depende de disponibilidade ou recursos de quem organiza a técnica.

De acordo com Lévi-Strauss[74], *bricolage intelectual* é um processo mental caracterizado por um ziguezaguear de idéias e símbolos, sem um planejamento anterior, utilizando elementos variados em permanente expansão e renovação. *Bricolage* pode ser definida como coleção de objetos de pouco valor e de várias origens diferentes e possíveis. O *bricoler*[75] é a pessoa que executa pequenos trabalhos de consertos, em casa.

Leonhardt[76] fundamentou suas pesquisas com o que chamou de Laboratório de *Bricolage*, na obra "Pensamento Selvagem", de Claude Lévi-Strauss[77]. Em suas pesquisas de campo, com um grande número de tribos indígenas do mundo inteiro, inclusive brasileiras, Lévi-Strauss[78], procurando estudar o modo de conhecimento que esses povos mais primitivos desenvolviam em sua adaptação ao meio ambiente, constatou um mundo extremamente rico em classificações e abstrações, uma maneira peculiar de estabelecer relações sensíveis para perceber e explicar a vida, que para ele contrastou com o afastamento da sensibilidade que caracteriza o saber atual.

Para Lévi-Strauss[79] a diferença entre o *civilizado* e o homem primitivo é que o último atende às exigências intelectuais antes, ou no lugar, da satisfação de necessidades. Afirma então que ocorre *"uma atitude de espírito verdadeiramente científica, uma curiosidade assídua e sempre alerta, uma vontade de conhecer pelo prazer de conhecer, porque uma pequena fração apenas das observações e experiências poderia dar resultados práticos e imediatamente utilizáveis".*

Quando afirmou que toda classificação está acima do caos e que *"mesmo uma classificação no nível das propriedades sensíveis é uma etapa para a ordem racional"*, mostrou-nos uma maneira de pensar a aprendizagem voltada para a criança, de acordo com suas características e peculiaridades, seguindo suas próprias vias de evolução, adotando uma estratégia de entendimento mais perto da intuição sensível.

Em relação à técnica propriamente dita, é importante pontuar que o *bricoler* tem à sua disposição um conjunto de elementos, formado por objetos das mais variadas origens; conforme Leonhardt[80], *"uma coleção de resíduos de obras humanas, um subconjunto da cultura, ao qual empresta um valor especial, inclusive a cada peça em particular".*

O material reunido para o trabalho de *bricolage* é uma coleção de mensagens pré-moldadas e pré-transmitidas, que, embora não sejam idéias em si mesmas, representam um conjunto de signos capazes de suscitar criações, novas idéias, ou seja, um conjunto de signos que pode gerar novos signos. Além disso, o material assim trabalhado passa a ter importância e é investido de emoção. A apercepção do meio ambiente pode ser, então, ampliada, pela re-significação e reaprendizagem de suas relações com os objetos que se encontram à sua disposição.

"A criança se torna capaz de movimentar-se nos dois universos, com maior flexibilidade — o sensível e o racional, o imaginário e o real, classificando a vida com critérios mais ricos e, ao mesmo tempo, mais fundamentados"[81].

NOTAS

1. HTPF, ou seja, *house, tree, person and family*; em português, casa, árvore, pessoa e família.

2. ROYER, J. *Le Dessin D'Une Maison - Image de l'adaptation sociale de l'enfant*. France: EAP, 1989. p. 17-25.

3. Idem, ibidem.

4. Idem, ibidem. p. 142.

5. Idem, ibidem.

6. Idem, ibidem. p. 25.

7. OLIVER, M. *Psychanalyse de la maison*. Paris: Seuil, 1972.

8. Fundação Nacional do Índio.

9. ROBBINS, A. and GOFFIA-GIRASEK, D. Materials as an Extension of the Holding Environment. In:ROBBINS, A. (Org.). *The artist as the therapist*. New York: Human Sciences Press Inc., 1997. p. 105.

10. ROYER, J. *Que nous disent les dessins d'enfants*. Paris: Hommes et Perspectives, 1995. p. 151.

11. ROBBINS, A. and GOFFIA-GIRASEK, D. Op. cit. p. 105-106.

12. ROYER, J. Op. cit. p. 151-152.

13. O termo *gestalt*, de origem alemã, significa forma, organização.

14. Idem, ibidem. p. 154.

15. Idem, ibidem. p. 155.

16. Idem, ibidem. p. 156.

17. Psicodiagnóstico de Rorschach, criado por Hermann Rorschach, é um teste projetivo em que o paciente relata o que percebe em manchas de tinta, de acordo com a estruturação de sua personalidade.

18. Idem, ibidem. p. 159.

19. Idem, ibidem.

20. Segundo estudos freudianos, a problemática edipiana é uma situação vivenciada pela criança, por volta de 3, 4 anos, que envolve o amor e o desejo pelo pai ou pela mãe, quer seja menina ou menino, respectivamente, e o conflito de rivalidade com o pai ou a mãe gerado por tal situação.

21. Idem, ibidem. p. 161.

22. Idem, ibidem.

23. Idem, ibidem. p. 162.

24. Idem, ibidem. p. 162.

25. Idem, ibidem. p. 169.

26. RORSCHACH, H. *Psychodiagnostik*. Berna: Hans Huber, 1962.

27. ROYER, J. 1995. Op. cit. p. 167.

28. Idem, ibidem. p. 171.

29. Idem, ibidem. p. 175.

30. ROBBINS, A. and GOFFIA-GIRASEK, D. Op. cit. p. 108.

31. Idem, ibidem.

32. ROYER, J. 1995. Op. cit. p. 31.

33. Idem, ibidem. p. 37.

34. WALOON, P.; CAMBIER, A. and ENGELHART, D. *Le dessin de l'enfant*. Paris: PUF, 1990. p. 17.

35. ROYER, J. 1995. Op. cit. p. 31.

36. Apud ROYER, J. 1995. Op. cit. p. 96.

37. ROYER, J. 1995. Op. cit. p. 96.

38. Idem, ibidem. p. 137.

39. Idem, ibidem. p. 138.

40. Idem, ibidem. p. 143.

41. Idem, ibidem. p. 143-144.

42. Idem, ibidem. p. 148.

43. Idem, ibidem. p. 148.

44. Idem, ibidem. p. 149.

45. Idem, ibidem.

46. Idem, ibidem.

47. Idem, ibidem.

48. Idem, ibidem. p. 149.

49. WIDLÖCHER, D. *L'interpretation dessins d'enfants*. France: Mardaga, 14ª ed., 1998. p. 6.

50. Idem, ibidem. p. 6-7.

51. Idem, ibidem. p. 11-12.

52. Idem, ibidem. p. 17.

53. LUQUET, G.H. *L'Art primity*. Paris: PUF, 1994. p. 99-108.

54. Idem, ibidem. p. 109-117.

55. Idem, ibidem. p. 17.

56. Idem, ibidem.

57. Idem, ibidem. p. 24.

58. Idem, ibidem. p. 32.

59. WIDLÖCHER, D. Op. cit. p. 33-35.

60. Idem, ibidem.

61. LUQUET, G.H. Op. cit. p. 119.

62. ROYER, J. 1995. Op. cit. p. 35.

63. Idem, ibidem.

64. WALLON, P. et al. Op. cit. p. 17.

65. LOWENFELD, V. *Desarrollo de la Capacidad Creadora*. Buenos Aires: Kapelusz, 1961, vol. I. p. 99-100.

66. Idem, ibidem.

67. Idem, ibidem.

68. OSSON, D. Op. cit. p. 13.

69. WALLON, P. et al. Op. cit. p. 80-82.

70. Idem, ibidem. p. 80-82.

71. Idem, ibidem.

72. BOYER-LABROUCHE, A. Peinture, Sculture e Modelage. In: *Manual d'art-thérapie*. Paris: Dunod, 1996. p. 99-100.

73. LEONHARDT, D.R. O Laboratório de Bricolage e algumas relações com a compreensão do processo de aprendizagem. In: SCOZ, B.J.; RUBINSTEIN, E.; ROSSA, E.M.M. e BARONE, L.M.C. (Org.).*Psicopedagogia*. São Paulo: Artes Médicas, 1987. p. 364-374.

74. LÉVI-STRAUSS, C. *O Pensamento Selvagem*. São Paulo: Papirus, 1962:1997. p. 32-45.

75. *Bricolage* e *bricoler* são vocábulos franceses. No "Le Robert, Micro Poche de La Langue Française", 1995, além dessas palavras, encontramos *bricoleur*, que significa pessoa que gosta de *bricoler* (Rey).

76. LEONHARDT, D.R. Op. cit. p. 364-374.

77. LÉVI-STRAUSS, C. Op. cit. p. 32-49.

78. Idem, ibidem.

79. Idem, ibidem.

80. LEONHARDT, D.R. Op. cit. p. 371.

81. Idem, ibidem.

82. Idem, ibidem.

6

DISCUSSÃO

Em visita à Reserva de Caarapó, nos dias 19 e 20 de março, entramos em contato com os professores indígenas, supervisores da Secretaria de Educação de Caarapó e o capitão Sílvio Verão, líder da comunidade estudada, para definirmos nosso plano de pesquisa de campo. Iniciamos nossos trabalhos em 2 de abril de 1998, continuando no dia 3 de abril de 1998. Um fato relevante, desde os primeiros contatos na Reserva, foi a evolução de nossas relações com os Guarani/Kaiowá. Inicialmente, com restrições e distanciamento, por parte de todos eles, atendendo às nossas solicitações ou respondendo às indagações de forma objetiva, evitavam qualquer envolvimento pessoal. Nas últimas visitas à Reserva, eles já nos recebiam com alegria, dando sugestões durante o trabalho, tanto os adultos, parentes das crianças escolhidas para a pesquisa, quanto as próprias crianças e professores. Além disso, manifestavam satisfação quanto ao resultado das atividades e admiravam sua beleza, deixando claro o valor, a importância que os desenhos, as modelagens e as pinturas tinham para todos.

Com essa evolução positiva, quanto ao acolhimento e à aceitação de nossos contatos e atividades, a pesquisa, desde o começo do ano até o final, cresceu muito no que se refere à riqueza do material produzido, novas informações e experiências.

Conforme critérios expostos no capítulo 5, sobre metodologia, havíamos selecionado as crianças, de acordo com as três diferentes formas de desenho da casa Guarani/Kaiowá, com a representação da organização familiar, com a arquitetura indígena, sem a representação familiar, e a casa comum, como as desenhadas pelas crianças da cidade.

Tendo em vista a movimentação das famílias dentro da Reserva ou mesmo com mudanças para outras reservas, decidimos trabalhar com duas crianças de cada grupo, como medida preventiva, em relação aos abandonos durante a pesquisa. Efetivamente, já sentimos esse problema com as faltas de Creoni. Os demais, Elaine, Inês e Sara, as meninas, e Gideão e Cleber, os meninos, compareceram às primeiras sessões, demonstrando muito interesse e colaboração. A partir das sessões de julho, Gideão mudou de escola, não comparecendo mais às sessões. Em compensação, Creoni voltou e passou a freqüentar com regularidade as atividades.

Desde o primeiro dia, percebemos que as crianças tinham muita resistência em relação ao falar e ao contato visual, apesar de não notarmos qualquer inibição para a realização das atividades, que eram sempre acompanhadas de risos ocultos pelas mãos e cabeça baixa, muitas vezes, no caso das meninas, escondendo o rosto com o cabelo e conversas em tom baixo e em Guarani.

Os trabalhos eram sempre muito coloridos, bem elaborados, com o cuidado de não sujar, não estragar ou prejudicar os traçados. Sentíamos uma contradição entre aquilo que era feito, produzido por meio das técnicas expressivas e a relação com os pesquisadores. Era como se eles só pudessem ou se permitissem esse contato mais indireto.

Cabe ressaltar que, a partir das últimas sessões do dia 2 de abril, começamos a agrupar as crianças, em vez de realizarmos sessões individuais, tentando dinamizar e enriquecer o trabalho, por meio da própria relação entre as crianças e sua comunicação.

Essa medida, sem dúvida, favoreceu o aumento da produção artística, suas expressões verbais, corporais, e seus movimentos. Apesar de nossa intenção não ser terapêutica, ocorreu uma integração do grupo e as crianças evidenciaram, nos seus desenhos, um progressivo amadurecimento emocional e inte-

DISCUSSÃO   173

lectual, o que favoreceu a análise semiótica e o entendimento do desenvolvimento de suas identidades.

Por se tratar de um trabalho que envolvia a Psicossemiótica, em que investigamos os desenhos, as pinturas, as modelagens, as *bricolages*, etc., e também a fala, as posturas, os movimentos, a mímica, buscamos organizar não só os trabalhos criados pelas crianças, mas também registrar em vídeo o desenvolvimento das sessões completas, eventualmente, fotografando para detalhar melhor os registros, em todas as sessões.

A segunda sessão deu-se no dia 23 de abril. Confirmando nossas expectativas e planejamento, sentimos que tínhamos um rico material para reflexão não só pela produção das crianças, como também em relação à postura, movimentação e verbalização.

Voltamos à Reserva nos dias 18 e 19 de junho, 8 e 9 de julho.

No retorno, em 10 de setembro de 1998, após a férias escolares de julho, notamos que o trabalho começava a crescer, devido à mudança significativa no relacionamento com os professores, as crianças e as famílias. Eles estavam mais acolhedores e atenciosos, deixando transparecer, claramente, que aceitavam e entendiam nosso trabalho e nossa presença na escola e Reserva. Estavam mais acostumados conosco, procurando-nos com freqüência.

Nessa mesma ocasião, fizemos visitas às famílias de Inês, Sara e Eliane. A recepção foi muito boa, as mães já sabiam do trabalho, valorizando a participação das filhas. Até o final de outubro, não tinha sido possível visitar a família de Cleber, pois sua casa é de difícil acesso na Reserva. Além disso, ele faltou muito às aulas nesse mês, provavelmente devido às intensas chuvas. Estivemos na casa de Creoni, porém, não encontramos sua mãe, que estava trabalhando na casa do capitão.

Nas referidas visitas, confirmando alguns dados sobre a cultura e sociedade Guarani/Kaiowá atual, conforme capítulos anteriores, constatamos a relevância do papel feminino, a presença constante da mãe na vida da criança, em casa e nas reuniões na escola, ou simplesmente acompanhando seus filhos e indagando sobre suas atividades e freqüência.

Os pais, ao contrário, nunca estavam presentes. Três estavam fora da Reserva, no contrato[1], um abandonara sua família e vivia em uma fazenda das redondezas com outra mulher e nunca mais procurou a esposa e os filhos. O único pai que conhecemos, encontrando uma única vez na escola, era idoso, aposentado, ocupando-se, com a esposa, de uma pequena roça.

Nas atividades, de um modo geral, pudemos observar também a nítida diferença entre os meninos e as meninas, quanto ao comportamento. Os meninos sempre eram mais rápidos e aparentavam menos interesse e ligação com as próprias tarefas e pesquisadoras.

No dia 18 de novembro, em um dos retornos para as sessões periódicas na Reserva, as crianças do grupo já estavam reunidas, esperando-nos, pois era dia de vacinação coletiva e o posto de saúde ficava ao lado da escola. Nesse dia, aconteceram dois fatos importantes. Cleber, que já havia faltado há algum tempo, voltou a freqüentar o grupo. Conhecemos as mães de Cleber e Creoni, visitamos suas casas. Tivemos o grupo completo. As crianças estavam mais espontâneas, alegres e afetivas. Efetivamente, as relações mudavam e progrediam, conforme vínhamos observando desde o início das sessões.

Durante o ano de trabalho, todas as pesquisadoras enfrentaram o problema das crianças falarem, entre si e nas atividades espontâneas, em Guarani, sua língua materna, apesar de saberem e conseguirem uma boa comunicação em português.

Nós sentimos, porém, que os gestos, a movimentação na sala, os sorrisos e os olhares, e mesmo os eventuais diálogos em português com nossa equipe, foram úteis e esclarecedores para nossas análises. Até o final do ano, percebemos também que eles começaram a se esforçar cada vez mais para uma aproximação e diálogo.

Antes de iniciarmos as análises propriamente ditas, cabe ressaltar que, ao final de um ano de trabalho, pudemos refletir sobre quatro pontos comuns às cinco crianças que chegaram ao final dos trabalhos propostos.

1.	Pudemos entender a construção da identidade de cada um.

DISCUSSÃO 175

2. A identidade é um processo dinâmico, em movimento, sendo, no caso de crianças na faixa de 7 a 9 anos, um ano um tempo longo, naturalmente ocorrendo muitas mudanças, o que efetivamente ocorreu com as crianças envolvidas na nossa pesquisa.

3. De um modo geral, todos foram defensivos, depois passaram a confiantes, indo da inibição à confiança.

4. Nossa proposta não envolvia objetivos psicoterápicos, mas, de acordo com as mudanças observadas, os depoimentos de pais e professores, os trabalhos de grupo funcionaram também no nível terapêutico.

Nas análises que pretendemos desenvolver, apresentaremos cada criança separadamente, apesar de realizarmos as sessões em grupo. Sempre que a situação de grupo for relevante, será tratada com o estudo de caso em questão.

6.1 INÊS

Inês foi selecionada por fazer casas, como aquelas das crianças da cidade, porém, logo nas primeiras sessões, aparecem representações da arquitetura Guarani/Kaiowá e do conjunto de famílias. Notamos que, com o grupo, Inês sempre tendia a fazer essas casas com arquitetura Guarani/Kaiowá.

De acordo com informações do seu professor, tem bom desempenho escolar, mas já foi reprovada duas vezes, fato que é comum entre as crianças de sua escola, o que tem sido atribuído à falta de uma escola adaptada à cultura, língua e sociedade indígena[2]. Seu professor relatou, também, que Inês já verbalizou queixas quanto aos conflitos entre os pais. Ela está na 2ª série, estudando a língua portuguesa e o Guarani.

A mãe de Inês, Maria, possui sete filhos. O pai trabalha na usina de álcool, no que eles comumente denominam contrato, passando, portanto, longos períodos afastado da família. Ela é sobrinha do professor Edson, da escola Nhandejara, onde desenvolvemos nossas pesquisas e sessões.

Um fato relevante na vida de Inês foi que teve a doença tuberculose, aos 6 anos, quando ficou internada em um hospital em Dourados, durante seis meses, para tratamento. Sua irmã mais velha relatou que ela sempre ia visitá-la, pois não queria deixá-la sozinha, longe da família. Ela chorava quando alguém ia visitá-la, mas depois acalmava, segundo o professor Edson, que também é seu parente. Ele relatou que Inês gosta muito de ficar na casa da avó, que mora sozinha e ajuda a mãe a cuidar dos irmãos menores.

A família de Inês recebeu-nos muito alegre e receptiva, por ocasião de nossa primeira visita, dia 10 de setembro de 1998. Sua casa é no estilo Guarani/Kaiowá, com uma área coberta, com arquitetura semelhante à da casa ao lado. Observamos no terreno, em torno de sua casa, muitas galinhas, galos, pintinhos, gatos, cachorros e um peru. Nessa primeira visita, não pudemos, por falta de tempo, conversar com sua mãe.

Sua casa é isolada, sem ligação com casas de parentes. O pátio e o mato ao redor, em comparação com outras casas visitadas na Reserva, não são muito bem cuidados, com muitos objetos velhos ou estragados espalhados.

No retorno periódico à reserva, em 14 de outubro, fomos novamente à casa de Inês, logo na nossa chegada. Sua família recebeu-nos, mais uma vez, muito bem, alegres e acolhedores. Sua irmã mais velha, Isolene, de 19 anos, que estava grávida, havia tido uma menina, Raquel.

Inês relatou que essa irmã é filha do primeiro casamento de sua mãe, com um mestiço, conforme a própria Inês denominou, de Terena[3] com Kaiowá. Ela é mãe solteira e reivindica a paternidade da criança a um irmão do professor Edson, que tem apenas 16 anos e estuda em Aquidauana, porém ele nega.

Isolene tem o primeiro grau completo, pretende fazer o Magistério e já está contratada para lecionar em uma das escolas da Reserva.

Atualmente, sua mãe, Maria, que tem 32 anos, é casada com Evaldo, de 28 anos, que está no contrato. Inês tem os seguintes irmãos, além de Isolene: Cleonice, de 10 anos; Salvio, de 7;

Luiz Carlos, de 4; Wellington, de 1 ano; e William, de 7 meses. A irmã mais velha é filha do primeiro casamento da mãe. A segunda é Inês, do segundo, e os outros são filhos do companheiro atual. Inês é uma menina magra, estatura média para sua faixa etária, cabelos lisos e longos. Aparenta interesse pelas atividades, entendendo as propostas, com boa comunicação em português com as pesquisadoras e em Guarani com os colegas e professores índios.

Sempre tenta ajudar na comunicação dos colegas com as pesquisadoras, às vezes aparenta que quer responder e fazer pelos outros, interferindo nas atividades e explicações.

6.1.1 SESSÕES E TRABALHOS DE INÊS

Inês trabalhou, desde o início, fazendo contato visual, em uma postura de cabeça erguida, interesse, disposição para relação com colegas e pesquisadoras.

Sempre mostrou seus trabalhos durante a execução, diferentemente das outras meninas, que nos primeiros meses ocultavam os desenhos com os cabelos, abaixando a cabeça. Participava também dos cochichos e risos com as outras crianças, na maioria das vezes em Guarani. Parecia sempre disposta a realizar as tarefas.

Comparecia às sessões com roupas limpas, diferentes de sessão para sessão, apesar de simples, de algodão, como das outras crianças. Também em relação aos cabelos, variava os penteados, muitas vezes colocando fitas e fios de contas.

Durante todas as sessões, enquanto realizava seus trabalhos, parava de tempos em tempos para observar o ambiente e a pesquisadora, às vezes sorrindo para ela, outras vezes dizia alguma coisa para um dos colegas do grupo, parecia que dava sugestões ou tentava orientá-los.

Nos trabalhos de *bricolage*, quando era oferecido material variado, escolhia o seu atenciosamente e o arrumava junto de si, na mesa. Sempre demonstrou grande interesse pelas revistas que folheava, comentando com as outras duas meninas, em especial figuras, adereços, produtos de beleza feminina. Às vezes, levava revistas para a mesa de trabalho, para fazer comentários com os outros, principalmente com as meninas. Sempre prestou atenção nas orientações para o trabalho; no caso das mais longas e detalhadas, como na *bricolage*, foi atenta e acessível.

Mesmo quando, algumas vezes, conversava muito com os outros, mantinha um bom ritmo nas suas tarefas, controle satisfatório, sendo disciplinada e organizada.

Apesar de, no início da pesquisa, ter sido a mais espontânea, buscando contato, apresentou uma evolução significativa no seu comportamento, evidenciando, no final, maior descontração, disposição; evoluiu de uma busca de contato maior com os colegas de grupo, para uma busca maior de contato e comunicação com as pesquisadoras.

Da mesma forma que os demais, chegou ao final de 1998, no que se refere ao comportamento e à produção nas sessões e fora, na comunidade, mais criativa, espontânea, alegre. Seu rendimento também melhorou muito na escola.

Na sessão de 2 de abril de 1998, trabalhou sozinha, pois ainda estávamos na etapa inicial, quando fizemos algumas sessões individuais e em dupla. Começou o desenho com cola colorida, na parte superior da folha na horizontal, em cima, da esquerda para a direita. Como foram ficando cada vez mais definidos nas sessões seguintes, muitos de seus desenhos foram divididos em três partes, de cima para baixo; outras vezes, com tinta guache, quando os desenhos ficavam maiores, talvez por causa do manejo do pincel, dividia em duas partes.

Ela representou, praticamente, em todos os trabalhos e sessões, o sol, as nuvens, a chuva, a casa. Ela sempre desenhou, também, vegetais, árvores, roças de milho, mandioca, arroz, e um pouco menos animais domésticos, utensílios e implementos domésticos; algumas vezes, pessoas. Utensílios e alimentos domésticos apareceram muito mais na modelagem e *bricolage*.

DISCUSSÃO   179

6.1.2 Análise e Relatos das Sessões

Passaremos a analisar os trabalhos, assim como os comportamentos e as reações de Inês, durante as sessões. Apesar de detalharmos apenas os trabalhos 1, 2 e 23 e o conjunto 3, 4, 5 e 6, vamos apresentar na seqüência todos os outros, e a descrição das sessões, objetivando o percurso de Inês para a configuração de sua identidade, que foi sendo elaborada clara e progressivamente, dia a dia, durante esse período.

Ou seja, um breve relato e análise dos demais trabalhos e atividades vão esclarecer e confirmar a apresentação e construção da identidade de Inês, detalhada nos trabalhos anteriormente citados.

No seu primeiro desenho, com cola colorida, reuniu todos os elementos que usaria em todo trabalho: esboço da casa, sol, flor, árvore e uma menina, no canto superior esquerdo da folha, como se fosse uma legenda. Utilizou basicamente as cores azul, amarela e preta, com apenas um minúsculo detalhe vermelho, em uma flor.

No plano superior, desenhou uma figura feminina ao lado do sol azul e seu nome, em seguida, bem grande, também em azul (Anexo 3: figura 1).

No segundo plano, desenhou novamente a figura feminina com cabelos pretos, porém sem pernas, ao lado de nuvens amarelas, com representação da chuva em preto, caindo sobre três árvores e uma flor, que estavam no terceiro nível, mais inferior. No início desse nível mais inferior, desenhou uma casa semelhante às da cidade, porém, sem porta e um poço. Nomeou os desenhos e não acrescentou mais nada.

Seu primeiro desenho foi feito com cola colorida, que não sabemos se permite uma elaboração de detalhes, pelas características da cola, que é grossa, e do próprio tubo com o qual ela trabalhava, que não tinha a ponta fina. É possível, portanto, que tenhamos perdido pequenos detalhes, obtendo, simplesmente, grandes traços.

Nesse desenho, no canto superior esquerdo, ela representou um espaço caótico, em que não identificamos relações actanciais entre os elementos, que foram apresentados como uma legenda do trabalho como um todo, pois esses mesmos elementos foram reaparecendo, já com um sentido e organização no espaço restante, até o final. A indagação é a função desses elementos que são aglutinados e de tamanho pequeno. A hipótese que podemos formular é de que esse agrupamento funciona como um dicionário pictórico, para os desenhos que o seguem, tem a função de legenda, constitui um vocabulário pictórico. Evidentemente, se pudéssemos fazer, por exemplo, uma análise narrativa desses elementos, seria extremamente difícil de encontrar aí uma relação actancial. Portanto, nesse espaço, observamos um agregado de formas que fazem um pouco do vocabulário do dicionário pictórico. Esta é uma organização que não retornou em outros desenhos.

Muitas vezes, para as crianças, o primeiro desenho é mais excepcional. No caso de Inês, também o último foi muito significativo. Conforme veremos, ele é muito particular e relevante para nossos estudos.

Na outra parte, ainda nesse nível superior, por onde ela começou a desenhar, o sol azul estava entre uma menina com o corpo, em uma dimensão, e o nome Inês em tamanho grande, também em azul.

Observaremos as relações entre os elementos, evidentemente, buscando as diferenças e semelhanças entre as partes, procurando ser sensíveis às relações actanciais que pudemos encontrar.

Ainda na parte superior dessa primeira pintura, essa figura feminina, com o corpo, em uma dimensão, é um elemento que pode, ainda, pertencer ao dicionário pictórico. Eventualmente, na análise estrutural semiótica do desenho, surgem elementos ambíguos que não são nem de um espaço nem de outro, que aparentam não pertencer nem a um espaço, nem a outro. Eles são elementos fronteiriços, podem pertencer à legenda, ao dicionário, ou podem ser componentes que já entraram no percurso da narrativa.

É preciso distinguir o desenho como um enunciado plástico, utilizado em seguida em outra situação, para revelar algum fato ou situação.

O elemento mais importante que surgiu, nesse primeiro trabalho, foi a assinatura no alto e na mesma cor que o sol. Ela coloca, na parte superior, seu nome, e este é o lugar do enunciador. Quer dizer que Inês não é um actante enunciado, ela está no lugar do enunciador (*enonciateur*), ela coloca sua assinatura. Se observarmos a parte narrativa do desenho, há o espaço do enunciador. Notamos que, além da parte ocupada pelo dicionário pictórico, está a parte que a ele não pertence, sendo, portanto, todo esse espaço do enunciado.

Inês conseguiu construir um espaço tridimensional. É difícil, sem dúvida, falar de sua vontade ou intenção da representação. Podemos recuperar, no plano de análise semiótica, um espaço, desconfiando da intenção, porque há um tom de análise psicológica no desenho.

Mas é significativo que ela tenha instalado seu personagem na mesma linha da nuvem de chuva. Outra observação é a cor idêntica, a similitude da chuva, com o cabelo do personagem feminino.

Observamos aí uma linha, uma tendência, uma possibilidade de a jovem sem pernas e o elemento nuvem terem um mesmo *status* actancial, ou seja, pela proximidade, pois foram agrupados em um mesmo nível, terem esse mesmo *status* actancial.

Continuando nossa análise, a casa, as árvores e a flor estão na mesma direção horizontal, o que sugere novamente pela proximidade, também, a hipótese de que existe alguma relação ou similaridade entre eles, uma identidade actancial, não sendo, portanto, simplesmente formal.

O sol reina, nós podemos formular, argumentar, que o sol é uma espécie de destinador supremo e que está na origem de um processo de performance de comunicação para todo o resto do mundo; quer dizer, ele domina grandes direções conjuntamente.

No nível imediatamente inferior, há um outro destinador, que dispensa outro elemento; é a chuva. Tudo chega aos seus destinatários, que são as árvores, as flores, o mundo vegetal.

Aí há um universo natural, a comunicação com o calor do sol, mas pode-se dizer, também, que aí está um subdestinador, que dispensa a água, ou destinador água, um tipo de actante coletivo, recebendo a água; é a chuva. Há árvores e flores. É interessante, então, propormos uma estrutura actancial que envolve a comunicação destinador x destinatário. A água e o calor correspondem às condições naturais. São bons destinadores. Pode-se estabelecer uma hipótese, inscrevendo o sol e a chuva do mesmo lado do quadro, do lado positivo, o que demanda onde está o lado negativo. Lá a cosmologia é parcial, sugerindo a oposição clássica na semiótica.

Nesse espaço, está a comunicação clássica, o mundo da natureza que sobressai, plantas cultivadas (milho, arroz, etc.) e a natureza realmente natural. A comunicação da água, na relação, é objeto que passa do destinador ao destinatário.

O que estamos procurando em um primeiro momento é descrever uma organização estrutural, uma organização destinador x destinatário de calor do sol e um subdestinador, a água, em um universo natural. Podemos dizer, portanto, que é uma água natural e celeste, que vem do Guarani.

É relevante notar o que falta, o que complica no desenho dessa criança. No trabalho de Inês, faltam dois detalhes: não há pernas na figura feminina, não há porta na casa.

Há um actante sujeito, que tem uma competência limitada, em termos de modalidade, não tem pernas. A figura da casa é desprovida de porta. A hipótese que podemos formular, portanto, é que há uma comunicação natural da água celeste que funciona, vem, e, na outra parte, uma comunicação da água subterrânea com a casa, que está bloqueada. Uma incompetência para dar e receber água. Essa relação é negativa.

Há uma representação do mundo que é relativamente equilibrada, em nível pictórico, encontramos natureza x cultura. Na parte natural, há um funcionamento satisfatório, no lado cultural, existem dificuldades importantes. Em particular, um sujeito incompetente. Ele não pode agir.

Refletindo sobre esse primeiro trabalho, podemos dizer que o enunciador, no anúncio plástico, projeta um actante estático, ainda incapaz de cumprir um percurso, não sujeito, que não tem recursos para a busca de sua identidade. Sem ação e comunicação. Pode-se dizer, então, que esse personagem não participa de sua tarefa em que ele é o destinador. Existem destinadores competentes e aqueles que não são. Percebemos que aí não há competência ou há uma competência incompleta, levando-se em conta a ausência de pernas, portanto, um destinador, mas um destinador incompetente, ou ainda que não é completamente competente. Ele está destinado efetivamente a um papel, uma relação, que não vai bem. Além de tudo, não pode produzir, por outra razão, não há recepção, pois a casa desenhada por Inês não tem porta. Ela desenhou árvores, que são recepção, que tem a chuva que penetra nelas, que estão acolhendo, que são destinatários receptivos.

Podemos então concluir, na análise desse primeiro trabalho, que existe um contraste muito forte entre o universo natural, que funciona maravilhosamente, e um universo cultural, que funciona apenas em parte.

Inês é o enunciador do desenho, produz uma organização. Elaboramos a hipótese de que o desenho, em resumo, é uma *carta de identidade semiótica*.

No trabalho, em síntese, aparece uma instância, um sujeito, um desenho que será uma banalidade automática, que representa a zona do dicionário pictórico e a zona do não-dicionário. Há uma organização do mundo cultural e natural extremamente sofisticada.

Nessa proposta inicial, ela representou um sujeito que está na fronteira, em uma posição intermediária, entre a natureza e a cultura, representada pela água celeste e pela água subterrânea do poço.

Encontramos aí a posição $\overline{vps}$, não quero, não posso e não sei, na parte ligada à água subterrânea, segundo nossa leitura, por meio da Semiótica.

No entanto, notamos que o sol azul aparece ao lado do nome de Inês, na mesma cor azul, as chuvas, no segundo nível, sobre as árvores. Na representação desses elementos, que, conforme já relatamos na introdução, serão constantes nos trabalhos de Inês, ela reafirmou uma posição vps, com indicações de forças da natureza que permitem o crescimento, a produção, a atividade, o sol e a chuva, colocando-se com esses elementos, quer na proximidade com seu nome, quer na própria semelhança com a cor utilizada, um sujeito da busca da identidade, portanto, vps, que quer, pode e sabe.

Podemos também, na nossa hipótese inicial, dizer que o espaço é organizado em três direções.

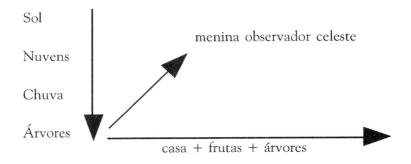

No primeiro desenho, Inês já mostrou seus recursos para a busca de sua identidade, pois começou a organizar um universo plástico, a partir dos desenhos apresentados caoticamente na parte superior esquerda.

Percebemos, então, uma relação actancial, cujo destinador é o sol, ao lado e na mesma cor que a palavra Inês, que envia calor para o destinatário, o mundo; ou a chuva, ao lado e em amarelo e preto, cores que aparecem na menina, que envia a água para as árvores e flor.

Então, podemos propor uma relação actancial:

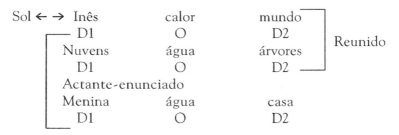

(Comunicação não realizada)

Portanto, a água permite organizar elementarmente o mundo que aparece caótico.

Quadro de Identidade

(+)   (−)
Destinador   Antidestinador

Inês/Sol/Nuvem (vivo)   Figura feminina sem pernas
(morto)

Não-antidestinador   Não-destinador
Menina/Chuva/Nuvem   Água subterrânea cultural

Nesse primeiro dia, modelou com massa colorida duas árvores, uma fogueira, com uma panela e comida, fez uma colher e um prato, colocou a comida na mesa e depois no fogo de novo. Brincou com um pedaço de massa, sem modelar qualquer objeto, riu. Disse que estava cozinhando mandioca. Modelou e representou aquilo que, nos seus desenhos, são destinatários das forças da natureza ou mesmo da figura feminina.

No dia 23 de abril, no seu primeiro desenho com lápis de cor, apresentou os três níveis, desenhando de cima para baixo e da esquerda para direita. Na parte superior, uma árvore e uma flor amarela, uma flor marrom, um sol verde e uma figura feminina, na cor alaranjada, com o corpo em uma dimensão, todos os desenhos do mesmo tamanho.

No terceiro trabalho (Anexo 3: figura 2), com caneta hidrocor, novamente representou os três níveis. Riu, cobriu o rosto quando começamos a filmar, pôs o cabelo no rosto. Estava com uma pulseira de pano. Observou o trabalho de outra menina e pediu que devolvesse uma caneta que estava com ela.

Ficou muito tempo na parte superior do desenho, por onde sempre começa. Nesse plano, desenhou duas casas ligadas, de acordo com a representação tradicional Guarani/Kaiowá, mas as casas desenhadas são uma mistura de arquitetura indígena e casas semelhante às da cidade.

Além das casas, desenhou, também, árvores, um cachorro, o sol e nuvens. Ainda nesse nível, predominaram as cores azul e amarela. No segundo, representou um ônibus, uma nuvem com chuva, mas sem nenhum desenho embaixo, duas flores, uma árvore, uma casa com arquitetura dos desenhos da cidade, tudo no mesmo tamanho e na cor vermelha e alaranjada.

Finalmente, no plano inferior, usando a própria borda do papel como linha de terra, desenhou, da esquerda para a direita, uma árvore e uma casa vermelhas, uma flor verde e amarela, maior que a casa, um cachorro sem as patas traseiras e uma representação de chão sob suas patas, uma árvore azul, uma figura feminina em preto, uma outra casa e árvore, ambas em vermelho.

As casas ainda são uma mistura da arquitetura Guarani/Kaiowá com a da cidade. As árvores e a flor são maiores do que as casas. O cachorro e a figura feminina são menores do que os outros desenhos.

Nesse segundo desenho, os três níveis estão mais definidos; uma linha horizontal separa o segundo do terceiro, de cima para baixo. No primeiro, sob o sol, com nuvens ao lado, aparece a representação das casas reunidas, um cachorro junto a uma árvore; mais adiante, uma bananeira, e depois da casa uma plantação.

Nesse nível, além do destinador sol e nuvens, aparecem os destinatários, casas e árvores do mundo. O cachorro pode-

DISCUSSÃO

se locomover. As casas têm portas e caminhos para seu acesso. Portanto, o sujeito da busca da identidade, o actante, é dinâmico e aparece, assim como o mundo, com a comunicação estabelecida. Ainda predominam as cores escolhidas por Inês, no seu primeiro trabalho.

No segundo nível, todos os desenhos estão presos a uma linha de terra, na mesma cor vermelha, e as águas da chuva não têm destinatário. Nessa representação no plano actancial, o destinador sol não aparece e a água da chuva não tem destinatário.

Nesse nível, o sujeito da busca não está definido nem na estrutura dos desenhos, nem na proximidade da cor ou espaço, e os destinadores sol e nuvens não têm os destinatários para a chuva, quer sejam árvores, plantas, animais ou casas, não têm recursos para ação, não são receptivos.

Finalmente, no terceiro plano, mais inferior, as casas, árvores e flor estão na borda inferior da folha, sem ligação, não aparece o sol, nem nuvens de chuva. O cachorro não tem os membros posteriores e a figura feminina, com o corpo em uma dimensão, tem a mesma cor que o referido cachorro, reafirmando as dificuldades do sujeito em agir, na busca de sua identidade. Nesse plano, o cachorro mutilado não se pode locomover e os destinadores sol e chuva não aparecem.

Nesse segundo trabalho, notamos, portanto, que Inês ora projeta, no anúncio plástico, um sujeito capaz, que quer, pode e sabe; ora um sujeito imobilizado, preso, incompetente, que não quer, não sabe e não pode atingir os destinatários; ora destinatários sem destinador, projetando um actante estático, confirmando um conflito na busca de sua identidade.

Aí também começamos a perceber que o tamanho da figura vai determinar uma semelhança no *status* actancial, assim como cor e proximidade, que já identificamos. Esse fato será relevante em relação ao conjunto 3, 4 (Anexo 3), 5 e 6 (Anexo 3).

Durante as atividades, Inês sempre prestava atenção aos colegas e ao que acontecia na sala. Conversava com os outros em Guarani.

Na sessão do dia 17 de junho, trabalhou com argila, novamente modelando alimentos, panelas e fogueira. Depois de uma explicação em Guarani, por um professor índio, que auxiliou as pesquisadoras para uma comunicação mais precisa sobre o trabalho de *bricolage*, pegou rolos de papel decorado e canetas hidrocor.

Sempre olhando tudo e conversando, folheava as revistas, falando em Guarani, como as outras crianças; parecia que discutiam sobre o que fariam.

Ela voltava sempre para as revistas muito interessada. Colocou vários potes e frascos embaixo do isopor. Usou a caixa de ovos para ordenar pequenos objetos, bolinhas, tampinhas. Tentou montar um boneco com tampinhas e um pedaço de caixa decorado com bolas coloridas.

Estava mais interessada no porta-ovos e nos frascos do que na *bricolage* propriamente dita. Considerando os conflitos evidenciados nos dois primeiros desenhos analisados, a ordenação do material representou e significou a busca de uma condição interna, de ordem e organização de Inês para a solução de seus conflitos.

Assim como os outros, ficou muito tempo fazendo bolinhas coloridas de crepom para colar, formando desenhos, no isopor, onde fez uma casa, como as da cidade e árvores. A casa não tinha porta.

No dia 8 de julho, voltou ao trabalho de *bricolage* no isopor. Não só Inês mas também as outras crianças foram mais ativas e alegres em grupo. Outra menina, Elaine, pegou um pedaço de tecido da *bricolage* e Inês a auxilia a fazer uma espécie de blusa. Novamente Inês procurou uma revista e começou a folhear. Em seguida, pegou outro pedaço de tecido e fez um turbante. Riu muito.

Na busca de identidade, Inês é o próprio destinador e destinatário, revelando agora um actante dinâmico, ela quer, pode e sabe ser feminina. Na *bricolage*, na modelagem, nos gestos, nas mímicas das brincadeiras, a afirmação da identidade feminina é muito clara, muito explícita.

Conversou com Elaine, olhou o material da *bricolage* e amarrou um pedaço de tecido na cintura. Observou os papéis, os tecidos e colocou um pedaço de celofane amarelo na cabeça, riu, foi até o isopor da *bricolage* para ver o que um dos meninos, Creoni, estava fazendo.

Voltou a trabalhar, desenhando com caneta hidrocor no isopor, fazendo uma casa com uma nuvem e chuva, em cima, colocando, em seguida, o tecido no pescoço. Conversou muito com os outros, mas foi muito disciplinada. Levantou-se e observou a sala, parecendo que procurava motivos para copiar.

Na atividade seguinte, desenhando com caneta hidrocor (Anexo 3: figura 7), dividiu a folha em quatro partes, desenhando primeiro uma casa semelhante à da cidade, com seu nome grande e azul, ao lado, na parte superior esquerda.

No segundo retângulo superior, fez duas árvores, sendo a primeira em rosa e verde e a segunda toda verde. No primeiro retângulo inferior, à esquerda, fez uma flor azul do tamanho da casa vermelha, com pontos e traços azuis no telhado. A casa está mais próxima da arquitetura Guarani/Kaiowá.

Assim como na *bricolage*, ela tentou ordenar elementos, agora nos quatro espaços da folha dividida. Sempre entendemos que ela buscava a própria organização interna.

Durante esse trabalho, começou a chover fora da sala, uma das crianças chamou a atenção das outras, que passaram a prestar atenção na chuva. Na atividade com caneta hidrocor, na folha dividida em quatro partes, quando nesse episódio de chuva, apareceram os elementos representados por Inês e que, no final, configuraram sua identidade.

Finalmente, na última parte da folha, à direita, desenhou um coqueiro com o tronco bem colorido e uma flor rosa e vermelha, com uma pétala azul, do tamanho do coqueiro.

Na *bricolage*, como as outras meninas, gostou muito da massa colorida. Também como as outras, repetindo o que fizera em outra sessão, pegou uma caixa de ovos, separou e ordenou bolinhas de massa coloridas, como ovos, algumas vezes, organizando por cor.

Com a massa colorida, modelou uma árvore, continuou com o tecido da *bricolage* e uma bandeja com um frasco vazio de sabonete líquido. Fez outra árvore. Levantou-se para pegar outro frasco e uma das pesquisadores disse-lhe para continuar a modelagem, senão a argila secaria. Riu, falou em Guarani com Creoni, modelou um gato e fez o olho com a ponta de um lápis. Fez mais um cachorro e outra árvore. Sara pôs um tecido na cabeça de Inês. Ela modelou, ainda, uma espécie de banco e uma mulher.

Começou a fazer pose para filmagem, fez uma espécie de avental com tecido, fingiu que ia arremessar um frasco, dançou com as outras meninas, pulou, segundo ela, como índio. Está descontraída, mas sempre a natureza, a figura feminina e, por fim, a figura indígena persistem nas suas representações.

No dia 12 de agosto, reuniu material para *bricolage*. Prendeu uma tampa da caixa colorida comprida, com durex, fez um teto com tampa redonda de margarina, um carro com uma caixa de bolachas, um balão, disse que um pote de margarina virado com uma bandeja de isopor era uma igreja e tinha gente dentro.

Quis ser a primeira a falar de seu trabalho, porém só descreveu. Esse novo elemento, a igreja, provavelmente tem um significado semelhante ao da casa da cidade, nas suas representações.

Em um trabalho de *bricolage*, em 1º de setembro, fez um boneco deitado e flores. Enquanto fazia seu trabalho, brincava com Elaine. Ria muito enquanto mexiam no material, queriam fazer saias com pedaços de plástico. Falavam em Guarani. As meninas interagiam mais entre si do que os meninos.

No dia 10 de setembro, pintou com guache. Parece que, com a tinta, fez figuras maiores. Pintou uma árvore no canto superior esquerdo, rindo muito em seguida, ainda na parte superior, uma flor amarela, no mesmo tamanho que a árvore, assim como uma casa com porta e arquitetura Guarani azul, e um sol também azul, em cima.

Separou essa parte do desenho com uma linha sinuosa azul, desenhando, no plano inferior, em tamanho menor, um poço vermelho, uma xícara em branco e amarelo, uma casa branca, com três manchas vermelhas, uma representando o teto, as outras pareciam janelas.

Essa casa está ligada à outra, totalmente branca, por um caminho também totalmente branco. Essas pinturas, no plano mais inferior, não são muito nítidas, devido às cores e ao tamanho e a algumas falhas na própria pintura.

Durante o trabalho, olhava para os lados, parecia verificar se a estavam observando. Uma pesquisadora estava ao seu lado. No final, voltou à árvore, no plano superior, pintando o interior do tronco de amarelo e a copa pontilhada de preto e verde e as pétalas da flor coloridas de preto, verde, vermelho e azul (Anexo 3: figura 3).

No mesmo dia, fez outra pintura, novamente dividida por uma linha verde. Na parte superior, fez a escola em azul, com porta, telhado amarelo, com representação semelhante às casas da cidade. Ao lado, uma árvore amarela. Em cima da casa, bem grande, fez seu nome em verde.

No segundo plano, inferior, parecendo mais próximo, fez um ancinho bem grande, em verde e preto, à direita; um rio com águas vermelhas, à esquerda, com seu nome grande, em amarelo, em cima (Anexo 3: figura 4). Riu, conversou muito com as outras meninas e olhou muito para as pesquisadoras.

Essas figuras pintadas nos dois trabalhos têm em comum o aumento, que começa a ficar mais definido e significativo a partir da figura 6 (Anexo 3), como em *zoom*, talvez propiciado pelo próprio material, porém, o tamanho pode estar evidenciando um mesmo *status* actancial para os referidos elementos.

O sol, destinador competente, tem a mesma cor e está sobre a casa, que tem a porta. A casa, destinatário, árvore e flor têm o mesmo tamanho, ou seja, o mesmo valor. Como nos desenhos anteriores, o que fica na parte superior é mais competente.

Já no plano inferior, as figuras não são precisas, o poço que dá água do subsolo, assim como as casas, é menor e incompetente ou ausente.

No desenho 4 (Anexo 3), a própria Inês colocou-se como destinador, assinando, no plano superior, no qual pintou a escola com porta e uma árvore amarela; no plano inferior, com seu nome na mesma cor, amarela como a árvore do primeiro plano. Também, no mesmo tamanho, aparecem sob seu nome o rio vermelho, com a cor do barro da Reserva, e um grande ancinho para trabalhar a terra.

Podemos entender que, na figura 4 (Anexo 3), a fórmula ainda é R (D, S, O), ou seja, destinador, sujeito e objeto. O sol, a natureza e a casa, na figura 4, mudam para R (S, O). Inês assinou o desenho com a escola, elementos competentes da natureza, árvore e água e o ancinho para trabalhar a terra, evidenciando o querer, o poder e o saber, ou seja, <u>vps</u>, na busca de sua identidade.

No dia 1º de outubro, quando chegamos à Reserva, Inês estava muito alegre, esperando por nós com Creoni e Sara. Os três estudam a tarde, mas tinham ido para a escola pela manhã, porque foram avisados de nossa chegada.

Nesse dia, Inês iniciou os trabalhos vendo revistas, sempre conversando muito, desenhou uma casa Guarani na parte do isopor mais próxima dela. Fez uma pintura muito rápida, com guache. Quatro pés de milho em azul, seu nome em branco, em cima; mais embaixo da folha, uma flor preta, à esquerda, e uma árvore azul, com copa amarela, à direita. Todas as pinturas eram do mesmo tamanho (Anexo 3: figura 5).

Inês e as outras duas meninas pediram a uma das pesquisadoras para fazer uns óculos de sol, semelhantes aos dela, com celofane amarelo e barbante.

Fez um desenho totalmente em marrom, com caneta hidrocor, uma casa, em cima, nuvens, chuva e, na parte superior do papel, desenhou Creoni, o outro menino do grupo (Anexo 3: figura 8).

A folha utilizada nas representações da figura 9 (Anexo 6) estava novamente dividida em três partes: a superior, com árvores, uma em preto, e um coqueiro muito colorido, em um gramado amarelo, com flores vermelhas, que separava essa parte da intermediária, com a casa típica Guarani/Kaiowá, com ligações; pequenos bonecos nos caminhos; um lago e uma árvore, praticamente tudo em marrom.

DISCUSSÃO

193

Finalmente, a inferior, com a roça, o sol e o rio, em um mesmo plano, tudo em vermelho, inclusive as divisões, do segundo para o plano inferior e da plantação para o sol e o rio. A roça foi desenhada como se fosse vista de cima.

Nessa figura 9 (Anexo 3), podemos também concluir que não há mais a cor ou a proximidade, nos níveis, mas sim a reunião dos elementos em um desenho, indicando destinador, objeto e destinatário. Começaram, em seguida, a pintar com guache, mas ficaram com vergonha e esconderam o rosto, quando outras crianças chegaram na janela, por causa dos óculos de celofane.

Quando se posicionou na mesa, Inês ficou distante das tintas, mas não quis ficar do outro lado da mesa, junto ao único menino presente, Creoni. Ficou com as outras duas meninas. Todas trabalharam em pé e o menino sentado.

Ainda nesse dia, trabalhando com tinta guache, pintou em uma ordem diferente da usual. Inicialmente, na parte inferior esquerda, uma roça azul, como se fosse vista de cima; ao lado, uma casa amarela, mais próxima à arquitetura Guarani/Kaiowá; de frente, em seguida, um sol vermelho, na parte superior esquerda; uma flor verde um pouco mais em baixo; seu nome bem grande, em negro, na parte superior direita, sobre uma nuvem negra, com chuva que caía sobre a casa (Anexo 3: figura 6).

Nessa pintura, representou apenas um plano mais aumentado em guache, com o sol em vermelho, enviando calor com seus raios para uma plantação, seu nome logo acima de uma nuvem com chuva, ambos em negro, enviando água para uma casa. Aparecem então Inês, o sujeito, cumprindo sua trajetória, estando a nuvem próxima e na mesma cor e tamanho que o nome Inês. Podemos entender que não estão presentes o antidestinador e não-destinador.

Inês, no conjunto 3, 4 (Anexo 3), 5 e 6 (Anexo 3), passará a representar os elementos bons, essencias, para a busca e afirmação de sua identidade, como se novamente retornasse ao dicionário pictórico, porém, agora, apenas com os elementos efetivos de sua identidade.

Entendemos, ainda, na análise *subjectale*, na relação do desenho com a fórmula da identidade do enunciador ou próprio desenho, que vai abandonar o $\overline{vps}$, passou pelo vps e vai assumindo o s-pv, o saber, poder e querer de sua identidade.

O conjunto de desenhos em guache nas figuras 3, 4 (Anexo 3), 5 e 6 (Anexo 3) e os desenhos de 7 a 9 confirmam sua afirmação como sujeito autônomo, ou seja, são pinturas que indicam um destinador, do qual ela se vai afastando progressivamente, para deixar todo o espaço para Inês, sujeito portanto autônomo, com a fórmula R (S, O), declinando de sua identidade adquirida, na dimensão sintagmática, segundo a fórmula spv, ela sabe, pode e quer ser uma índia Guarani/Kaiowá.

A série evidencia que ela abandona o nível inferior, com figuras ambíguas e imprecisas, para desenhar, no mesmo tamanho, os elementos da natureza, casa e escola com porta, o grande ancinho, assinando, na maioria das vezes, seu nome na parte superior.

Apesar de não ter sido selecionada para estudos mais aprofundados, consideramos importante pontuar que a figura 8, com hidrocor, reafirmou a relação sujeito-objeto .A figura que ela desenhou, denominando Creoni, na parte superior, é uma projeção da própria Inês, e aparecem novamente a nuvem e a chuva sobre a casa com porta e janela e as árvores.

E, ainda, na figura 9 (Anexo 3), todos os elementos estão representados, ou seja, os objetos sem hierarquização de tamanho ou de ordem, de cima para baixo, estando o sol, a água e a plantação juntos, na parte inferior, e, no centro, a casa típica Guarani, com as ligações familiares.

Já estávamos no mês de outubro, com várias sessões de pintura, desenho e *bricolage*, em uma interação mais profunda e definida, visitas às famílias, relacionamento com os professores. Todas essas mudanças contribuíam para uma definição progressiva nas análises dos desenhos de Inês.

No final dos trabalhos do dia, folheou as revistas com as outras meninas. Sempre procurando adornos femininos, vestidos, batons, perfumes, etc. Também demonstrou muito interesse por um anúncio com várias crianças no céu, como anjinhos voando.

Na sessão de 14 de novembro, Inês, assim como as demais meninas, Sara e Elaine, estava novamente muito alegre.

Ela desenhou, no isopor, uma galinha, um galo, um cachorro e gatos. Não estava muito interessada pelo isopor e *bricolage*.

Nas atividades de recorte e colagem, recortou um rosto de uma jovem, bem maquilada; em outra folha, uma jovem, em quatro fotos menores, apresentando as diferentes etapas do seu penteado. Nas outras folhas colou perfumes, batons, produtos de beleza e figuras femininas. Seu interesse por mulheres, pintadas e penteadas, e seus cosméticos, é muito grande.

Voltou novamente à posição quer, pode e sabe, <u>vps</u>, o papel feminino, como já descrito anteriormente, principalmente na modelagem, *bricolage* e brincadeiras.

Fez, com Sara, uma roupa com pedaços de náilon, que estavam no material de *bricolage*. Ela fez uma saia, imitando uma barriga de gravidez. Ficou brincando, só queria saber da saia. Reafirmou a busca da identidade feminina muito mais nas brincadeiras com pedaços de tecidos da *bricolage* e na modelagem de utensílios domésticos e comidas, confirmando, de sessão para sessão, que sabe, quer e pode ser feminina.

Conversou com o grupo de pesquisadoras, disse que seu aniversário era dia 8 de abril e que tinha 8 anos. Começou a ler o que Rosana, uma das pesquisadoras, escrevera. Passou a escrever a tradução das palavras em Guarani, lendo e procurando ensinar à pesquisadora, achando as dificuldades na pronúncia muito engraçadas.

O episódio da imitação dos óculos de uma das pesquisadoras, assim como o interesse pelo ensino do Guarani, reafirmou a busca da identificação feminina na própria relação com as pesquisadoras.

No dia 18 de novembro, na primeira pintura com guache, fez casas ligadas, árvores, uma flor, chuva e um sol preto (Anexo 3: figura 10).

A pintura seguinte já tinha um sol vermelho, no meio da parte superior da folha, duas árvores e uma flor grande, na parte inferior. As pinturas são um pouco maiores que as anteriores (Anexo 3: figura 11).

Nesses dois últimos trabalhos em guache, notamos as mesmas indicações que nos outros trabalhos, com a mesma técnica.

A casa e as forças da natureza no mesmo tamanho, não mais aparecendo os três níveis dos primeiros desenhos. Aí também as apresentações dos elementos significativos e importantes persistiam, como uma retomada do dicionário pictórico.

Da mesma forma que as outras meninas, Inês ficou sentada de um dos lados da mesa, concentrada nos desenhos e conversando com as outras, enquanto os meninos se movimentavam pela sala, logo que terminaram.

Na *bricolage*, com a massa colorida, modelou o fogo com a comida, uma mesa com uma tigela de macarrão, uma cama com uma mulher e outra com uma criança coberta.

Voltou a desenhar, em caneta hidrocor, em dois planos, começando pelo superior, seis árvores e uma flor bem coloridas, uma plantação de milho, também colorida, representada em uma perspectiva de cima para baixo, um sol azul em cima desses desenhos. No plano inferior, fez sua casa, a da avó e a da tia, as duas últimas ligadas por um caminho, um pé de eucalipto, uma árvore, uma galinha e uma flor, muito coloridos (Anexo 3: figura 12).

No desenho 12, de 18 de novembro, apareceu um nível superior, com plantas e plantações, recebendo o calor de um sol azul, um plano inferior, porém, que não estava preso à borda da folha, na qual fez sua própria casa, recebendo água azul de uma nuvem azul, a galinha, a flor, a casa da tia e da avó, ligadas por caminhos.

De uma maneira diferente, ela indicou a fórmula R (S, O), apresentando-se com sua casa, de sua família e os elementos da natureza.

O sol dirigindo-se para o mundo, a nuvem para a casa de Inês, as casas de pessoas da família estavam presentes. Se as cores do sol e da nuvem estavam, de acordo com os desenhos anteriores, próximos a Inês, apareceram, portanto, os objetos de valor, selando a relação /eu/-/tu/. O tema sol e chuva, que promove a vida e ação, a sua busca de identidade volta, o que aparecerá também em outros desenhos, posteriormente.

Observe que, pela primeira vez, Inês representou e nomeou sua própria casa, da avó e da tia, estando a nuvem azul,

DISCUSSÃO

com chuva, sobre sua casa. Persistia a presença e representação dos elementos do conjunto 3, 4 (Anexo 3), 5, 6 (Anexo 3), mas agora em uma ordenação ligada à sua vida e ao dia-a-dia.

Durante esse período, Inês passou por experiências e vivências na *bricolage* que favoreceram sua busca de identidade e um amadurecimento e uma definição progressiva dela mesma.

Como aconteceu nas figuras 14 e 15 (Anexo 3), de 2 de dezembro, trouxe o tema sol, em vermelho, assim como a assinatura riscada ao lado. A nuvem e a chuva, na cor do nome Inês, com água dirigida para a escola, que está ligada à casa de uma pessoa que ela chama de Rosilda.

Novamente, no último desenho da sessão desse dia, as formas são mais simples, desenhando duas casas e duas árvores, todos no mesmo nível, sem pinturas internas e na borda inferior do papel. Na parte superior, escreveu seu nome em tamanho grande, no meio (Anexo 3: figura 13).

Também no desenho seguinte, Inês continuou reafirmando sua identidade, trazendo a recordação de um período difícil e relevante na sua vida, a internação no sanatório para tratamento da tuberculose. Assim, na figura 15 (Anexo 3), fez dois morros, um com árvores, sendo uma delas diferente das outras, estava em Dourados, no hospital onde esteve internada. A nuvem de chuva, avermelhada, estava sobre essa árvore. Na parte superior da folha, no meio, um sol vermelho e, logo abaixo, ainda em cima, seu nome em amarelo.

Lembrou-se, então, do enfermeiro César e do médico Wellington, que cuidaram dela. No outro morro, à direita, uma casa e duas árvores vermelhas. Mais uma vez, o /eu/-tu/, com as recordações dessa parte de sua vida e desenvolvimento. Nesses últimos desenhos, ela continuou se referindo a suas coisas e sua vida.

Na última figura 16 (Anexo 3), no dia 2 de dezembro, representou apenas a natureza, a chuva, uma roça de milho e outra de arroz, um rio, que ela chamou de açude, o sol. Além de ser praticamente o único desenho em que não representou a casa, ela também não faz nem pessoas, nem animais, apenas símbolos muito significativos da natureza.

As três roças estavam no meio da folha, vistas de cima para baixo, a chuva e a nuvem, na lateral superior esquerda, uma árvore estava de frente, na parte inferior esquerda, e o sol sobre o açude, na parte superior direita. O último desenho era semelhante à parte inferior da figura 9.

Esse último desenho confirmou a elaboração e afirmação da identidade de Inês, com as forças da natureza. Essa sessão foi muito significativa e importante. Uma nuvem e a chuva, dirigida para a roça de milho, duas outras plantações, o sol mandando calor para o mundo, em especial para o açude, com água, sempre presente nas representações de Inês. Ela assinou seu nome em azul, na parte superior, como fez no primeiro trabalho do ano.

Refletindo sobre o percurso cumprido por Inês, em um ano de trabalho, em sessões individuais e em grupo, com desenhos, pinturas, modelagem, *bricolage*, podemos chegar a algumas conclusões.

Nas situações iniciais, não só por meio dos desenhos, mas na interação com as pesquisadoras e outras crianças, aparecem, inicialmente, as características do sujeito incompetente, algumas vezes imobilizado.

Cabe ressaltar, porém, que, desde a primeira sessão e nas primeiras produções, o aparecimento do não-sujeito sempre foi discreto, sendo, em seguida, definido o sujeito da busca da identidade. As propostas nos trabalhos, tudo que foi vivido nas relações durante esse ano, favoreceram uma afirmação do /eu/sobre a relação com /isto/. Inês progrediu na direção do sujeito dotado de meta-querer:

1. Na dimensão paradigmática, das identidades definidas instantaneamente, coexistiu o $\overline{\text{v-ps}}$, não querer, não poder e não saber (ele ou alguém) e v-ps, saber, poder e querer (o/eu), nos raros momentos em que aparece o sujeito da busca, estático e incompetente, e as condições naturais, como bons destinadores.

2. Na dimensão sintagmática, das identidade em marcha, em transformação, o final encerra-se na fórmula $\underline{\text{sp-v}}$, do sujeito que elabora sua identidade, aparecendo sua identidade feminina e índia de acordo com a representação da natureza.

Assim como nos anúncios gestuais e verbais diretos, apesar dos obstáculos da língua e cultura Guarani de Inês, foi indicado seguramente o papel feminino. Os desenhos permitiram que o sujeito da enunciação organizasse um plano de enunciado distinto, em um desengatar enunciativo, caracterizado pela constância de símbolos, que acompanharam Inês, que se afirmava como sujeito autônomo.

Os primeiros desenhos, na figura feminina sem os membros inferiores, na casa sem porta, no cachorro sem membros anteriores, indicavam um destinador que não permite a ação e busca, que rapidamente desaparece de cena para dar lugar ao sol e à chuva, como agentes do crescimento e da vida.

Finalmente, o sol e a chuva sobre a plantação e as águas, no último desenho, reafirmam a sua posição /eu/.

O quadro seguinte traz a situação vivida por Inês.

Cambier[4] analisou o desenvolvimento da maturação dos aparelhos perceptivos e motores da criança, assim como a maturação mental, o que pudemos observar, no acompanhamento de Inês, que foi ocorrendo em relação aos aspectos sociais e culturais.

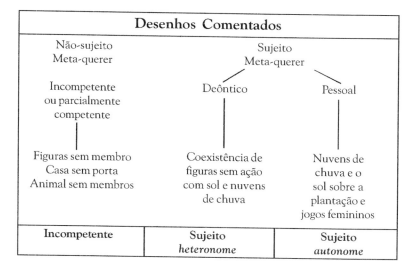

Sua produção foi-se transformando até as últimas sessões, e mostrando como esses fatores integram-se na construção de sua identidade. Ou seja, Inês construiu um mundo por meio da arte, compondo a tarefa da busca de sua identidade.

Notamos, também, pela representação da casa, de acordo com sua cultura e demais objetos desenhados, que Inês sabia e conhecia o papel feminino, querendo e podendo representá-lo. O casamento entre os Guarani/Kaiowá, conforme foi dito anteriormente, no capítulo sobre a família, ocorre por volta de 14 anos e tem acontecido, atualmente, com a idade de 12 anos para as meninas. Parecia que Inês já começava a pensar sobre seu futuro e vida doméstica.

Quando Viveiros de Castro[5] refletiu sobre o predomínio da religião sobre todas as demais esferas da vida social, válido para todo o grupo lingüístico Guarani, informou que a oposição céu/terra pode transformar-se ou compor-se com sistemas horizontais de oposição, notadamente, aldeia/mata, floresta/água ou sistemas mais complexos de aldeia/roça/mata, portanto, temas escolhidos por Inês.

Já no item 10 de suas considerações, o autor indicou que a estrutura da cosmologia Tupi-Guarani opera com três termos e domínios: deuses, almas divinizadas, céu, humanos (viventes). Terra/aldeia, espectro dos mortos, animais e mata/mundo subterrâneo estão presentes na produção de Inês. Temos, portanto, não só sinais indicativos do desenvolvimento infantil propriamente dito, universais, como especificidades da cultura Guarani/Kaiowá, nos conteúdos e diferentes significados nos trabalhos de Inês.

Ela começou a ordenar, nos seus desenhos, as figuras, representando cada vez mais a casa Guarani/Kaiowá e suas ligações com outras casas de familiares. Foi assumindo, assim, progressivamente, seu papel feminino e componentes de sua cultura.

Percebemos, a partir da *bricolage* que ela iniciava, aos poucos, sua manifestação e forte identificação com o papel feminino, evidenciando componentes da cultura Guarani/Kaiowá, no desenho de sua própria casa e nas brincadeiras com pedaços de plástico, imitando saias, além de um mundo natural, a natureza, muito claro e explícito nos seus desenhos e pinturas, do primeiro ao último trabalho.

Parece que, de acordo com a leitura semiótica, ela assumiu sua relação com o objeto, no caso sua cultura, na fórmula de Coquet[6], R (S, O). Os trabalhos grupais, paralelamente, funcionaram como recurso, com o intuito de estruturar o seu mundo interno, auxiliando na identificação da relação com as outras meninas e na interação com o grupo de pesquisadoras.

Portanto, de acordo com o quadro de identidade, ela sabe, quer e pode, s-vp, ser uma índia Guarani/Kaiowá.

Comentando a trajetória de Inês, podemos ver que nos trabalhos desse ano de pesquisa, não só nela mesma, internamente, ocorreu uma ordenação e estruturação de sua identidade Guarani/Kaiowá feminina, em detrimento de informações, influências, estímulos de vivências e elementos de sociedade nacional envolvente, comprovados de sessão para sessão, nos desenhos, nas pinturas, na modelagem, nos trabalhos de *bricolage*, nas brincadeiras, nos gestos, nas mímicas, etc.

Em dois momentos, nos desenhos e nas pinturas, ela evidentemente dispôs dos elementos, como nos dicionários, para organizar-se e narrar sua trajetória, e rapidamente foi afirmando sua identidade feminina Guarani/Kaiowá, nas outras atividades, ou seja, modelagem, *bricolage* e ações de um modo geral.

Acreditamos, conforme foi dito na introdução, que houve um sentido terapêutico, de apoio, para que ela se estruturasse e afirmasse o seu eu.

6.2 CREONI

Creoni tem 9 anos, está na 1ª série, já foi reprovado duas vezes, mas atualmente tem bom desempenho em todas as matérias. O pai trabalha em uma fazenda próxima à reserva, está separado da mãe, vive com outra mulher e não procura os filhos. Creoni tem três irmãos: Geovana, de 5 anos; Cledione, de 3 (menino); e Nereleide, com 2 anos.

No final das atividades do dia 14 de outubro, no meio da tarde, deixamos Creoni em casa. Ele mora muito mais afastado da escola e do centro da Reserva do que as meninas do grupo. Encontramos no local duas casas, fechadas, sem vegetação em torno, ou seja, árvores frutíferas, plantas, objetos ou animais. Fomos atendidas por sua tia e não vimos mais ninguém.

A mãe de Creoni, Jovina, tem 28 anos, trabalha o dia inteiro na casa do capitão da Reserva, como doméstica, com o salário de R$85,00 (oitenta e cinco reais) por mês. Provavelmente, ela é a única empregada doméstica índia, trabalhando como tal, na Reserva. Seu pai, Júlio Marques, tem 36 anos.

Encontramos sua mãe em casa, na visita de 19 de novembro. Ela confirmou algumas informações de Creoni. Relatou que foi abandonada pelo marido quando estava gestante de seis meses de sua filha menor. Disse, também, que ainda gosta do marido, porque é pai de seus filhos. Creoni não quer que sua mãe case novamente e contou para ela que nós tínhamos convidado ele para morar em Campo Grande, o que não era verdade.

Creoni é um menino de 9 anos, alto, gordo, maior que as outras crianças do grupo, com bom desenvolvimento para sua faixa etária, aparentando, fisicamente e no comportamento, de um modo geral, o início da adolescência.

6.2.1 Sessões e Trabalhos de Creoni

Sempre foi discreto, inibido, menos ativo nas propostas do que os demais, procurando fazer todos os trabalhos e, muitas vezes, principalmente nas primeiras sessões, pedindo para ir embora logo que terminava as atividades, aparentando pouco interesse.

De um modo geral, não participou muito das brincadeiras, nem com as meninas, nem com Cleber, o outro menino do grupo. Em uma das sessões, do dia 8 de julho, estava muito alegre e dançou para ser filmado, fazendo passos de música moderna, semelhante ao *rock*.

Algumas vezes, demonstrou irritação com a presença de outros meninos que não pertenciam ao grupo. Fechava as janelas, a porta, dizia para irem embora.

Creoni foi o único de todas as crianças que sempre fez desenhos semelhantes aos das crianças da cidade, raramente representou elementos específicos da Reserva e cultura Guarani/Kaiowá.

As análises dos desenhos e das pinturas, assim como ocorreu no caso Inês, serão feitas por conjuntos significativos, pois ficou muito claro que a trajetória de Creoni, na busca de sua identidade, foi sendo composta de trabalho para trabalho, uma vez que, nos referidos conjuntos, os elementos se completam e reafirmam as hipóteses, ou seja, o conjunto, na verdade, vai funcionando como um todo, que revela o momento da trajetória, com se fosse uma história por meio de seqüências de pinturas e desenhos.

6.2.2. Análise e Relatos das Sessões

Antes de iniciarmos a análise das sessões propriamente ditas, consideramos muito relevante refletir sobre o primeiro desenho de Creoni, com caneta hidrocor, no segundo semestre de 1997, quando fizemos a seleção das crianças para os trabalhos de 1998.

No desenho da casa (Anexo 4: figura 1), aparecem, em um mesmo plano, com a representação da linha de terra, da esquerda para a direita, um coqueiro, muito colorido, uma casa com arquitetura das casas da cidade, porém, com uma terceira parte, no lado direito da casa, para o observador, que não é comum nas referidas casas, e que nos deixa a possibilidade, a hipótese, de discreta influência da arquitetura Guarani/Kaiowá, pois, nesse caso, freqüentemente são representadas três partes de frente no desenho da casa, ou uma inclinação à esquerda e outra à direita.

Em seguida, uma árvore, com o tronco com olhos, nariz e boca. Na parte superior da folha, assinou seu nome em preto, na mesma cor de uma borboleta que estava sobre a casa, voando; em seguida, uma nuvem, vermelha, com chuva sobre a casa e, finalmente, o sol, amarelo, seus raios, na mesma cor, dirigidos para a árvore, com frutos também amarelos, uma nuvem, em vermelho, encobrindo um pouco esses raios, mas o desenho era em transparência. Ele nomeou todos os desenhos em língua portuguesa.

Apenas complementando o referido desenho, um segundo desenho, com cola colorida, apresentou em cima um grande rádio e som conjugados, portátil, ao lado, uma árvore vermelha, também com os traços do rosto no tronco e uma figura, aparentando ser feminina, sem braços e sem pés, na parte inferior, presa à borda inferior da folha (Anexo 4: Figura 2).

Conforme pontuamos na análise do caso Inês, o primeiro desenho da criança é mais excepcional, aparecendo aí organizações, que nos dão os dados fundamentais para o desenvolvimento de nossas análises posteriores até a configuração de sua identidade. Assim aconteceu com a produção de Creoni, sendo seu último trabalho, também, muito particular e relevante.

A assinatura de Creoni, em preto, na parte superior da folha, é o elemento mais importante que surge, é o enunciador. Cabe ressaltar que Creoni não mais assinará seu nome, depois desses dois primeiros trabalhos. Ele tem a mesma cor que a borboleta que sobrevoa a casa. O tema borboleta será novamente tratado em uma sessão de modelagem, descrita mais adiante e quando ele fala de metamorfose, ou seja, transformação.

Continuando nossa análise, consideramos significativo que ele tenha feito sua assinatura na mesma cor que a borboleta e sobre a casa, que, pelo menos parcialmente, é uma casa da cidade, o que nos permite a hipótese de que ele se identifica com a borboleta, ou mesmo com os elementos do lado esquerdo da folha de desenho. A casa, por exemplo, tem o lado esquerdo semelhante aos desenhos das crianças da cidade.

Quanto ao sol, seus raios estão dirigidos para a árvore antropomórfica e, em uma hipótese também, de animismo. Os frutos têm a cor dos raios para ela dirigidos, ou seja, além da direção dos raios, encontramos a similitude na cor.

No caso de Creoni, podemos, também, propor uma estrutura actancial que envolve a comunicação destinador x destinatário. Creoni, representado pela sua assinatura, a borboleta e a casa com o coqueiro colorido correspondem às condições culturais da vida na cidade.

No outro lado, podemos perceber nitidamente as condições naturais, sol, raios e árvore, com o desenho de detalhes de rosto no tronco. Nesse caso, os raios de sol, destinador supremo e celeste, da natureza, que vem do Guarani, sendo muito significativo que a árvore antropomórfica tenha sido instalada na mesma direção do sol e seus raios.

Creoni é o destinador, assim como a borboleta, que, para atingir essa etapa, passa por uma metamorfose, uma transformação, de casulo para a própria borboleta. O destinatário é a casa parcialmente da cidade e, na segunda figura, em cola colorida, o som portátil.

Considerando a pintura da figura 2 (Anexo 4) como um desdobramento da primeira, persiste o destinatário árvore antropomórfica, aparecem o som portátil e a figura humana sem recursos para ação, como objetos da cultura e sociedade urbana, também como destinatários, e a estrada, os veículos, os aparelhos elétricos aparecerão nos próximos trabalhos, indicando ainda a relação actancial, destinador a destinatário, oriundo da cidade.

A representação de figura humana não mais se repetirá, porém, analisando conjuntamente os dois desenhos, podemos levantar a hipótese, supor, que, como no caso anterior de Inês, a posição inicial, nesses dois trabalhos, envolve o conflito entre estar na Reserva ou na cidade, ou ser Guarani/Kaiowá ou homem da cidade e, ainda, um actante estático, sem ação, preso ao solo, ainda incompetente para cumprir um percurso na busca de sua identidade, inclusive no que se refere ao papel masculino e de habitante da cidade.

Então, podemos, propor, nesse caso, uma relação actancial que envolve a comunicação destinador x destinatário. A estrada e os veículos serão definidos mais adiante como bons destinadores, ou seja, o eixo positivo no quadro semiótico de destinadores, enquanto as árvores, representando a natureza na reserva, antidestinadores.

Podemos no caso Creoni propor então uma relação actancial:

Menino ou menina	casa da cidade	cidade, cultura e
Borboleta	aparelho de som	sociedade urbana
D1	O	D2
Sol	raios, água, chuva	árvore
D 1	O	D2
Nuvem	água da chuva	árvore
D1	O	D2

A relação actancial assim proposta aparecerá de diferentes formas, na produção pela assinatura; a borboleta, a casa, o estéreo e a figura humana, que não possui pés e mãos, representam a impossibilidade para circular no lado da cultura da cidade, no mundo urbano.

Reiniciou as atividades do grupo no segundo semestre, tendo faltado às sessões do primeiro, conforme foi relatado na introdução deste capítulo. Creoni desenhou a casa e a escola, tema constante em seus trabalhos, acrescentando ou enriquecendo suas representações, no decorrer das sessões, sempre expressando seu interesse por objetos, veículos, eletroeletrônicos da cidade.

No dia 8 de julho, fez seu primeiro trabalho de *bricolage* com o grupo. Pegou frascos de plástico, levou para a mesa, olhou o que os outros estavam fazendo na folha grande de isopor, não falou, só foi até a mesa e voltou, passou a mão na cabeça e sorriu, ficou pensando e coçando a cabeça. Prestou atenção, observou, mas não falou. As meninas eram mais ativas e falantes. Ficou sentado ao lado do outro menino, Cleber.

Levou de volta para a mesa de materiais de *bricolage* um pedaço de papelão. Fez um desenho com caneta hidrocor no isopor, na parte que estava junto dele, como as demais crianças, que apresentaram dificuldade em fazer uma montagem com o material, optando então pelo desenho.

DISCUSSÃO

207

Nesse desenho, ele apresentou elementos como a casa, a árvore atrás desta, como fez em vários desenhos e pinturas. Riu discretamente e comentou algo em Guarani. Todos estavam um pouco silenciosos, mas ele era o mais quieto e calado.

Em outra atividade de modelagem, trabalhou em uma mesa, de frente para Inês. Depois Sara chegou e também participou. Modelou um cavalo. As meninas movimentavam-se muito, traziam para a mesa material de *bricolage*, mas não utilizavam. Creoni continuou seu trabalho quieto e concentrado, fazendo, em argila, um homem sobre o cavalo.

Finalmente, modelou um gato sentado, uma mesa com utensílios de cozinha, um rádio e uma cobra. Pegou um rolo de papel crepom no material da *bricolage* e começou a fazer movimentos como se fosse uma espada, pulou, dançou e depois afastou-se.

As atividades que envolvem a construção, em três dimensões, como a modelagem ou a *bricolage*, que propiciam a experiência com materiais diversos, suscitaram movimentações e comportamentos em Creoni, que começaram a indicar a identificação com papel masculino, atividades, com a espada e dança do *rock*, semelhantes às do jovem da cidade, sugerindo, portanto, que ele quer, pode e sabe, <u>vps</u>, ser um homem da sociedade nacional envolvente.

Na sua primeira pintura (Anexo 4: figura 4), dia 9 de julho, fez sua própria casa, semelhante às casas das crianças da cidade, com uma árvore atrás, aparecendo apenas a copa, água ao lado, antena de TV, no mesmo tamanho e ao lado da casa e da escola, na parte superior da folha.

Apesar de trabalhar com tinta guache e pincel, conseguiu uma boa organização no espaço, uma proporção satisfatória entre as diferentes representações e elementos, assim como uma razoável noção de perspectiva, *vue cavalière*, homogeneidade, outro aspecto constante nos seus desenhos e pinturas.

Ele começou seu trabalho pela casa, em preto e janelas amarelas, na parte inferior, com uma larga estrada na frente. Desenhou, em seguida, na parte superior, a escola, escrevendo a palavra escola no telhado, também com uma estrada e uma árvore ao lado, tudo na cor vermelha, porém, não aparentou diferenciação de planos, ou qualquer hierarquia nas diferentes representações.

Em relação à natureza, só representou árvores, estando uma delas atrás da casa. Os outros elementos e a casa são da cultura da cidade. A água é de um lago, como existe na Reserva e que passa por uma construção para um melhor aproveitamento das águas e da energia, ou seja, uma pequena represa.

Aparentemente, começou a surgir uma estrutura actancial, uma identidade actancial pela proximidade de todo conjunto, estrada casa, estrada escola, ao lado da casa, a antena e, no telhado da escola, a palavra escola, na língua portuguesa, ou seja, há uma representação de mundo relativamente equilibrado, em nível pictórico, no lado cultural, em que há um funcionamento satisfatório. Escola, casa, com estradas, árvores, represa. A hipótese do destinador, D1, estrada, e destinatário, D2, cultura da cidade, escola, objetos de consumo reaparece.

Estrada _____ veículos, estrada _____ cidade, aparelhos e objetos de consumo, casa da cidade

D1   O   D2

Nas duas pinturas seguintes (Anexo 4: figuras 3 e 5), as representações são semelhantes, apenas, na primeira. Creoni pintou um rosto no tronco de uma das árvores e só voltou a fazer a árvore atrás da casa na figura 5 (Anexo 4).

Voltamos a afirmar que cabe uma análise por conjunto de desenhos e pinturas, pela relação e semelhança que os elementos evidenciam.

Assim, também, outras atividades, como *bricolage*, modelagem e recorte e colagem, bem como o comportamento e a mímica, vão compondo lógica e harmoniosamente a identidade de Creoni.

Nessas três pinturas, sempre estão representadas estradas de diferentes maneiras e cores. Em um dos desenhos, ele disse que desenhara a estrada para Caarapó.

É importante ressaltar que, efetivamente, existe uma estrada que corta a Reserva e que conduz à Caarapó, cidade que fica a 16 km de distância da reserva, pela qual todas as crianças, que participaram de nosso trabalho de um ano de pesquisa, já transitaram várias vezes, para ter acesso à cidade. Chamou-nos a atenção, no outro desenho (Anexo 4: figura 3), o aparecimento, novamente, de uma árvore com um rosto pintado no tronco, que ele disse estar olhando o menino. Fez também a própria casa e grama. Cabe também ressaltar a volta da árvore, atrás da casa, na última pintura desse conjunto (Anexo 4: figura 5).

Na figura três, na fórmula R (D, S, O), podemos levantar a hipótese de que na relação sujeito objeto o destinador é o caminho, e a escola, a casa da cidade com a antena e a própria cidade são o destinatário. O elemento da natureza, oculto atrás da casa, a copa da árvore, ou a árvore com o rosto no tronco, é o antidestinador, tendo em vista que, na ação, verbalização e produção plástica, a hipótese de construção de uma identidade de homem da cidade se vai confirmando de seção para seção.

Já nos desenhos seguintes (Anexo 4: figuras 6 e 7), de diferentes maneiras, estão presentes os elementos destinador, casas e estradas e antidestinador, árvores atrás da casa e árvore antropomórfica. Além disso, na figura 6 (Anexo 4), voltou o sol amarelo, na mesma cor da copa das árvores, atrás das casas. Novamente, a antena de TV em destaque.

Nesse desenho, no meio, na parte superior, entre as casas, Creoni fez um pára-quedas, com o pára-quedista. Duas pessoas estão na estrada, dirigindo-se para a casa com a antena de TV, portanto, destinador, objeto e destinatário.

Em relação à figura 7 (Anexo 4), aparecem a escola, onde ele escreve *escola oitava série*, e o ônibus escolar, onde ele escreve *Kombi de escolar*. A grande quantidade de árvores em torno da escola e da Kombi parecem cercar e impedir a movimentação. O veículo tem uma árvore na frente e atrás. Reaparecem, portanto, árvores e natureza da Reserva como antidestinadores e a própria reserva com antidestinatário.

As figuras 6 e 7 (Anexo 4), feitas com canetas hidrocor, são, portanto, muito ricas em detalhes de árvores e flores. Na primeira, aparece um pára-quedista, uma antena de TV; na segunda, o ônibus escolar. Notamos também que o que ele escreveu na fachada da escola, ou seja, *escola oitava série*, não corresponde a sua realidade, pois ele ainda está na 2ª.

Podemos então propor o seguinte quadro semiótico de destinadores:

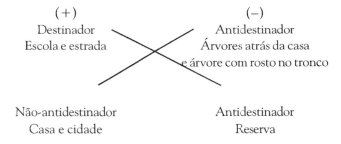

Nesses seus trabalhos, ele sempre desenhou ou pintou estradas, dizendo, de uma delas, ser uma estrada para Caarapó, a cidade mais próxima da Reserva, e árvores, atrás das casas, ou com rostos no tronco.

Essas árvores parecem representar a natureza, assim como o sol e seus raios, no desenho número um. Trata-se do *antidestinateur*, se considerarmos que tudo indica que ele vai construindo uma identidade de acordo com a sociedade nacional envolvente e não Guarani/Kaiowá. Também notamos conotações persecutórias nesses desenhos, na árvore com rosto no tronco das figuras 1, 2, e 3 (Anexo 4), ou mesmo porque aparecem, freqüentemente, atrás da casa ou escola. Assim também podemos pensar na estrada como o destinador.

Também nesse conjunto, composto pelas figuras 6 e 7, muito significativo, o actante anuncia, nos desenhos, a aparência de uma posição instável, talvez dinâmica e carregada de virtuais transformações. Encontramos aí a oscilação observada nos trabalhos 1 e 2, ou seja, o diálogo anterior entre $\overline{vps}$ e vps, homem da cidade. O tema das árvores ameaçadoras, atrás da casa ou obstruindo o caminho, bloqueando a busca de sua identidade, reaparece no conjunto seguinte.

Na *bricolage* de 1º de outubro de 1998, Creoni trabalhou sozinho, em todas as atividades, como de costume. Na primeira modelagem, Creoni passou a massa no rosto, fazendo um bigode. Começou a fazer um cachorro, uma pessoa no leito e um bombom. Modelou o que ele mesmo denominou a metamorfose de uma borboleta. Um homem estava tomando chimarrão na frente da fogueira. Ele disse que fazia frio. Fez também um gato e um frango, que estão também perto do fogo, assim como um berço com crianças. Disse que a mulher não estava lá porque estava lavando roupa.

Podemos levantar a hipótese, confirmando nossas análises do primeiro desenho, de que a metamorfose da borboleta simboliza sua vontade de ser homem da cidade. Ele demostra claramente e verbaliza seu desejo de mudança. Ele não quer ser um Guarani/Kaiowá da Reserva. A omissão da mulher na modelagem reforça esse fato, pois vai ficando cada vez mais definido que a mulher, permanecendo na Reserva, passa a ser um verdadeiro guardião dos costumes, modo de vida e integração familiar. Seu pai está fora, os homens estão fora.

Olhando uma revista que estava na sala para a *bricolage*, Creoni interessou-se pela foto de uma caminhonete, na beira da um abismo, de onde saía uma cachoeira. Mostrou fotos de jogadores para os meninos que estavam na janela, olhando a atividade. Ele deteve-se na reportagem sobre a Amazônia e mostrou uma menina índia para as meninas. O leão chamou também a atenção de Creoni, que nos perguntou o que era. Suas observações e demonstrações de interesse indicam reflexões sobre ser Guarani/Kaiowá ou homem da cidade.

Nessa sessão e nas seguintes, foi surgindo um outro conjunto altamente significativo para a construção da identidade de Creoni. No referido conjunto, parece que ele separa, em cada pintura, os elementos importantes para a resolução de seu conflito e definição de sua trajetória.

Ainda nesse dia, ele pintou, em guache, a estrada para Caarapó, em destaque, no primeiro plano, passando inclusive sobre um rio, com árvores e vegetação comuns, em verde, sem detalhes relevantes, ao seu redor (Anexo 4: figura 8).

No dia 14 de outubro de 1998, na pintura com guache e pincel, fez sua própria casa, um coqueiro, outra árvore, uma fogueira, o caminho para a casa da tia e da avó (Anexo 4: figura 9). Ele sentou-se do outro lado da mesa, sozinho, as três meninas sentadas na frente. As meninas ficaram em pé e ele sempre sentado. Cabe pontuar que a estrada, nessa pintura, não é para Caarapó, como nas anteriores, e que a ligação por caminhos com casas de parentes é própria da organização Guarani/Kaiowá. Também nessa pintura, a casa, de acordo com seus contornos, sugere a arquitetura Guarani/Kaiowá.

No recorte e na colagem, colou uma casa que disse que era do seu tio, outra não sabia de quem, outra figura com um velho rezando, que era seu avô. Também colou a figura de uma moça que disse ser sua tia, outra a mãe e outra o tio. A mãe estava trabalhando com flores do campo e o tio no campo. A primeira figura era uma moça com malas. Na outra folha colou um soldado e jogadores de futebol e, finalmente, ursos em uma capa de revista que fala de tratamento e cura de vasos e artérias, que significam vias e caminhos do nosso corpo.

Mesmo na colagem, o caminho aparece e é muito significativa a representação masculina e ação das figuras, no esporte, na guerra, no trabalho, sempre envolvendo e sugerindo situações muito mais da cidade ou da sociedade nacional envolvente, ou a representação do destinatário, D2.

Podemos refletir e levantar algumas hipóteses nesse conjunto. Assim, na figura 8 (Anexo 4), ele só colocou o caminho para a cidade, e, na figura 9 (Anexo 4), o caminho e casa representando a organização social Guarani/Kaiowá, ou seja, ele separou destinador e antidestinador. No segundo caso, porém, não estava representado pelas árvores, mas sim pela referida organização social.

DISCUSSÃO

A primeira hipótese é de que ele separou destinador e antidestinador em duas figuras. Finalmente, na colagem, as figuras humanas e o desenho da casa são de homens e mulheres da cidade, os destinadores, confirmando a busca da identidade de homem da cidade.

A partir desse conjunto, ele não mais desenhou as árvores atrás das casas ou antropomórficas e começou a fazer cada vez mais veículos e aparelhos eletroeletrônicos. Ele começou a definir, portanto, a busca de uma identidade de homem da cidade. Nesse momento, parece que ele escapa da fórmula $\overline{vps}$, é o sujeito de direito que surge, após uma separação e ordenação no referido conjunto. A seqüência ternária, na visão sintagmática, passa a ser, conforme veremos confirmada até o final, spv, saber, poder e querer, da identidade.

Na sessão de 18 de novembro, estava participante, alegre, porém muito preocupado com os outros meninos e meninas da escola, que ficavam o tempo todo olhando pela janela, manifestando incômodo por ser observado. Fechava a porta, a janela, dizia para irem embora. Continuou mais rápido nas atividades e, como o outro menino, Cleber, começou a andar pela sala, gostou também de ficar folheando revistas. Notamos, porém, que ele revelou cada vez mais interesse e envolvimento pelas atividades. O próprio comportamento de querer afastar os outros meninos evidenciou que ele considera o grupo e as atividades como pertencendo a ele, porém, também, que as pessoas ou coisas de fora da sala de trabalho, que na verdade constituem a própria Reserva, incomodavam, irritavam e poderiam mesmo ser persecutórias, prejudicando suas tentativas e vivências na sessão, para busca de sua identidade.

Desenhou, nessa mesma sessão, com caneta hidrocor, novamente a casa, uma piscina, um caminhão no pátio e um homem trabalhando em uma lavoura. O sol, rodeado de nuvens azuis, estava sobre a piscina, com águas também azuis (Anexo 4: figura 10). O desenho é bem representativo de uma cena, em uma fazenda bem organizada e equipada com uma piscina. O conjunto em si não evidencia elementos indígenas.

Em uma pintura com guache e pincel, nessa sessão, fez sua própria casa com um caminho, um caminhão, um poço, uma árvore e uma flor. No segundo, um fazendeiro, uma motoca e uma laranjeira (Anexo 4: figuras 11 e 12).

Na *bricolage*, modelou um homem sentado no sofá, vendo TV, e um bebê no berço. Novamente, não representou a figura feminina na casa.

Nos desenhos com canetinha hidrocor, na última sessão do ano, novamente voltou aos temas eleitos definitivamente, a escola de 8ª série, o trator, um grande caminhão, uma moto sendo conduzida por homem e carregando sorvetes, um carro de passeio na estrada e a bandeira brasileira hasteada (Anexo 4: figura 13). Parece que a bandeira hasteada é a indicação de sua identidade de cidadão brasileiro.

No último desenho, além da própria casa similar à arquitetura da cidade, fez um caminhão, uma bicicleta, um aparelho de som em uma mesa, uma TV em outra mesa, uma *kodak*, conforme ele denominou a máquina fotográfica, todos esses aparelhos fora da casa. Desenhou, também, duas laranjeiras e uma outra árvore, o sol amarelo rodeado de nuvens, um coqueiro e várias flores vermelhas, que disse que eram dele (Anexo 4: figura 14).

Consideramos muito significativo e relevante que os elementos da natureza em questão são pertencentes a ele mesmo e sua casa da cidade não aparece como parte da Reserva, portanto, compondo, no último desenho, a cidade e os objetos de consumo, na fórmula R (S, O), sem o destinador estrada. Da mesma forma que, confirmando nossa hipótese de busca da identidade de homem da cidade, antidestinador e antidestinatário, árvores atrás da casa e escola e árvores antropomórficas não mais reapareceram depois da seção de colagem, conforme já foi dito.

Em seus trabalhos, Creoni sempre representou a casa da cidade, aparelhos e diferentes veículos, além de elementos de fora. Ele não evidenciou insegurança, sempre representou a casa, utensílios, aparelhos e veículos do homem da cidade, indicando que ele sabe, quer e pode ser um homem da cidade.

Ainda refletindo sobre os seus desenhos em relação aos de Inês e demais crianças do grupo, notamos que foi o único que já ingressou no estágio do realismo visual. Segundo Luquet[7], quando a criança descobre que existe uma certa ordem nas relações essenciais, estabelecendo relações entre os elementos, considera-se, ela mesma, como parte do meio.

Lowenfeld[8] indicou também a aparição da chamada "linha de base", o que efetivamente também ocorreu nos trabalhos de Creoni.

Os trabalhos de Creoni diferenciam-se, portanto, daqueles das outras crianças do grupo não só no que se refere aos temas, tratamento dado a casa, mas também de acordo com os critérios mais tradicionais de análise da evolução do grafismo infantil. Ele quer sair; até o final vai sempre representar a estrada, o carro, o caminhão, o ônibus, indicando o que ele quer e também sabe, na fórmula, spv.

Talvez a condição de empregada doméstica da mãe, diferente das outras mulheres da Reserva, contribui também para a busca da construção de sua identidade, como a de um homem da cidade, ou pelo menos fora de seu grupo cultural.

Esse emprego indica uma condição semelhante à situação de muitas mulheres da cidade e, apesar do abandono pelo marido, é a única mãe do grupo que fez apenas um casamento.

Creoni vai construindo e buscando uma identidade de homem da cidade.

No que se refere à cosmologia Guarani, apesar de Creoni afirmar sua identidade como homem da cidade, cabe ressaltar, que, nas primeiras sessões, a elaboração do domínio celeste e da oposição céu/terra, os sistemas mais complexos, aldeia/roça/mata, foram muito presentes em suas representações, conforme vimos no sol e seus raios sobre a árvore com o tronco com rosto humano, ou mesmo nas copas das árvores atrás das casas.

Outro ponto importante, no que se refere a esse aspecto, refere-se aos valores pré e anti-sociais que, segundo Viveiros de Castro[9], correspondem ao mundo subterrâneo, associado à parcela terrestre da parte humana, animalidade e floresta, em oposição à humanidade e à vida aldeã.

Quanto às plantas, o autor relatou que as cultivadas remetem integralmente ao domínio humano, elas são um ex-humano-verdadeiro, que as deu aos homens e aos deuses, de acordo com referida cosmologia[10].

Finalmente, Viveiros de Castro[11] falou dos *"extratores de almas"*, espíritos que, segundo os Araweté, falam da habilidade de extrair os filhotes de arara e periquito dos ocos mais altos das árvores. Vários casos de morte são atribuídos à extração das almas pelos referidos espíritos maus e devem ser enfrentados pelos *xamãs*.

Nossa hipótese é de que esses pormenores da cosmologia Guarani estiveram presentes no início dos trabalhos de Creoni, principalmente pela forma de representar alguns troncos com rostos e as copas atrás das casas, que foram desaparecendo de sua produção, à medida que ele foi buscando a identidade de homem da cidade, até o final de nossa pesquisa.

A busca da identidade de Creoni e os conflitos por ele gerados ilustram nossos relatos e revisões bibliográficas do capítulo problemática Guarani/Kaiowá, quando trouxemos informações e pesquisas referentes aos suicídios de um modo geral e dos Guarani, objeto de nossos estudos. Assim, a proximidade da sociedade capitalista e o contato com novas religiões, valores e crenças geram conflitos, principalmente na população mais jovem que, perdendo seus referenciais, pode apresentar desajustes em ambos os contextos sociais.

Creoni evidenciou na sua produção, comportamento e mesmo verbalização que, provavelmente, vai tentar viver fora da Reserva, como homem da cidade. Por enquanto, ele começa a revelar indícios de inadaptação à vida na Reserva, quando, por exemplo, eventualmente evita a aproximação de colegas e explicita seus interesses e preferências.

Em relação à estrutura familiar, notamos que Creoni já revela diferenças quanto ao trabalho da mãe, que permanece sem companheiro após a separação, de acordo com o próprio desejo manifesto por ele.

No texto das revisões bibliográficas, referente à família de jovens que tentam suicídio, lares onde falta segurança, perspectivas e projetos futuros, modelos fracos e inadequados são ambientes desfavoráveis para o desenvolvimento saudável do adolescente.

As conseqüências do tipo de trajetória que Creoni vem adotando, buscando a identidade ocidental, apontam para um futuro duvidoso quanto ao sentido coletivo de vida, cultura e valores.

Na cultura Guarani tradicional, o fato notável para o jovem era o ritual de iniciação, que, em especial para o Guarani, envolvia o complexo antropofágico para a aquisição da identidade.

Na sociedade nacional envolvente, além da não-existência desse estágio, ou algum ritual mais explícito ou relevante, a adolescência é uma etapa complexa de preparação para a vida adulta, sob o ponto de vista escolar, educacional, profissional e financeiro, entre outros, com duração extremamente variável, de acordo, principalmente, com aspectos econômicos e sociais.

Tendo em vista essas diferenças entre as duas sociedades, os demais problemas anteriormente citados e as análises das sessões e dos trabalhos de Creoni, podemos prognosticar que este corre o risco de não reunir recursos pessoais para ajustamento em ambas as sociedades.

Desenhos Comentados		
Não-sujeito Meta-querer Ø	Sujeito Julgamento-reflexão	
Indeterminado	Deôntico	Pessoal
/isto/	Ele	Eu
Árvores Ø	Árvores atrás da casa Troncos com rostos	Caminhos Casas da cidade Aparelhos eletrônicos Viaturas
Não-sujeito	Sujeito *heteronome*	Sujeito *autonome*

Notas

1. Contrato é um sistema de trabalho fora da reserva, em que os homens passam alguns meses morando em uma usina de álcool ou em uma fazenda, em períodos de trabalho intenso, geralmente na colheita.

2. O Programa Guarani/Kaiowá vem estudando o problema da educação indígena e está apoiando modificações nas escolas das reservas, para favorecer a melhor integração e desenvolvimento dos alunos. A nomeação de professores índios e a alfabetização em Guarani, de acordo com referida orientação, têm produzido resultados satisfatórios.

3. Os terena constituem, assim como os Guarani/Kaiowá, uma das populações indígenas mais numerosas de Mato Grosso do Sul, não tendo, porém, qualquer semelhança com estes na língua e cultura.

4. WALLON, P. et al. Op. cit. p. 17.

5. VIVEIROS DE CASTRO, E.B. 1986. Op. cit. p. 202-204.

6. COQUET, J.B. 1997. Op. cit. p. 49-50.

7. LUQUET, G.H. Op. cit. p.17.

8. LOWENFELD, V. Op. cit. vol. 1, p. 99-100.

9. VIVEIROS DE CASTRO, E.B. 1986. Op. cit. p. 204.

10. Idem, ibidem. p. 228.

11. Idem, ibidem. p. 248.

7
CONCLUSÕES

7.1 CONSIDERAÇÕES PRELIMINARES

A busca e configuração da identidade, pelas duas crianças por nós analisadas, por meio de sua produção, ou seja, desenhos, pinturas, modelagem e *bricolage*, envolvem uma construção na relação com suas famílias, a comunidade Guarani/Kaiowá, de Caarapó, os contatos e as influências dos agentes da sociedade nacional envolvente.

A primeira criança, caso Inês, evidenciou uma trajetória que partiu, nas suas representações, de uma acentuada influência da cultura e cosmologia Guarani/Kaiowá e indicações de dificuldades ou obstáculos oriundos da sociedade nacional envolvente, geradores de conflitos, que foram desaparecendo durante o processo, de sessão para sessão, dando lugar à tendência de uma posição, na linguagem semiótica, de spv, ou seja, saber, poder e querer ser uma mulher Guarani/Kaiowá.

Em relação ao caso Creoni, apesar de inicialmente constatarmos também significados e sinais de ambas as culturas, desde as primeiras sessões, a natureza e os elementos da cosmologia Guarani/Kaiowá foram sendo definidos com antidestinadores, para, no final, no seu caso, aparecer o direcionamento para spv – saber, poder e querer – ser um homem da cidade.

Durante nossas observações e trabalhos de um ano, percebemos que, quanto às reações, aos relacionamentos e às expressões afetivas, intelectivas e motoras, ambas são crianças com características de ajustamento, adaptação e normalidade, para os padrões indígenas e para os da sociedade nacional envolvente.

Em relação aos desenhos propriamente ditos e às afirmações anteriormente ditas, concordamos quando Royer afirmou o que o desenho é um ato complexo, que coloca em movimento os mecanismos biológicos múltiplos, sensoriais, cerebrais e motores, para realização daquilo que necessita não somente do bom funcionamento específico de cada um deles, mas ainda de uma coordenação satisfatória entre eles.

Outro ponto em comum foi uma trajetória na busca da identidade semelhante, pois ambas começaram em um conflito entre as duas culturas, passaram por momentos de representação de suas casas, família ou pessoas significativas, para, na última sessão, produzir um trabalho altamente significativo para nossas conclusões e discussões.

A Semiótica propiciou-nos, sem dúvida, um recurso de análise da trajetória das referidas crianças, que nos conduziu a importantes conclusões sobre todo o processo proposto e nossas técnicas. Torna-se importante ressaltar que avaliávamos produções artísticas, empregávamos técnicas expressivas, observávamos comportamentos, gestos, mímicas, verbalizações, ou seja, a Semiótica na Psicologia ou a Psicossemiótica.

A hipótese central da pertinência da *"análise semiótica dos desenhos e trabalhos de expressão artística de crianças Guarani/ Kaiowá para a configuração de suas identidades"* foi, portanto, confirmada.

Todo esse trabalho de avaliação e intervenção nos conduziu a uma reflexão sobre as questões individuais de cada criança estudada, mas também atingimos, de certa forma no contexto micro, o entendimento do macroproblema de toda nação Guarani/Kaiowá.

Sem deixar de lado o fato de que as questões indígenas sempre envolvem problemas sociais, econômicos, históricos e étnicos propriamente ditos, além da grande questão da disputa da terra, concluímos que favorecer a afirmação, a compreensão

CONCLUSÕES

da identidade dos índios como um processo internalizado e bem elaborado por eles mesmos pode ser um primeiro passo para a aquisição de uma condição de pensamento e conscientização, que é essencial para que um indivíduo possa reordenar sua realidade em relação a todas as questões anteriormente citadas, buscando soluções de tais problemas que, a cada dia, ficam mais complexos e, portanto, de difíceis e urgentes soluções.

Retomando as conclusões referentes aos dois estudos de caso em questão, um fato relevante, percebido no final de nossas análises semióticas e discussão, foi que, em ambos os casos, uma situação inicial de evidente conflito entre duas culturas foi revelada, ou seja, a cultura Guarani/Kaiowá e aquela da sociedade nacional envolvente. No final de um ano de sessões regulares de trabalhos de expressão artística, configuraram-se duas identidades diametralmente opostas.

Assim como no início de nossas discussões, mais uma vez levantamos a hipótese, como inclusive um indicador importante para a solução dos graves problemas da nação Guarani, de que o referido trabalho grupal teve um sentido de conduzir as crianças do grupo a uma definição de suas identidades, sugerindo claramente uma forma de intervenção sistemática e mais profunda na estruturação de seu psiquismo, que poderíamos entender como uma proposta psicoterápica.

Foi possível perceber, na nossa investigação, que nem todas as crianças da referida Reserva caminham em uma mesma direção, buscando a afirmação e configuração de sua identidade e, como conseqüência, provavelmente os adultos estão perdendo alguns aspectos importantes para a coesão grupal, sob o ponto de vista social. Entendemos também que, nesse contexto, o aspecto sociocultural foi, sem dúvida, o elemento mais crítico.

Assim, Creoni, no final de um ano de sessões, evidenciou um percurso na sua produção, em três etapas, por meio das quais se dá o percurso do sujeito *actant*, ou seja, $\overline{spv}$-vps-spv, não sabe, não pode e não quer, em seguida, quer, pode e sabe e, finalmente, sabe, pode e quer ser um homem da cidade.

A trajetória de Inês foi exatamente oposta, contrária, adquirindo, no final de nosso trabalho, a posição saber, poder e querer ser uma índia Guarani/Kaiowá.

Os problemas, fatos, dados bibliográficos apresentados no nosso trabalho, desde o texto de introdução, demonstram, de acordo com diferentes áreas de estudo, uma preocupação muito grande com os destinos da cultura Guarani/Kaiowá e outros povos indígenas. No caso dos Guarani/Kaiowá, o suicídio é o fato mais significativo e revelador.

Além disso, os textos da revisão da literatura, no que se refere à cultura Guarani/Kaiowá propriamente dita e às pesquisas sobre o comportamento suicida, em diferentes contextos, trazem muitos pontos para reflexão sobre o material que os dois estudos antes citados propiciaram para o entendimento e mesmo busca de intervenções adequadas para a condução dos problemas da nação Guarani/Kaiowá, principalmente no que se refere à educação e às atividades grupais das crianças e jovens.

Todas as reflexões iniciais levam-nos a entender que devemos desenvolver nossas conclusões analisando, à luz do estudo dos casos Inês e Creoni, quatro importantes enfoques que permearam nossas pesquisas: Psicossemiótica, Cultura, Suicídio e Gênero.

7.2 A Psicossemiótica

Ainda retomando nossa hipótese central, podemos facilmente indicar momentos dos relatos e das análises, em que ficou muito explícito como o referencial de estudo foi pertinente à nossa proposta de "L'Identité Infantile en Construction Chez Les Guarani/Kaiowá du Brésil (approche sémiotique)"[1].

Segundo Greimás e Courtés[2], identidade serve para designar o princípio de permanência, que permite ao indivíduo continuar o mesmo, de persistir no seu ser, ao longo da existência narrativa, malgrado as mudanças que ele provoca, sofre ou aquelas que podem ocorrer de forma mais inesperada e repentina.

CONCLUSÕES

Na trajetória das duas crianças, em um ano de sessões de produção artística, foi possível acompanhar um conjunto de mudanças que ocorreram pela própria natureza das propostas, estágio do desenvolvimento infantil das crianças em questão que, conforme já afirmamos, é relevante. Porém, desde as primeiras atividades, foi possível identificar uma persistência no ser de cada um, fazendo com que cada um continuasse o mesmo, com algumas tendências mais definidas no final desse período de trabalhos.

Darrault[3] afirmou a pertinência da análise semiótica nos textos não lingüísticos, como a pintura, música, arquitetura e outros. Assim, os desenhos, as pinturas, as modelagens e as *bricolages* analisados, bem como os comportamentos e as ações durante as sessões, permitiram-nos, além da identificação das mudanças e transformações, a compreensão da representação e reorganização individual da cosmologia Guarani, no contexto de cada criança, assim como a identificação dos significados oriundos da sociedade nacional envolvente.

O autor ainda informou que todo material de uma variedade muito grande, que vai surgindo nas sessões por meio de desenhos, pinturas e outros, nos permite perceber e pesquisar significados manifestos, complexos e heterogêneos.

Nessa perspectiva, o comportamento-discurso é permanentemente de natureza sincrética, abrindo-se a possibilidade de uma alternativa metodológica, iniciando-se pela descrição, uma a uma, das produções do sujeito, segundo os sistemas semióticos mobilizados, ou seja, linguagem oral, mímica, deslocamentos, etc.

É possível, imediatamente, iniciar uma pesquisa em um plano mais profundo, a construir, considerando como um nível que confere uma coerência à reunião dos significados oriundos de substâncias heterogêneas, mobilizadas na superfície perceptível do comportamento e discurso.

Ou seja, partindo da descrição minuciosa, principalmente dos desenhos e das pinturas, abordando outros comportamentos e ações que ocorrerem, pesquisamos e analisamos planos mais profundos, que nos permitiram reunir subsídios importantes para nossas conclusões, sobre a identidade de Inês e Creoni.

A proxêmica que, segundo Greimas e Courtés[4], busca analisar as disposições dos sujeitos e dos objetos no espaço, e, mais particularmente, o uso que os sujeitos fazem do espaço, para fins de significação, foi também um conceito básico para o entendimento da disposição de desenhos e pinturas, muitas vezes, em três níveis, nos trabalhos de Inês ou a própria noção de perspectiva que Creoni revelou, no primeiro caso, envolvendo descrição do domínio celeste e da oposição céu/terra, segundo Viveiros de Castro[5]; no segundo, uma ordenação voltada para a visão mais imediata e real do mundo e da cidade.

A proximidade pela cor foi também algo notável em ambos os casos, assim como os comportamentos nas sessões de *bricolage*, que proporcionavam uma movimentação maior, quando Inês representou uma dança Guarani, enquanto Creoni fez movimentos de *rock*. .

Corroborando com considerações sobre a proxêmica, lembramos as afirmações de Robbins e Goffia-Girasek[6], de que, em relação à técnica e ao material, podemos analisar a forma, a textura, a cor, o volume, o espaço, o movimento, o balanço e a abstração. Embora esses parâmetros sejam, na prática, intrincadamente inter-relacionados, as descrições de cada um, segundo o autor, revelam importantes especificidades que influenciam no resultado de trabalhos com técnicas expressivas.

Da mesma forma, Royer comparou a indicação do movimento no desenho como o verbo na linguagem gráfica, definindo o que se passa, dando um sentido à mensagem[7]. Como a representação da perspectiva, que contribui para a modificação da aparência, a representação do movimento repousa sobre a percepção do tempo.

Reafirmamos, portanto, mais uma confirmação de nossa hipótese central, a pertinência da metodologia, referenciais teóricos da Semiótica, escolha de material que, além de reflexões e conclusões relevantes para o estudo da problemática Guarani/ Kaiowá, nos permite oferecer novas propostas de métodos de

CONCLUSÕES   225

pesquisa para a Psicologia e Antropologia, entre outras Ciências Humanas.

Certamente, a narratividade permitiu-nos desvelar, na produção das crianças analisadas, organizações mais profundas e abstratas, muito relevantes, principalmente em relação à complexa cosmologia Guarani, que possivelmente não seria identificada nos relatos, na aparência ou, superficialmente, nos desenhos, nas pinturas e outras produções.

Quando Coquet[8], refletindo sobre Semiótica do enunciado ou Semiótica *objectale* e Semiótica *subjectale*, conceituou discurso como uma organização *thansphrastique*, que passa dos limites de uma frase, correlacionada a uma ou várias instâncias da enunciação, estamos novamente diante de conceitos pertinentes ao material produzido pelas crianças, Semiótica *objectale*, e todas as interpretações e análises mais profundas do referido material, Semiótica *subjectale*, podendo, portanto, compreender a construção de suas identidades desde a descrição do referido material até as abordagens mais profundas e abstratas.

Da mesma forma, utilizamos e foi relevante os estudos de Coquet[9], que propõe um quadro de identidade utilizado por Darrault[10], em sua análise de desenhos, ao destacar o actante e destinador, que se pode constituir em um obstáculo ou favorecer a afirmação, pelo sujeito, primeiramente, de sua individualização, depois de sua integridade. Nos dois casos analisados, pontuamos o aparecimento e desaparecimento do destinador e antidestinador, durante as respectivas trajetórias para o *status* autônomo de saber, querer e poder ser uma mulher Guarani/Kaiowá e um homem da cidade, na busca de suas identidades.

7.3 A Cultura

A comprovação de nossa hipótese central, de que através da análise semiótica da produção artística poderíamos configurar a identidade das crianças Guarani/Kaiowá, foi muito mais um ponto de partida para a retomada da grande problemática do referido grupo étnico do que para a conclusão de nossas pesquisas.

Lembramos que Wallon, Cambier e Engelhart[11] afirmaram que as pesquisas relatadas e outros estudos os levaram a pensar que cada sociedade, cada grupo, exprime-se graficamente de maneira diferenciada e específica, sem excluir a existência de signos e de regras universais.

Em todos os momentos de nossas pesquisas e reflexões da presente obra, a pertinência da metodologia e da escolha de material foi relevante. No que se refere à cultura, a *bricolage* tem muito destaque, principalmente pela obra "O Pensamento Selvagem", de Lévi-Strauss.

Lembramos que Leonhart[12] fundamentou suas pesquisas com o que chamou de Laboratório de *Bricolage*, na obra "O Pensamento Selvagem", de Claude Lévi-Strauss[13]. Em suas pesquisas de campo com um grande número de tribos indígenas do mundo inteiro, inclusive brasileiras, Lévi-Strauss[14], procurando estudar o modo de conhecimento que esses povos mais primitivos desenvolviam em sua adaptação ao meio ambiente, constatou um mundo extremamente rico em classificações e abstrações, uma maneira peculiar de estabelecer relações sensíveis para perceber e explicar a vida, que, para ele, contrastou com o afastamento da sensibilidade que caracteriza o saber atual.

Para Lévi-Strauss[15] a diferença entre o *civilizado* e o homem primitivo é que o último atende às exigências intelectuais antes, ou no lugar, da satisfação de necessidades. Afirmou que ocorre *"uma atitude de espírito verdadeiramente científica, uma curiosidade assídua e sempre alerta, uma vontade de conhecer pelo prazer de conhecer, porque uma pequena fração apenas das observações e experiências poderia dar resultados práticos e imediatamente utilizáveis"*.

Quando afirmou que toda classificação está acima do caos e que *"mesmo uma classificação no nível das propriedades sensíveis é uma etapa para a ordem racional"*, o autor mostra-nos uma maneira de pensar a aprendizagem voltada para a criança, de acordo com suas características e peculiaridades, seguindo suas

CONCLUSÕES 227

próprias vias de evolução, adotando uma estratégia de entendimento mais perto da intuição sensível.

Em relação à técnica propriamente dita, é importante pontuar que o *bricoler* tem à sua disposição um conjunto de elementos, formado por objetos das mais variadas origens, conforme Leonhardt[16], *"uma coleção de resíduos de obras humanas, um subconjunto da cultura, ao qual empresta um valor especial, inclusive a cada peça em particular".*

O material reunido para o trabalho de *bricolage* é uma coleção de mensagens pré-moldadas e pré-transmitidas, que, embora não sejam idéias em si mesmas, representam um conjunto de signos capazes de suscitar criações, novas idéias, um conjunto de signos que pode gerar novos signos. Além disso, o material assim trabalhado passa a ter importância e é investido de emoção. A apercepção, do meio ambiente pode ser, então, ampliada, pela re-significação e reaprendizagem de suas relações com os objetos que se encontram à sua disposição.

Para Leonhardt, *"a criança se torna capaz de movimentar-se nos dois universos, com maior flexibilidade — o sensível e o racional, o imaginário e o real, classificando a vida com critérios mais ricos e, ao mesmo tempo, mais fundamentados"*[17].

Muitas reflexões e observações, principalmente pela movimentação durante a escolha e transporte do material nas sessões com trabalhos de *bricolage*, foram significativas e reveladoras da identidade das crianças estudadas.

Em relação à cultura, nas revisões bibliográficas, Viveiros de Castro, Schaden, Meliá e outros pontuaram a significativa e peculiar relação do Guarani com a terra, que vai muito além do lugar para a morada e sobrevivência e de onde retiram o sustento por meio da agricultura.

Aliás, em relação à terra, além da riqueza da língua Guarani, para designar diferentes tipos de solo, mata ou espécie de vegetais, é notável o conhecimento de técnicas de cultivo que eles possuem, fato que levou Meliá[18] a relatar que existia uma verdadeira agronomia, que acabou sendo utilizada pelo colono europeu.

Mas a terra é, sobretudo, o *tekohá*, o lugar em que se dão as condições de possibilidades do modo de ser do Guarani, o que envolve lei, cultura, comportamento, hábitos, religião, etc., como Pereira[19] tão bem sintetizou como sendo um *"espaço físico-político-simbólico, que remonta a mais um ato criativo dos deuses, lugar estruturante e suporte de sua organização social, aí também circulam crenças, valores e normas"*.

Refletindo sobre a trajetória de Inês e Creoni, nos seus desenhos, pinturas, *bricolage* e modelagem, observamos como a representação desse espaço, o *tekohá*, usando dos recursos dos conceitos fundamentais da Semiótica como *proxemique*, destinador e antidestinador, entre outros, conduziu-nos à configuração de suas identidades.

Vejamos o caso de Inês. Desde sua primeira pintura, ela começou a representar, por meio de seus destinadores e destinatários, o referido espaço, que sempre é bom e satisfatoriamente organizado, quando intimamente ligado às forças da natureza, matas e roças e as casas ordenadas, segundo a organização social tradicional Guarani.

Ainda referindo-se à representação da natureza, depois de passar por desenhos e pinturas de seu grupo familiar, as roças de milho, mandioca, a fase crucial vivida no sanatório, durante o tratamento da tuberculose, ela finalizou o ano de atividades com destinador e destinatário exclusivamente da natureza, excluindo até a representação da organização social Guarani.

Portanto, entendemos, que, no seu caso, sob o ponto de vista hierárquico, a referida representação aponta para o fato de que natureza e, principalmente, as forças maiores da natureza estão acima de todos os demais elementos que apareceram durante esse um ano de atividades.

Inês configura uma identidade, que foi construída, elaborada durante um ano de trabalho, totalmente de acordo com a cosmologia Guarani, expressa e identificada no seu último desenho.

As plantas cultivadas, que lá aparecem, remetem integralmente ao domínio humano, elas são ex-humano-verdadeiro, que as ofereceram aos homens e aos deuses. Outro aspecto relevante, e que é a via principal entre os vários caminhos que cortam o universo, o caminho do sol também fez parte do referido desenho.

Quanto à água, outro elemento relevante que compõe esse derradeiro e conclusivo trabalho, assim como nas rezas e danças para a chuva ou contra a seca, citadas por Schaden[20], ela vem pontuada, também, por Viveiros de Castro[21], quando no item 6 de sua descrição e elaboração do domínio celeste e da oposição céu/terra, na cosmologia Guarani, ele tratou da transformação ou composição com sistemas horizontais de oposição, notadamente, entre outros, floresta/água.

Sem dúvida, confirmamos a hipótese de que Inês, sob o ponto de vista cultural, sabe, pode e quer, spv, ser Guarani/Kaiowá.

Paradoxalmente, Creoni percorreu uma trajetória completamente oposta à de Inês, que provavelmente será muito melhor entendida, quando tratarmos das questões de gênero.

Apesar de representar, no seu primeiro desenho analisado, a mata e, de uma forma mais significativa, sob o ponto de vista religioso, a árvore antropomórfica ou mesmo árvores anímicas, e do sucesso na construção de sua identidade, no final do ano de trabalho, da mesma forma que Inês, confirmando o sentido estruturante ou mesmo psicoterápico que nossa proposta acabou atingindo, percorreu um caminho inverso, evidenciando que sabe, pode e quer ser um homem da cidade.

No primeiro desenho analisado, como no caso Inês, coexistiram elementos da cidade, sociedade nacional envolvente e cultura Guarani/Kaiowá. Assim, no que se refere à cosmologia Guarani, apareceram os elementos árvores e espécies vegetais da mata, que, conforme Viveiros de Castro[22], estão associados, para os Guarani, a certos espíritos que são seus donos, ou espíritos "extratores das almas", que têm a habilidade de extrair os filhotes das araras e periquitos dos ocos mais altos das árvores.

Levantamos a hipótese de que o aspecto espiritual da cultura Guarani foi mais explicitamente representado nas árvores antropomórficas ou anímicas ou copas de árvores atrás de casas, às vezes, barrando a movimentação na estrada, nos desenhos e nas pinturas de Creoni.

As representações, nesse caso, são diferentes do caso Inês, pois referidas representações subentendem obstáculos para o percurso do destinatário na busca de sua identidade, envolvendo inclusive conotações persecutórias e ameaçadoras.

Também, nos primeiros trabalhos, o sol e seus raios sobre uma árvore, com frutos na mesma cor dos raios, retomam o tema céu/terra da cosmologia Guarani, ou seja, destinador, destinatário, que, porém, como veremos, envolverá o antidestinador, pois Creoni fará uma trajetória na direção da identidade de homem da cidade.

Quanto à cultura da sociedade nacional envolvente, que até o final do ano foi definida como destinatário na produção de Creoni, elementos como eletroeletrônicos e viaturas constituíram e permaneceram no foco de seus trabalhos.

Também é interessante ressaltar, como fato que demonstra a importância do trabalho realizado para a construção da identidade, sob o ponto de vista psíquico e social, também da cultura e em especial da cosmologia Guarani, que ambas as crianças começaram do mesmo ponto, representando a cultura Guarani/Kaiowá e a sociedade nacional envolvente nos primeiros trabalhos e, no final, optaram por uma delas.

Inês representou somente a cosmologia e natureza; Creoni, com muito destaque, os aparelhos e as viaturas que caracterizam o mundo moderno e civilizado, aquilo que é muito anunciado e pontuado na mídia, de um modo geral.

Não poderíamos deixar de retomar em nossas conclusões, ainda segundo o aspecto cultural, as questões relacionadas com a aquisição da identidade em rituais de antropofagia no passado, citadas em nossas hipóteses, que, no entanto, não conseguimos identificar ou mesmo encontrar nos casos estudados.

Cabe ressaltar que, no passado, os ritos antropofágicos fechavam um círculo eterno de vingança e criação da pessoa, uma vez que cada morte inimiga vingava ou anulava uma morte anterior, conforme nossas reflexões no capítulo sobre a cultura Guarani, sendo o único acesso à condição de adulto pela execução de um inimigo.

O homicídio fazia parte do rito de passagem e era condição para o homem entrar no ciclo reprodutivo. Em nossas pesquisas, não ficaram claras quais as expectativas do menino Creoni quanto a essa passagem, já que hoje tal rito não mais existe e ele representa apenas a perspectiva de sair da Reserva, como fato ligado à sua vida futura de adulto.

Ainda de acordo com Schaden[23], existe uma prática de iniciação dos meninos, em cerimônias que culminam com a perfuração do lábio inferior e que constitui um segredo para os Kaiowá, que não foi citada, nem representada nos trabalhos das crianças estudadas.

Outro fato também relevante, a intensa ação de igrejas evangélicas na Reserva, que preocupa pesquisadores como Brand[24], e que evidentemente envolvem questões religiosas e, conseqüentemente, profundamente ligadas à cultura, não aparece como significativa na produção de Inês e Creoni.

Acreditamos que isso se deve à ocorrência ou identificação de um conflito principal, no final dos estudos, que começa com os dois oponentes, ou temas maiores ou básicos, cultura Guarani/Kaiowá e sociedade nacional envolvente. Evidentemente, com a ação intensa de referidas igrejas dentro das reservas, o aspecto influência das Igrejas Neopentecostais torna-se mais preocupante, mas sem dúvida alguma, faz parte do tema maior.

Quanto à casa, nosso objeto de estudo desde a seleção das crianças, na presente pesquisa, foi muito reveladora na trajetória de Inês e Creoni. Em ambos os casos, apareceu indicando, para Inês, mais aspectos da cultura Guarani/Kaiowá e sua estrutura familiar, representada pela ligação de casas, ou um agregado de pequenas aldeias, *bairros*, de casa voltadas para si mesmas, conforme afirmou Schaden[25].

Assim também, as observações sobre o ajustamento e adaptação das crianças, quando abordou aspectos importantes da infância do Guarani, afirmando que as crianças são tratadas como adultos, são mais francas e menos retraídas do que eles; quando em contato com estranhos tem uma notável independência, fato que observamos no caso Inês e Creoni, conforme afirmamos no início do capítulo.

7.4 Os Suicídios

Entendemos que dois fatos relacionados com pesquisas atuais sobre suicídios nos apontam situações e causas semelhantes às dos Guarani/Kaiowá: a ocorrência de suicídios entre jovens adolescentes em grupos de índios na América do Norte, conforme Levcovitz[26], contrariando a tendência mundial de um número maior de suicídios entre os mais idosos, pesquisas de Mioto[27], com famílias de jovens que tentam suicídio.

Mioto[28] afirmou que o ato suicida se engaja na busca de um sentido de identidade e o que deve estar presente é um sentido de continuidade entre o passado e o futuro; o jovem enfrenta sua experiência e conflitos quanto a suas possibilidades futuras.

Afirmou, também, que um passado desastroso, evidências de fracasso, especialmente dos pais, e casos de tentativa de suicídio de pessoas próximas exercem, comprovadamente, uma grande influência no comportamento suicida dos jovens.

Ora, se refletirmos sobre a identidade das duas crianças por nós analisadas, de acordo com a Semiótica, concluiremos que a continuidade passado e futuro está seriamente prejudicada em ambos os casos.

No caso Inês, ela construiu uma identidade Guarani/Kaiowá, de uma cultura ameaçada de destruição, ou já em um processo de extinção ou degradação, apesar de envolver uma população numerosa, a incerteza quanto às possibilidades futuras ou mesmo projetos.

Quanto a Creoni, aparentemente ele vai rompendo com um passado e ingressando em um mundo moderno e globalizado. Sabemos, por pesquisas anteriores com populações indígenas, dos riscos da entrada no referido mundo sem um suporte de

CONCLUSÕES

identidade étnica que se liga ao passado. Referido fenômeno tem aumentado o número de grupos marginalizados, empobrecidos, e, no caso do Brasil, agravando o fenômeno habitantes de favelas[29], principalmente nas grandes cidades[30].

Os contatos com as famílias das cinco crianças revelaram separações, entre os pais, que nos pareceu, pelo depoimento das mulheres e dos filhos, que, mesmo sendo uma situação comum na Reserva, a insatisfação e frustração acompanham esses conflitos, como no caso da mãe de Creoni, única que está separada e não tem um novo companheiro, dizendo que ainda gosta do marido, pai de seus filhos, ou Isolene, irmã mais velha de Inês, que deseja que o irmão do professor Edson assuma a paternidade de sua filha.

Sabemos também que as dificuldades e os fracassos não ocorrem só no âmbito familiar, de geração para geração, mas sim de toda uma nação, uma cultura que vem sendo atacada, prejudicada, deteriorada de diferentes formas e por diversos motivos.

Partindo, portanto, de conclusões de Mioto[31], que afirmou que o meio familiar é importante fator na estruturação e no desencadeamento do ato suicida, e pesquisas sobre suicídios de jovens de outros grupos indígenas, citadas por Levcovitz[32], percebemos a pertinência do estudo desses fatos e conclusões em relação aos Guarani/Kaiowá de Caarapó.

As duas crianças estruturaram-se de maneira diversa, uma buscando ser Guarani/Kaiowá, um povo que, conforme relatamos nos capítulos referentes à problemática Guarani/Kaiowá e os Tupi-Guarani no Brasil, tem um passado desastroso, com histórias marcadas de muitos fracassos e destruição.

A outra, buscando ser um homem da cidade, apesar de levar sua marca de índio, que, não sendo adquirida, acaba sendo atribuída pela sociedade nacional envolvente, deverá enfrentar, no futuro, conflitos internos e externos em relação aos dois mundos e às duas culturas, a do passado e a do futuro.

Ainda nos reportando às nossas pesquisas anteriores[33], entendemos que indivíduos que são capazes de falar e agir, permanecendo idênticos a si mesmos, nos casos de mudança de vida, ambiente ou mesmo na própria personalidade, têm o que denominamos uma *identidade bem-sucedida do eu*, utilizando uma expressão consagrada por Habermas[34].

Ainda em relação aos trabalhos sobre suicídio entre jovens, Castellan[35] falou de um processo espiral, que envolve o ataque da auto-estima, a ausência comprovada de amor, o vazio narcísico e a ameaça, inclusive financeira, do projeto de vida.

As representações nas produções artísticas das crianças por nós analisadas mostram que o projeto, os planos e os sonhos da menina envolvem a vida familiar, casamentos precoces, enquanto o menino tende a buscar, fora da Reserva, a realização e afirmação de sua identidade, situações, portanto, incompatíveis para a estruturação familiar.

Além disso, os escassos recursos financeiros também contribuem para que o jovem experimente inseguranças e dúvidas quanto ao seu futuro.

Corroborando com essas afirmações, Tousiganat[36], referindo-se a comportamentos suicidas de adolescentes, relatou que estes estão condicionados ao tipo de enquadramento que a família dá à criança, pontuando, na história de vida dos jovens, situações como separações, consumo de drogas e álcool.

Esses fatos, embora não aparecendo diretamente na produção artística das crianças, tornam-se, no entanto, preocupantes, pois são problemas relatados e constatados em ambas as sociedades, nas quais as referidas crianças representarão seus papéis, de acordo com identidades atribuídas ou adquiridas.

Cassorla[37] refletiu ainda sobre lares defeitos não só pela perda e separação dos pais, mas também pelos lares psicologicamente desfeitos, pois, quanto mais precoce o funcionamento como desfeito, maior a probabilidade de prejuízo para a criança.

O autor concluiu ainda que mãe autoritária e pais fracos ou ausentes são também indicadores relevantes no estudo de jovens suicidas.

Para ele, o suicídio aparece como forma de expressão, dadas as dificuldades de comunicação em nível simbólico com o ambiente. Ora, a visão de mundo, vida e morte, de acordo com a cosmologia Guarani/Kaiowá, é muito complexa para o entendimento de um modo geral; a própria concepção de educação, formação da personalidade infantil, de acordo com a cultura tradicional, não segue os padrões mais comuns da sociedade nacional envolvente.

Não foi possível perceber em que profundidade e extensão essas diferenças e os conflitos por elas gerados são entendidos e elaborados por eles.

Lembramos que, conforme foi relatado em capítulos anteriores, de acordo com Schaden[38], para o Guarani, a alma já nasce com um potencial e qualidades e eles não se preocupam, por essa razão, na educação familiar das crianças com o desenvolvimento de natureza psíquica, respeitando, portanto, a vontade individual infantil, não ocorrendo a repressão no processo educativo infantil.

Foi possível, no entanto, analisando o trabalho das crianças e no contato com as famílias, entender que alguma coisa permanece em contraste com o funcionamento da própria escola, onde nossas pesquisas ocorreram. Como exemplo, é evidente que as mães valorizam muito mais a produção artística das crianças e seu ajustamento social e psicológico do que a aprendizagem das matérias lecionadas, os diferentes programas determinados pelas Secretarias da Educação dos Estados e Municípios, nas diferentes séries, que obviamente orientam os objetivos das escolas brasileiras.

7.5 GÊNERO

Talvez o fato mais notável e ao mesmo tempo grave e preocupante, nas conclusões de nossa análise semiótica da produção artística de Inês e Creoni, é a constatação de que a primeira constrói e adquire uma identidade feminina Guarani/Kaiowá e o segundo uma identidade masculina de homem da cidade.

Entendemos que esse fato não ocorreu como fenômeno isolado, específico para os dois estudos de caso, mas reproduziu uma realidade vivida atualmente em toda a Reserva.

Assim, corroborando com nossas conclusões, das cinco famílias acompanhadas durante o estudo das cinco crianças no ano de 1998, apenas uma tinha a presença constante do homem e, mesmo assim, um senhor idoso aposentado, acompanhado o tempo todo pela mulher, nas atividades de agricultura, para complementar a renda ou alimentação familiar.

Nas quatro restantes, os pais estavam fora, em atividades nas fazendas da região ou nas usinas de álcool, dependendo da época do ano.

Todas as mulheres, com exceção de uma, assumiam os trabalhos com animais domésticos, roça familiar e já tinham casamentos anteriores. Todos os filhos dessas relações anteriores e atuais, de um modo geral, viviam com elas.

Por coincidência, ou pelo fato de que já começa a existir uma situação diferente na Reserva, de acordo com aspectos econômicos, sociais e de possibilidades de trabalho, a mãe de Creoni foi a única mulher que não se apresenta nessa situação mais comum na Reserva: é empregada doméstica, ou seja, não passa todo o dia em casa cuidando dos filhos, dos animais e da roça familiar, vive sozinha, após a separação, tendo uma única união.

Refletindo ainda sobre as questões familiares e de gênero, em relação à saída do homem da aldeia, retomamos as informações de Shaden[39], quanto a um fenômeno antigo, desde a época em que a economia, deixando de ser auto-suficiente, obrigava o homem a sair da aldeia ou Reserva e trabalhar nos ervais (cultura de erva-mate), hoje substituídos pelas usinas de álcool e novas culturas, como milho, arroz e outras das fazendas da região.

Mas ainda quanto ao trabalho e à cultura, são as atividades que se referem à produção de milho que produzem efeitos importantes no papel feminino e masculino e coesão familiar e comunitária, até hoje. Assim, lembramos que Schaden[40] pontua a festa da chicha, bebida de milho, e Viveiros de Castro [41] afirma que *"do ponto de vista da infra-estrutura, é a agricultura do milho que causa, produz o agregado aldeão"*... Todos os autores e pesquisadores da cultura Guarani identificam, até hoje, a importância cultural do referido costume.

Voltando aos casos Inês e Creoni, o que notamos não é mais uma situação de ida e volta do homem e permanência da mulher na Reserva, mas sim a situação do homem que quer ser um homem da cidade e lá permanecer, enquanto a mulher quer permanecer na reserva como Guarani/Kaiowá, mas sem ter o homem de volta para a continuidade familiar e comunitária.

Também não podemos afirmar que a situação vivida por homens e mulheres adultos não tem como causa prioritária a sobrevivência, tendo em vista o confinamento nas reservas, retirando dos Guarani a condição de nômades, mas evidentemente com resquícios de um passado em que o homem ia caçar ou para a guerra e voltava.

De qualquer maneira, podemos levantar a hipótese de que a próxima geração de adultos, que será constituída pelas crianças de hoje, inclusive Inês e Creoni, poderá chegar à fase adulta com identidades construídas de uma maneira extrema e perigosamente divergentes e paradoxais para a continuidade da nação Guarani/Kaiowá, mesmo que os órgãos governamentais consigam manter as aldeias e reservas, atualmente ocupadas ou em litígio com os fazendeiros da região.

Voltamos novamente a enfatizar, como estratégia muito importante, qualquer que seja a condução política e social da problemática Guarani/Kaiowá, a importância de um trabalho grupal e comunitário para o desenvolvimento, nos jovens, da capacidade de pensar e tomar consciência de sua própria identidade.

Notas

1. "A Identidade Infantil Guarani/Kaiowá do Brasil em Construção (abordagem semiótica)".

2. GREIMAS, A.J. et COURTÉS, J. Op. cit. p. 301-303.

3. DARRAULT-HARRIS, I. et KLEIN, J.P. Op. cit. p. 3.

4. GREIMAS, A.J. et COURTÉS, J. Op. cit. p. 300.

5. VIVEIROS DE CASTRO, E.B. 1986. Op. cit.

6. ROBBINS, A. and GOFFIA-GIRASEK, D. Op. cit. p. 105.

7. ROYER, J. 1995. Op. cit. p. 162.

8. COQUET, J.C. 1997. Op. cit. p. 147-148.

9. Idem, ibidem.

10. DARRAULT-HARRIS, I. et KLEIN, J.P. Op. cit. p. 185-188.

11. WALLON, P. et. al. Op. cit. p. 80-82.

12. LEONHARDT, D.R. Op. cit. p. 364-374.

13. LÉVI-STRAUSS, C. 1962:1997. Op. cit. p. 32-49.

14. Idem, ibidem.

15. Idem, ibidem.

16. LEONHARDT, D.R. Op. cit. p. 371.

17. Idem, ibidem. p. 372.

18. MELIÁ, S.B. Op. cit. p. 35-36.

19. PEREIRA, M.A.C. Op. cit. p. 83.

20. SCHADEN, E. Op. cit. p. 122.

21. VIVEIROS DE CASTRO, E.B. 1986. Op. cit. p. 202-204.

22. Idem, Ibidem. p. 229.

23. SCHADEN, E. Op. cit. p. 90.

24. BRAND, A. Op. cit. p. 258-273.

25. SCHADEN, E. Op. cit. p. 59-60.

26. LEVCOVITZ, S. 1998. Op. cit. p. 20.

27. MIOTO, R.C.T. Op. cit.

28. Idem, ibidem. p. 43-49.

29. Favela é um grande agrupamento de casas, muitas vezes chegando a constituir grandes bairros nas cidades, construídos sem planejamento, geralmente com material de sucata, sem condições de higiene ou qualquer infra-estrutura de água e esgotos e que começam geralmente a ser formadas por pessoas que migram da zona rural ou pequenas cidades para as grandes metrópoles.

30. GRUBITS, S. 1995. Op. cit. p. 56-59.

31. MIOTO, R.C.T. Op. cit. p. 39-40.

32. LEVCOVITZ, S. Op. cit. p. 20.

33. GRUBITS, S. Op. cit. p. 44.

34. HABERMAS, J. *Para a Reconstrução do Materialismo Histórico.* São Paulo: Brasiliense, 1990. p. 78.

35. CASTELLAN, Y. Op. cit. p. 297-306.

36. TOUSIGANAT, M. Op. cit. p.351-360.

37. CASSORLA, R.M.S. 1984b. Op. cit. p. 125-134.

38. SHADEN, E. Op. cit. p. 62.

39. Idem, ibidem. p. 59-60.

40. Idem, ibidem. p. 41-42.

41. VIVEIROS DE CASTRO, E.B. 1986.Op. cit. p. 48-49.

Referências Bibliográficas

ABERASTURY, A. et al. *Adolescência*. Porto Alegre: Artes Médicas, 1988.

ANDREW, S.; SHORTER, B. e PLAUT, F. *Dicionário Crítico de Análise Junguiana*. Rio de Janeiro: Imago, 1988.

AUCOUTURIER, B.; DARRAULT, I. e EMPINET, J.L. *A Prática Psicomotora*. Porto Alegre: Ed. Artes Médicas, 1986.

BANKI, C.M.M.; PAPP, Z. & KUREZ, M. Biochemical markers in suicidal patients: Investigations with cerebrospinal fluid amine metabolites and neuroendocrine tests. *Journal of Affective Disorders*, 6, 1984.

BENVENISTE, E. *Problémes de linguistique générale*. France: Gallimard, 1966.

BERENSTEIN, I. *Psicoanálisis de la Estructura Familiar*. Barcelona: Paidós, 1981.

BOTEGA, J.N. et al. Transtornos do humor em enfermaria de clínica médica de validação de escala de medida (HAD) de ansiedade e depressão. São Paulo: *Revista de Saúde Pública*, 1995.

BOYER-LABROUCHE, A. Peinture, Sculture e Modelage. In: *Manual d'art-thérapie*. Paris: Dunod, 1996.

BRAND, A. *O Impacto da Perda da Terra sobre a Tradição Kaiowá/Guarani: Os Difíceis Caminhos das Palavras*. Tese de Doutorado. Porto Alegre: Pontifícia Universidade Católica do Rio Grande do Sul, 1997.

_____. *A Violência na Reserva Indígena de Dourados*. Campo Grande: s/ed, 1996.

_____. *Los Guaranies en Tiempo de Suicidio*. Assuncion: Accion. Ano XXVIII, nº 168, 1996.

_____. *Os Suicídios Segundo os Guarani/Kaiowá*. Comunicação apresentada no VI Encontro Regional da ABRAPSO. São Paulo, 1996.

BRENT, D.A. & KOLKO, D.J. The assesment and treatment of children and adolescents at risk for suicide. In: *Suicide over life cycle* (Blumenthal S.J. & Kupfer D.J.) ed., Washigton: APA Press, 1990.

BROCHADO, J.B. Desarollo de la tradición cerámica tupi guarani. In: *Anais I Simpósio Nacional de Estudos Missionários*. A experiência reducional no Sul do Brasil. Santa Rosa, 1982.

BROMBERG, M.H.P.F.; KOVÁCS, M.J. e CARVALHO, M.M.M.J. *Vida e Morte: Laços de Existência*. São Paulo: Casa do Psicólogo, 1996.

BROUSTRA, J. *L'expression, Psychotherapie et création*. Paris: ESF éditeur, 1996.

BRUHN, J.G. Comparative Study of Attempted Suicides and Psychiatric out Patientes. In: *BRJ. Prev. Soc. Med. 17*, 1963.

CARVALHO, E.A. A Identidade étnico – cultural. A Questão Nacional. In: *Anais do I Encontro Interdisciplinar sobre Identidade*. PUC/SP, 1983.

CARVALHO, M.M.M.J. de. Suicídio — A Morte de Si Próprio. In: *Vida e Morte: Laços de Existência*. São Paulo: Casa do Psicólogo, 1996.

CASSORLA, R.M.S. *O que é Suicídio*. 4ª ed. São Paulo: Editora Brasiliense, 1992.

_____. Comportamentos Suicidas na Infância e na Adolescência. In: *Do Suicídio*. Estudos Brasileiros. São Paulo, Campinas: Papirus, 1991.

_____. Jovens que Tentam Suicídio: Características Demográficas e Sociais. In: *Jornal Brasileiro de Psiquiatria, 33* (1), 1984a.

_____. Características das Famílias de Jovens que Tentam Suicídio em Campinas, Brasil: Um Estudo Comparativo com Jovens Normais e Psiquiátricos. In: *Acta Psiq. Am. Lat. 301*, 1984b.

_____. *Jovens que Tentam Suicídio*. Tese de Doutorado. Faculdade de Ciências Médicas da Universidade Estadual de Campinas. São Paulo, 1981.

CASTELLAN, Y. Dix Années d'Études Nordaméricain sur le Suicide. In: Bulletin de Psychologie, Tome XLIV, nº 401, 1991.

CHALONGE, F. de. Le Corps et la laplance. In: *Sémiotique Phenoménologie Discours. Textes réunis et présentés par Michel Constatini et Ivan Darrault-Harris*. Paris: L'Harmattam, 1996.

REFERÊNCIAS BIBLIOGRÁFICAS

_____. O impacto do suicídio no médico e na equipe de saúde. *JBM*, 56 (3), 1989.

CIAMPA, A.C. & COSTA, M.R. da. *Teoria e Pesquisa*. Série Cadernos de Identidade. Organizado por Ana Zahira Bassit et al. São Paulo: Brasiliense, 1984.

_____. Identidade. In: *Psicologia Social: o Homem em Movimento*. Organizado por Silvia Lane e Wanderley Codo. São Paulo: Brasiliense, 1984.

CLASTRES, H. *La terre sans mal, le prophétisme Tupi-Guarani*. Paris: Éditions du Seuil, 1975.

CLASTRES, P. *Le grand parler, mythes et chants sacrés des Indiens Guarani*. Paris: Éditions du Seuil, 1974.

_____. *La Societé contre L'E'tat*. Paris: Les Éditions de Minuit, 1974.

COMBÉS, I. *La tragédie cannibale: chez les anciens Tupi-Guarani*. Paris: Presses Universitaires de France, 1992.

COQUET, J.C. *La quête du sens*. Paris: Presses Universitaires de France, 1997.

_____. *Le Discours et Son Sujet*. Paris: Méridiens Klincksieck, 1989.

_____. Identidade. In: *Psicologia Social: o homem em movimento*. Organizado por Silvia Lane e Wanderley Codo. São Paulo: Brasiliense, 1984.

DARRAULT-HARRIS, I. *Pour une Psychosémiotique*. Teses de Doctorat soutenu à École des Hautes Études en Sciences Sociales. Paris, 1997.

_____. Tropes et instances énoncantes. In: *Sémiotique Nouvelles Problématique de L'Enonciation*, nº 10, número dirigé par Jean-Claude Coquet. Paris: INALF, 1996.

_____. *Béatrice ou l'écriture comme reméde au tragique*. Paris: Psychologie Medicale, 1991.

_____. *A Semiotic Approach to Psychomotor Therapy*. USA: Paul Perron & Frank Collins, 1989.

_____. (en coll. avec B. Aucouturier et J.L. Empinet). *La Pratique Psychomotrice*. Paris: Dion, 1984.

DARRAULT-HARRIS, I. et KLEIN, J.P. *Pour une psychiatrie de l'ellipse*. Paris: Presses Universitaires de France, 1993.

DIAS, M.L. *Suicídio: Testemunhos de Deus*. São Paulo: Brasiliense, 1991.

_____. O suicida e suas mensagens de adeus. In: CASSORLA, R.M.S. (Org.). *Do Suicídio*. São Paulo, Campinas: Papirus, 1991.

DIEKSTRA, R.F.W. The Epidemiology of Suicide and Parasuicide. *Acta Psychiatrica Scandinavica*. Suppl. 371, 1993.

DIEKSTRA, R.F.W. & GULBINAT, W. *The epidemiology of suicidal behavior: a rewiw of three continents*. Rapp. Trimestr. Statis. Sanit. Mond., 1993.

DURKHEIM, E. *O Suicídio*. Lisboa: Editoral Presença, 1977.

ERIKSON, E.H. *Identidade, Juventude e Crise*. Rio de Janeiro: Guanabara, 1987.

FONSECA JR., L.N. *Fronteiras do setor sul, diários da expedição demarcatória em cumprimento ao tratado de 1750*. Rio de Janeiro, Typ. Do Jornal do Comércio, Rodrigues e C., anexo ao primeiro volume, 1937. 374 p.

FREUD, S. La Aflicción y la Melancolía. In: *Obras Completas*. Madrid: Editorial Biblioteca Nueva, 1967, Vol. I.

_____. Mas Alla del Princípio del Placer. In: *Obras Completas*. Madrid: Editorial Biblioteca Nueva, 1967, Vol. I.

_____. Psicopatologia de la Vida Cotidiana: Torpezas e Actos Erroneos. In: *Obras Completas*, Madrid: Editorial Biblioteca Nueva, 1967, Vol. I.

FUNAI — FUNDAÇÃO NACIONAL DO ÍNDIO. População Indígena por Unidade de Federação. Brasília: Serviço de Informação Indígena, 1995.

GISPERT. M. et al. Suicidal Adolescents: Factors, in Evalution. In: *Adolescent*, 20 (80), 1985.

GREEN, S. et al. Attempted Suicide from Intact and Broken Parental Homes. In: *Brit. Med. J.*, 1966.

GREIMAS, A.J. *Sémiotique et science sociales*. Paris: Editions du Seuil, 1976.

GREIMAS, A.J. et COURTÉS, J. *Sémiotique, dictionnaire raisonné de la théorie du langage*. Paris: Hachette Livre, 1993.

_____. *Dicionário de Semiótica*. São Paulo: Editora Cultrix, 1989.

GRISPOON, L. *Suicide*. Part I. The Harvard Medical School Mental Health Newsletter. 2: 8, 1986.

GRUBITS, S. *A Construção da Identidade Infantil II. Funcionamento dinâmico de um processo de grupoterapia Ramain-Thiers*. São Paulo: Casa do Psicólogo, 1998.

_____. Life and Death in the Culture Guarani/Kaiowá. In: *Anais do World Congress of the World Federation for Mental Health*. Lahiti, Finlândia, 1997.

_____. Vida e Morte na Cultura Guarani/Kaiowá. In: *Anais do I Encontro Nacional de Psicologia Social Colóquio Internacional: Paradigmas da Psicologia Social da América Latina, 1997*.

_____. *A Construção da Identidade Infantil. A Sociopsicomotricidade Ramain-Thiers e a Ampliação do Espaço Terapêutico*. São Paulo: Casa do Psicólogo, 1996.

_____. Construction of the Identity for Two Societies. In: *Journal International de Psychologie*. Union Internationale de Psychologie Scientifique, vol. 31, Montréal, Canadá, 1996.

_____. Estudo da Identidade de uma índia Bororo. In: *La Psicologia Social en México*, Associación Mexicana de Psicologia Social, vol. VI, 1996.

_____. *Bororo: Identity in Construction*. Campo Grande, MS. Universidade Católica Dom Bosco, 1995.

_____. Bororo: Identity in Construction. In: *Anais do World Congress of the World Federation For Mental Health*, Dublin, Irlanda, 1995.

_____. A Construção de uma Identidade no Conflito em as Culturas Bororo e Civilizada. In: *Anais do II CEPIAL — Congresso de Educação para a Integração da América Latina, 1994*.

_____. *Bororo: Identidade em Construção*. Campo Grande, MS. Departamento Gráfico do Colégio Dom Bosco, 1994.

HABERMAS, J. *Para a Reconstrução do Materialismo Histórico*. São Paulo:Brasiliense, 1990.

HEDIM, H. The psychodynamics of suicide. In: *International Review of Psychiatry*, 4, 1992.

HAMMER, E.F. *Aplicações Clínicas dos Desenhos Projetivos*. São Paulo: Casa do Psicólogo, 1991.

HENDREDON, A.S. *An Introduction to Social Psychiatry*. Biddles Ltd., Guildforde and King's Lynn, Great Britain, 1988.

KALINA, E. e KOVADLOFF, S. *As cerimônias da destruição*. Rio de Janeiro: Francisco Alves, 1983.

KAPLAN & SADOCK *Compêndio de Psiquiatria*. 2ª ed. Porto Alegre: Artes Médicas, 1990.

KLEIN, J.P. *L'arte - Thérapia*. Paris: Presses Universiteire de France, 1997.

_____. La psychotérapie est une recherche. In: *Sémiotique Phenoménologie Discours. Textes réunis et présentés par Michel Constatini et Ivan Darrault-Harris*. Paris: L'Harmattam, 1996.

_____. Uma contribuição à Psicogenese dos Estados Maníacos Depressivos. In: *Contribuições à Psicanálise*. São Paulo: Editora Martins Fontes, 7ª ed., 1983.

KLEIN, M. Uma Contribuição à Psicogênese dos Estados Maníaco-Depressivo. In: *Amor, Culpa, Reparação e Outros Trabalhos*. São Paulo: Imago, 1935.

KNOBEL, M. The Psychodynamics of Suicide. In: *Internacional Review of Psychiatry*, 4, 1992.

_____. Sobre a Morte, o Morrer e o Suicídio. In: *CASSORLA*, R.M.S. (Org.).*Do Suicídio* São Paulo: Papirus, 1991.

LABROUCH, A.B. *Manuel d'art - thérapie*. Paris: Dunod, 1996.

LACOMBE, R. *Guaranis et Jésuites, un combat pour la liberté*. Paris: Éditions Karthale, 1993.

LAPLANCHE, J. e PONTALIS, J.B. *Vocabulário de Psicanálise*. São Paulo: Editora Martins Fontes, 7ª ed., 1983.

LEONHARDT, D.R. O Laboratório de Bricolage e algumas relações com a compreensão do processo de aprendizagem. In: SCOZ, B.J.; RUBINSTEIN, E.; ROSSA, E.M.M. e BARONE, L.M.C. (Org.).*Psicopedagogia*. São Paulo: Artes Médicas, 1987.

LEVCOVITZ, S. *Kandire: O Paraíso Terreal*. Rio de Janeiro: Te Corá, 1998.

_____. *Kandire: O Paraíso Terreal*. Vol. I e II. Tese de Doutorado apresentada à Universidade Federal do Rio de Janeiro: Instituto de Psiquiatria, 1994.

LÉVI-STRAUSS, C. *O Pensamento Selvagem*. São Paulo: Papirus, 1997.

_____. *Anthropologie structurale deux*. Paris: Plon, 1996.

REFERÊNCIAS BIBLIOGRÁFICAS

_____. *L'indentité - Seminaire interdisciplinaire dirigé par Claude Lévi-Strauss*. Paris: Presses Universitaires de France, 1995.

_____. *Antropologia estrutural*. Rio de Janeiro: Tempo Brasileiro, 1975.

_____. *As estruturas elementares do parentesco*. Petrópolis/São Paulo. Vozes/EDUSP, 1976.

_____. *La pensée suavage*. Paris: Plon, 1962.

_____. *Tristes Tropiques*. Paris: Plom, 1955.

LEWIS, J.M. *Êxtase Religioso*. São Paulo: Editora Perspectiva, 1971.

LOWENFELD, V. *Desarrolo de la Capacidad Creadora*. Vol. I. Buenos Aires: Editorial Kapelusz, 1961.

_____. *Desarrolo de la Capacidad Creadora*. Vol. II. Buenos Aires: Editorial Kapelusz, 1961.

LUQUET, G.H. *L'Art primity*. Paris: PUF, 1994.

MELIÁ, S.J.B. A Terra Sem Mal dos Guarani. In: *Revista de Antropologia*, vol. 33, Publicação do Departamento de Antropologia da Faculdade de Filosofia, Letras e Ciências Humanas — Universidade de São Paulo, 1990.

MIOTO, R.C.T. *Famílias de Jovens que Tentam Suicídio*. Tese de Doutorado. São Paulo, Campinas: Faculdades de Ciências Médicas da Universidade Estadual de Campinas, UNICAMP, 1994.

MS/FNS/SIO — Ministério da Saúde, Fundação Nacional de Saúde e Sistema de Informação de Óbitos, 1991.

NETO, D.A. *Mito e Psicanálise*. São Paulo, Campinas: Papirus Editora, 1993.

OLIVIER, M. *Psychanalyse de la maison*. Paris: Seuil, 1972.

OSSON, D. *Dessin d'enfant et émergence du signe*. France: Psychologie médicale, 1981.

PARKES, C.M.; LAUNGANI, P. and YOUNG, B. *Death and Bereavement Across Cultures*. London: Routledge is na International Thomson Publishing Company, 1997.

PEREIRA, M.A.C. *Uma Rebelião Cultural Silenciosa*. Brasília: FUNAI, 1995.

PETITOT, J. La vie ne separe passa géometrie de as physique. In: *Sémiotique Phenoménologie Discours. Textes réunis et présentés par Michel Constatini et Ivan Darrault-Harris*. Paris: L'Harmattam, 1996.

PFEFFER, C.R. Suicidal Behavior of Children: A Review with Implications for Research and Pratice. In: *Am. J. Psychiatry*, 138, 1981.

PIÉRON, H. *Dicionário de Psicologia*. Rio de Janeiro: Editora Globo, 7ª ed., 1987.

PRITCHARD, C. *Suicide - The Ultimate Rejection? A Psycho-social study*. Bristol: Includes bibliographical references and index, 1996.

RAPELI, C.B. *Características Clínicas e Demográficas de Pacientes Internados por Tentativa de Suicídio no Hospital de Clínicas da UNICAMP*. Dissertação de Mestrado em Saúde Mental. São Paulo, Campinas, UNICAMP, 1997.

ROBBINS, A. *The artistit as therapist*. New York: Human Sciences Press, Inc., 1987.

ROBBINS, A. and GOFFIA-GIRASEK, D. Materials as an Extension of the Holding Environment. In: ROBBINS, A. (Org.). *The artist as the therapist*. New York: Human Sciences Press Inc., 1987.

RORSCHACH, H. *Psicodiagnóstico*. São Paulo: Editora Mestre Joux, 1967:1991.

_____. *Psychodiagnostik*. Berna: Hans Huber, 1962.

ROY, A. Are There Genetic Factors in Suicide. In: *International Review of Psychiatry*, 4, 1992.

ROYER, J. *Que nous disent les dessins d'enfants*. Paris: Hommes et Perspectives, 1995.

_____. *Le Dessin D'Une Maison - Image de l'adaptation sociale de l'enfant*. França: EAP Editions, 1989.

SCHADEN, E. *Aspectos Fundamentais da Cultura Guarani*. São Paulo: EPU, Editora da Universidade de São Paulo, 1974.

SCHIMIDTKE, A.et al. Imitation of Suicidal Behavior: A Crosscultural Study. In: *Anais do World Congress of the World Federation for Mental Health*. Lahiti, Finlândia, 1997.

STANDEN, H. *Nus, féroces et anthopophages*. Paris: Éditions du Seuil, 1979.

STENVENSOM, J.M. Suicide. In: *Textbook of Psychiatric (Talboot Helis & Judofsky)*. The American Psychiatric Press, 1988.

SUMMER, F.W. *Los Cayuás*. Asunción, mimeo, 13 p.

SUSNIK, B. *Los abonígenes del Paraguay*. II Etnohistória de los Guaranies. Paraguai, 1980.

THOM, R. Le Probléme du Fragment. In: *L'effet Arcimboldo*. Milan: Ed. Chemin vert, 1987.

TOUSIGANAT, M. Dimensions Culturelles du Suicide chez les Jeunes. In: *Bulletin de Psychologie*, Tome XLIV, nº 401, 1991.

VANN PRAAG, H. Biological suicide research: outcome and limitations. *Biological Psychiatry*, 21, 1986.

VIERTLER, R.B. *As aldeias Bororo: Alguns aspectos de sua organização social*. São Paulo: Coleção Museu Paulista, Série Etnologia, vol. 2, 1976.

VIVEIROS DE CASTRO, E.B. *Araweté, o povo de Ipixuna*. São Paulo: CEDI, 1992.

_____. *Araweté, os deuses canibais*. Tese de Doutorado apresentada ao Programa de Pós-graduação em Antropologia Social do Museu Nacional da Universidade Federal do Rio de Janeiro. Rio de Janeiro: Zahar, 1986.

WALLON, P.; CAMBIER, A. and ENGELHART, D. *Le dessin de l'enfant*. França: Press Universitaires de France, 1990.

WASSERMAN, D. Suicidal Comunication of Persons Attempting Suicide and Responses of Significants Others. In: *Acta Psychiatry Scand*. 73, 1986.

WHITMONT, E. *A Busca do Símbolo*. São Paulo: Editora Cultrix, 1995.

WICKER, H.-R. *Taraju - Enfermedad de los Dioses que lleva al suicidio*. Anotaciones provisorias para la comprensión de los suicidios entre los Pãi Tavyterã (Guarani) del Noroeste de Paraguay. In: Suplemento Antropológico, Asunción, Paraguay, 1997.

WIDLÖCHER, D. *L'interprétation des dessins d'enfants*. France: Mardaga, 14ª ed., 1998.

WORLD HEALTH ORGANIZATION. Clinical Descriptions and Diagnostic Guidelines. The ICD 10 Classification of Mental and Behavioural Disorders, WHO. Genebra, 1992.

Index de Autores

A

Aberastury, A. 91

B

Banki, C.M.M. 91, 241
Barone, L.M.C. 170, 246
Benveniste, E. 50, 241
Botega, J.N. 89, 241
Boyer-Labrouche, A. 170, 241
Brand, A. 88, 92, 93, 125, 238, 241
Brent, D.A. 90, 242
Brochado, J.B. 125, 242

C

Cambier, A. 169, 249
Carvalho, M.M.M.J. 89, 90, 91, 242
Cassorla, R.M.S. 89, 90, 239, 242, 244, 246
Castellan, Y. 91, 92, 242, 239
Clastres, H. 32, 243
Clastres, P. 32, 243
Combés, I. 32, 126, 243
Coquet, J.C. 32, 50, 51, 238, 243

D

Darrault-Harris, I. 32, 50, 51, 237, 238, 243
Dias, M.L. 244
Diekstra, R.F.W. 89, 244
Durkheim, E. 88, 89, 90, 244

E

Engelhart, D. 169, 249

F

Freud, S. 90, 92, 244

G

Goffia-Girasek 134, 168, 169, 224, 237, 248
Greimas, A.J. 32, 50, 51, 237, 244
Grubits, S. 31, 245, 238
Gulbinat, W. 89, 244

H

Habermas, J. 238, 245
Hedim, H. 91, 245

K

Kalina, E. 91, 246
Klein, J.P. 32, 50, 51, 237, 238, 243, 246
Klein, M. 90, 246
Knobel, M. 91, 246
Kolko, D.J. 90, 242
Kovadloff, S. 91, 246

L

Leonhardt, D.R. 170, 238, 246
Levcovitz, S. 31, 32, 88, 93, 126, 127, 128, 238, 246
Lévi-Strauss, C. 32, 170, 238, 246
Lowenfeld, V. 170, 218, 247
Luquet, G.H. 169, 170, 218, 247

M

Meliá, S.J.B. 125, 126, 247
Mioto, R.C.T. 91, 92, 238, 247

O

Olivier, M. 247
Osson, D. 31, 170, 247

P

Pereira, M.A.C. 93, 126, 238, 247
Pfeffer, C.R. 92, 248

R

Rapeli, C.B. 88, 89, 90, 91, 248
Robbins, A. 168, 169, 237, 248
Rorschach, H. 169, 248
Rossa, E.M.M. 170, 246
Roy, A. 91, 248

Royer, J. 168, 169, 170, 238, 248
Rubinstein, E. 170, 246

S

Schaden, E. 93, 127, 128, 238, 248
Schimidtke, A. 90, 248
Scoz, B.J. 170, 246
Standen, H. 32, 248
Susnik, B. 126, 249

T

Tousiganat, M. 91, 239, 249

V

Vann Praag, H. 91, 249
Viertler, R.B. 249
Viveiros De Castro, E.B. 31, 32, 125, 126, 127, 218, 237, 238, 239, 249

W

Wallon, P. 170, 238, 218, 249
Wasserman, D. 92, 249
Wicker, H.-R. 88, 249
Widlöcher, D. 169, 170, 249

Index de Conceitos e Noções

A

abstrações 166, 226
actanciais 45, 46, 180
actante 43, 47, 185
actante 43, 45, 46, 181, 182, 187, 188, 205, 210, 225
água 101–114, 106–119, 128, 131–133, 141–170, 182–218, 229, 238
alteridade 33, 34
antidestinador 45, 46, 49, 185, 193, 205, 209, 210, 212, 214, 219, 225, 228, 230
antidialética 21, 109
antropofágica 21
Araweté 23, 24, 25, 31, 103, 112, 115, 117, 127, 216, 249
árvore 56–58, 108–111, 130, 140, 142, 143, 158, 159, 168, 178, 179, 181–198, 202–217, 229, 230
autonome 46, 199, 217

B

borboleta 114, 151, 203, 204, 205, 206, 211

Bororo 18, 19, 20, 21, 27, 31, 105, 245, 249
bricolage 6, 129, 134, 166, 167, 170, 173, 177, 178, 188, 189, 190, 194–198, 200, 201, 206–208, 211, 214, 219, 223, 224, 226, 227, 228, 246

C

Caarapó 5, 17, 25, 26, 27, 28, 123, 124, 129, 132, 171, 208, 209, 210, 212, 219, 233
cantos 20, 82, 85, 100
capitão 25, 119, 124
Casa 199, 210
casa 19, 23, 25, 66, 101, 104, 112, 113, 125, 130–133, 157, 162, 172, 173, 176, 179, 182–186, 188–194, 196, 197, 199–214, 231, 236, 260
casamentos 115, 234, 236
chicha 113, 236
chuva 121, 125, 144, 151, 173, 178, 179, 181–185, 186, 187, 189, 192–199, 203, 206, 229

cidade 8, 188, 205, 206, 209, 210, 212, 214, 215, 237
complexo guerreiro-antropofágico 82, 26, 105, 109, 110, 115
comunicação 7, 8, 11, 40, 41, 53, 78, 79, 87, 134, 154, 161, 162, 166, 172, 174, 177, 178, 181–183, 185, 187, 188, 204, 205, 234, 242
conduta psicótica 75
cor 144, 145, 146, 151, 181, 183, 184, 186, 187, 189, 191, 192, 193, 197, 203, 204, 206, 208, 209, 224, 230
cosmologia 5, 13, 19, 21, 23, 106, 107, 182, 200, 215, 216, 219, 223, 225, 228, 229, 230, 235

D
defesas 73
depressão 60, 66, 68, 69, 75, 77, 78, 89, 241
desagregação 58, 97
desenho 17, 19, 25, 27–30, 35, 37, 45, 46, 48, 49, 129–132, 134, 136–139, 141, 143, 145, 146, 148–165, 171, 172, 173, 177–214, 219, 220, 223–225, 228–230, 245
destinador 45–47, 49, 181–188, 191, 199, 204, 205, 209, 212, 214, 225, 228
destinatário 182, 205, 228, 230
discurso 35, 38, 39, 40, 225

E
enunciação 36, 39, 40, 41, 199, 225
enunciado 36, 39, 40, 41, 181, 182, 183, 193, 199, 204, 225
enunciante 42, 49
epidemiologia 61
epidemiológico 54, 67, 77
Espaço 100, 245
espaço 22, 26, 28, 36, 93, 100, 101, 109, 112, 130, 131, 134, 135, 138, 140, 142, 147, 149, 158, 161, 162, 179–182, 184, 187, 189, 194, 207, 224, 228
esquizofrenia 68, 70, 75
estrada 158, 205, 207, 208, 209, 210, 211, 212, 214, 215, 230
étnicos 7, 55, 81, 220
etologia 131

F
família-grande 112, 114, 116
fática 41

G
Gê-Bororo 18, 19, 21, 22, 98, 109
gestualidade 36, 37
Guarani 7–13, 17–37, 42, 49, 53–56, 64, 81–87, 93, 95–105, 108, 110–133, 165, 171–177, 182, 186–237, 241–249
guerreiro 5, 26, 82, 83, 84, 103, 105, 109, 110, 115

INDEX DE CONCEITOS E NOÇÕES

H
heteronome 46, 49, 51, 199, 217

I
identidade 11, 12, 17–19, 26–29, 33–37, 40, 42–49, 73, 76, 95, 104, 111, 133, 149, 174, 175, 179, 181, 183, 188, 193–198, 201, 208–235, 245
identificação 33, 34, 63, 66, 70, 71, 74, 75, 78, 144, 145, 150, 163, 195, 200, 201, 207, 223, 231
ideologia 34
imitação 70, 81, 113, 195
inimigo 10, 21, 22, 26, 58, 60, 72, 73, 83, 84, 109, 110, 111, 115, 117, 231
instinto de morte 72
interpretação 29, 31, 111, 154, 160, 164, 165

K
Kaiowá 7–12, 17–21, 25–37, 42, 49, 53–56, 64, 81–88, 95, 96, 105, 112–133, 165, 171–176, 186, 189, 192–194, 200–205, 210–212, 216–237, 241, 242, 245
Kandire 7, 31, 82, 93, 246

L
Lar desfeito 77
linguagem 11, 12, 21, 36–41, 92, 141, 145, 149, 154, 160, 162, 219, 223, 224
luto 70, 71, 76, 140, 151

M
magia 82
Melancolia 71, 72, 90
meta-querer 42, 43, 47, 48, 49, 198, 199, 217
modelagem 37, 129, 134, 147, 165, 178, 188, 190, 195, 198, 201, 204, 207, 208, 211, 219, 228
movimento 21, 36, 40, 45, 104, 111, 113, 129, 134–137, 139–145, 147, 148, 172, 173, 175, 207, 220, 224, 243

N
não-parentes 115
Não-sujeito 48, 49, 198, 199, 217
narratividade 38, 39, 40, 225
natureza 10, 22, 26, 34, 35, 38, 42, 63, 92, 105, 106, 107, 114, 116, 130, 131, 135, 136, 138, 139, 144, 145, 160, 163, 166, 182, 183, 184, 185, 190, 192, 194, 196, 197, 198, 201, 205, 208, 209, 210, 214, 219, 223, 228, 230, 235
Nhandejara 133, 175
nuvem 181, 185, 186, 189, 193, 194, 196, 197, 198, 203, 204, 206

O
objectale 40, 50, 225
objetivo 58, 117, 157, 162

P
pai 115, 168, 174, 175, 201, 202, 211, 233

paradigmática 42, 47, 48, 198
percurso gerativo 31, 37
perspectiva 35, 37, 72, 76, 130,
  137–139, 141, 150, 161, 164,
  196, 207, 216, 223, 224, 231,
  247
pintura 21, 29, 36, 49, 129,
  132, 134, 147, 153, 171, 173,
  180, 191–195, 197, 198, 201,
  203, 205, 207, 208, 209,
  211–213, 219, 223, 224, 225,
  228, 230
proxêmica 36, 37, 41, 224
Psicopatologia 71, 90, 244
psicose exótica 85
Psicossemiótica 25, 27, 28, 29,
  30, 33, 35, 129, 165, 173,
  220, 222
puxirão 113

Q
Quadro de Identidade 42, 44,
  49, 185, 201, 225

R
recorte e colagem 134, 195,
  208
reservas 8, 10, 56, 57, 83, 86,
  96, 97, 120, 121, 123, 124,
  172, 218, 231, 237
ritos 111, 230
rituais 26, 88, 100, 102, 118,
  121, 124, 230

S
Semiótica 12, 28–30, 31, 33,
  34–40, 42, 45–49, 133, 134,

  163, 173, 180–183, 220,
  224–228, 232, 244
serotonina 69, 74, 75
sessão 29, 31, 38, 165, 173,
  177, 178, 188, 189, 194, 195,
  197, 198, 201, 204, 211, 213,
  214, 219, 220
signos 17, 129, 149, 160, 161,
  162, 163, 167, 226, 227
simbolismo 6, 131, 148, 150,
  152, 162
sintagmática 40, 42, 46, 47,
  48, 194, 198, 213
sociedade capitalista 30, 57,
  216
sociedade urbana 205, 206
sociedades dialéticas 20, 22
sol 98, 137, 148, 151, 164, 179,
  180, 181, 182, 183, 184, 186,
  187, 190, 193, 195, 196, 197,
  198, 199, 205, 206, 209, 210,
  214, 215, 229, 230
subjectale 30, 40, 41, 49, 50,
  193, 225
suicídio 7, 8, 18, 26, 54–56,
  58–72, 74–85, 87–90, 92,
  101, 222, 232, 234, 242, 243,
  246, 248
suicídio epidêmico 54
sujeito 17, 25, 27–30, 34–49,
  130–137, 148, 150, 159, 161,
  163, 182–187, 192–198,
  199, 209, 213, 217, 221, 223,
  224, 225
sujeito da busca 184, 187, 198
superpopulação 86

T

Taraju 85, 88, 249
taxa de suicídio 56, 70, 71
tekohá 83, 93, 99, 100, 101, 228
tentativa de suicídio 61, 62, 63, 66, 68, 69, 74–76, 78, 79, 80, 81, 88, 232, 248
termos 34, 36, 42, 50, 73, 78, 107, 123, 147, 159, 164, 182, 200
Terra Sem Mal 12, 22, 98, 100, 103, 104, 122, 125, 247
transfrasal 40
tristeza 58, 72, 78, 82, 146
tupi 125, 242
Tupi-Guarani 5, 12, 19, 21–24, 26, 32, 95, 98, 104–107, 109–111, 126, 200, 233, 243

U

uniformidade lingüística e cultural 23

V

valor 7, 8, 10, 17, 19, 21, 34, 45, 46, 57, 61, 66, 73, 85, 93, 100, 105, 107, 121, 124, 155, 159, 161, 162, 163, 164, 166, 167, 171, 173, 191, 196, 215, 216, 217, 227, 228, 235
vingança 46, 58, 63, 83, 84, 111, 230
vir-a-ser 21, 40
volume 130, 134, 142, 147, 165, 224, 244

X

xamanismo 23, 102

ANEXOS

Anexo 1: Gráficos sobre suicídios (1981-1996)

Gráfico 1: Totalização de suicídios por idade.

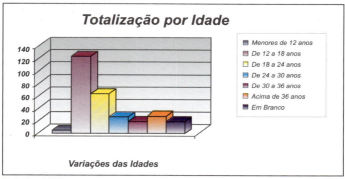

Fonte: Brand, 1998.

Gráfico 2: Totalização de suicídios por ano.

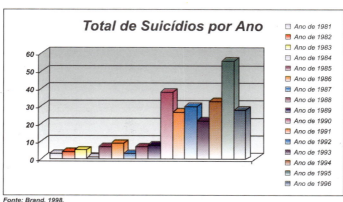

Fonte: Brand, 1998.

Anexo 2: Desenhos de casas utilizados na seleção das crianças

Figura 1

Figura 2

Figura 3

Figura 4

Anexo 4: Desenhos de Inês.

Figura 1

Figura 2

ANEXOS

Figura 3

Figura 4

Figura 5

Figura 6

Figura 7

Figura 8

Figura 9

Figura 10

Figura 11

Figura 12

Figura 13

Figura 14

Figura 15

Figura 16

Anexo 5: Desenhos de Creoni.

Figura 1

Figura 2

Figura 3

Figura 4

Figura 5

Figura 6

Figura 7

Figura 8

Figura 9

Figura 10

Figura 11

Figura 12

Figura 13

Figura 14